Hinter dem Sachregister befindet sich ein ausführliches Verzeichnis der

Guttentagschen Sammlung

Deutscher Reichs- und Preußischer Gesetze

— Textausgaben mit Anmerkungen; Taschenformat —

die alle wichtigeren Gesetze in unbedingt zuverlässigem Abdruck und mit mustergültiger Erläuterung wiedergibt.

Guttentagsche Sammlung
Nr. 55 Preußischer Gesetze Nr. 55
Textausgaben mit Anmerkungen.

Wohnungsgesetz
und
Bürgschaftssicherungsgesetz

mit Einführung und Anmerkungen

von

Hochschulprofessor Dr. B. Schmittmann-Köln
Landesrat a. D.

Berlin 1918
J. Guttentag, Verlagsbuchhandlung,
G. m. b. H.

Roßberg'sche Buchdruckerei, Leipzig.

Inhalt.

Einleitung.

Das Wohnungsgesetz und Bürgschaftssicherungsgesetz.

Dem vorliegenden Wohnungsgesetz sind nicht weniger als drei Entwürfe vorausgegangen: Entwürfe von 1904, 1913 und 1916. Es hat des Krieges bedurft, um die vielen Schwierigkeiten und Hemmungen, die sich den Entwürfen von 1904 und 1913 entgegengestellt haben, zu überwinden. Die Regierung hatte nach dem Scheitern des ersten Entwurfes fast 10 Jahre stärkster industrieller Entwicklung verstreichen lassen, bis sie einen neuen Entwurf vorlegte. Der Entwurf von 1913 war, nachdem er einer Kommission zur Beratung überwiesen worden war, infolge des Ausbruches des Krieges nicht zur Erledigung gelangt. Inzwischen hatte der Krieg die Bedeutung der Wohnungsfrage in ein neues Licht gestellt. Klarer als je erkannte man in den breitesten Schichten, von welchem Einfluß die Wohnung und Wohnweise auf die körperliche und seelische Ertüchtigung eines Volkes sind. Auch erhob sich die Sorge, daß, nachdem schon mehrere Jahre vor dem Kriege die Herstellung von Kleinwohnungen gestockt hatte und diese während des Krieges völlig daniederlag, eine ähnliche Wohnungsnot, wie sie nach dem Kriege 1870/71 zu verzeichnen war, sich zeigen möchte. Nur so erklärt es sich, daß die zahlreichen Widerstände, die sich den ersten Entwürfen von 1904 und 1913 entgegengestellt hatten, dem Kriegsentwurf gegenüber geringer waren. Zudem hatte der letztere weitgehend die Kommissionsberatungen des zweiten Entwurfs berücksichtigt. Er schließt sich also vielfach an den alten Entwurf von 1913 an, und zwar in der Form, die dieser durch die Kommissionsbeschlüsse erhalten hatte.

Das völlig Neue, das der Krieg geschaffen, ist, daß in Art. 8 zum ersten Male staatliche Geldmittel zur Förderung des Kleinwohnungswesens zur Verfügung gestellt werden. Zwar hatte auch früher schon die Staatsregierung sich in den Jahren 1895—1914 insgesamt etwa 193 Millionen zur Verbesserung der Wohnungsverhältnisse von Arbeitern zur Verfügung stellen lassen, aber hierbei kamen nur Arbeiter in staatseigenen Betrieben und gering besoldete Staatsunterbeamte in Betracht. Von 1902 ab ist der Kreis auf die mittleren Beamten ausgedehnt worden. Über diesen Kreis seiner eigenen Arbeiter und Beamten hinaus erkannte aber der Staat bis dahin eine weitergehende und unmittelbare Verpflichtung zum Eingreifen auf dem Gebiete des Kleinwohnungswesens nicht an. Dies sei lediglich eine Angelegenheit der Gemeinden. „Diese Beschränkung der staatlichen Wohnungsfürsorge auf einen bestimmten Personenkreis wird aber nicht mehr der Bedeutung gerecht, die das Wohnungswesen für die Gesundheit der Nation nach den schweren Verlusten des Krieges gewonnen hat. Es muß jetzt alles daran gesetzt werden, daß unser Volk die ungeheure Einbuße an Kräften möglichst rasch wieder wettmacht. Konnte vor dem Kriege mit Recht die Fürsorge für das Wohnungswesen im wesentlichen den Kommunalverbänden überlassen bleiben, so ist die Frage jetzt vielfach über den Kreis der kommunalen Wirtschaft hinausgewachsen."

Aus diesen Erwägungen in der Begründung des Bürgschaftssicherungsgesetzes stellt der Staat zum ersten Male im Art. 8 des Gesetzes „Bereitstellung staatlicher Mittel" den Betrag von 20 Millionen zwecks Beteiligung mit Stammeinlagen bei gemeinnützigen Bauvereinigungen zur Verfügung. Und mit derselben Erwägung wird durch § 1 des Bürgschaftssicherungsgesetzes die Übernahme von staatlicher Bürgschaft für zweitstellige auf mindestens 10 Jahre fest gegebene Tilgungshypotheken, die von dritter Seite an gemeinnützige Bauvereinigungen und Stiftungen gewährt werden, vorgesehen. Die Kreditbeschaffung zu zweiter Stelle ist also der Zweck dieser letzteren Bestimmung. Durch die staatliche Bürgschaft werden den gemeinnützigen Bauvereinigungen leichter Mittel zur Deckung der sonst schwer zu beschaffenden Nachhypotheken zufließen, da die vom Staate verbürgten Hypothekendarlehen nach § 1807 Nr. 3 BGB. mündelsicher sind. Demgemäß wird ihr Zinssatz so niedrig sein, wie es die gesamte Wirtschaftslage irgend zuläßt und auch auf die Beschaffung der ersten Hypothek wird die staatliche Verbürgung für die zweite Stelle nur günstig wirken. Durch § 3 des Bürgschaftssicherungsgesetzes wird zur Deckung der dem Staate aus den Bürgschaftsverträgen erwachsenden Verpflichtungen ein Betrag von 10 Millionen zur Verfügung gestellt.

Mit diesen beiden Maßnahmen — Bereitstellung von Mitteln zur Beteiligung an gemeinnützigen Bauvereinigungen und zur Gewährung staatlicher Bürgschaft für zweite Hypotheken — tut der Staat zum ersten Male den bedeutungsvollen Schritt, daß er die unmittelbare Fürsorge für das Kleinwohnungswesen als seine Aufgabe anerkennt und über die Grenze der Bedürfnisse der Staatsarbeiter und Staatsangestellten hinaus Mittel zur Verfügung stellt.

Das eigentliche Wohnungsgesetz zerfällt in 9 Hauptabschnitte:

Art. 1 behandelt das Baugelände,

„ 2 die Enteignung mit Rücksicht auf das Wohnungsbedürfnis,

Art. 3 die Eingemeindung und Umgemeindung,
„ 4 die baupolizeilichen Vorschriften,
„ 5 die Benutzung der Gebäude,
„ 6 die Wohnungsaufsicht,
„ 7 die gemeinsamen Vorschriften für die Wohnungsordnungen und die Wohnungsaufsicht,
„ 8 die Bereitstellung staatlicher Mittel,
„ 9 die Schluß- und Übergangsbestimmungen.

Die einzelnen Artikel behandeln also gesonderte Materien.

Art. 1 stellt eine Novelle zum Baufluchtliniengesetz dar und ermöglicht die Einführung der Lex Adickes — das Gesetz betreffend die Umlegung von Grundstücken in Frankfurt a. M.*) — in den einzelnen Gemeinden durch Ortsstatut.

Art. 2 vereinfacht die Enteignungsmöglichkeit und das Enteignungsverfahren, während Art. 3 die Rücksicht auf das Wohnungsbedürfnis als ein öffentliches Interesse festlegt, das notwendige Eingemeindungen und Umgemeindungen rechtfertigt.

Art. 4 will den die Förderung des Kleinwohnungswesens erstrebenden Polizeiverordnungen eine sichere Rechtsgrundlage schaffen, weil es bisher zweifelhaft war, was durch die Bauordnung rechtswirksam vorgeschrieben oder verboten werden konnte und was nicht.

Art. 5, 6 und 7, welche die Wohnungspflege, die Wohnungspolizei und die Wohnungsaufsicht regeln, stehen in enger Beziehung zueinander und könnten als das eigentliche Wohnungsgesetz im engeren Sinne bezeichnet werden.

Art. 8 stellt dann, wie schon erwähnt, zusammen mit dem Bürgschaftssicherungsgesetz staatliche Mittel zur Förderung des Kleinwohnungsbaues zur Verfügung.

*) Wortlaut der Lex Adickes s. Anhang.

Artikel 1.

Baugelände.

Er stellt, wie gesagt, eine Novelle zum Fluchtliniengesetz dar. Namentlich in industrialisierten Gemeinden, in denen die Bevölkerung fortgesetzt wächst, ist die Herstellung gesunder Kleinwohnungen vielfach hinter dem durch die Bevölkerungszunahme gegebenen Bedürfnis zurückgeblieben. Die Begründung des Wohnungsgesetzes erkennt an, daß, wenn man die Zahl der Kleinwohnungen vermehren will, auf die private Bauunternehmung nicht verzichtet werden könne, und daß es daher in erster Linie darauf ankomme, die vielfachen, heute der Errichtung kleiner preiswerter Wohnungen erschwerend entgegenstehenden Hemmungen nach Möglichkeit zu beseitigen, um so auf die Bauunternehmer einen nachhaltigen Anreiz auszuüben, mehr als bisher Häuser mit kleinen Wohnungen herzustellen. —

Da sind es vor allem die übermäßig hohen Bodenpreise, die der Errichtung von Kleinhäusern in den Industriestädten entgegenstehen. Soweit sie nicht die Errichtung solcher Wohnungen überhaupt verhinderten, haben sie die Mieten der Wohnungen auf eine für die ärmeren Bevölkerungskreise fast unerschwingliche Höhe gesteigert. Die Mittel, um dieser Erhöhung der Bodenpreise entgegenzuwirken, liegen auf dem Gebiete der städtischen Geländeerschließung, des Bebauungsplanes und der Fluchtlinienfestsetzung, sowie auf dem Gebiete der Bauordnung.

Art. 1 erstrebt daher in erster Linie eine Verbilligung des Baugeländes durch Abänderung und Ergänzung des sog. „Fluchtliniengesetzes", d. i. des Gesetzes „betreffend die Anlegung und Veränderung von Straßen und Plätzen in Städten und ländlichen Ortschaften" vom 2. Juli 1875.

Mittels eines eigentlichen Staatsgesetzes, und zwar durch

dieses Baufluchtliniengesetz von 1875 war bisher nur die Anordnung von Fluchtlinien geregelt. Vor Erlaß des genannten Gesetzes unterlag die Anordnung von Fluchtlinien ausschließlich dem Ermessen der Polizei; sie war also nicht Sache der kommunalen Selbstverwaltung; der Gemeindevorstand war ohne maßgebenden Einfluß. Durch das Fluchtliniengesetz wurde nun die Polizei stark ausgeschaltet und es wurde grundsätzlich der Entschließung der Gemeinde überlassen, ob und wie sie Fluchtlinien festsetzen will. Ein Recht der Polizeibehörde bestand nur noch insofern, daß sie die Feststellung, nicht aber auch die Durch- und Ausführung von Fluchtlinien aus rein polizeilichen Rücksichten — also Rücksichten des Verkehrs, der Feuersicherheit, der öffentlichen Gesundheit, der Verhütung einer Verunstaltung von Straßen und Plätzen — verlangen konnte. Bei der Feststellung der Fluchtlinien hatte die Ortspolizei nur ihre Zustimmung zu erteilen, die sie aber auch nur versagen durfte, wenn eine der genannten polizeilichen Rücksichten im engeren Sinne verletzt wurde.

Ein Baurecht der Anlieger — Grundbesitzer — kannte das Preuß. Fluchtliniengesetz nur an völlig fertiggestellten Straßen, dagegen kein Recht auf Aufstellung von Fluchtlinienplänen und auf Fertigstellung von Straßen.

Mit diesem geringen Recht der Anlieger und der starken Ausschaltung der Polizei hatte die Gemeinde die fast ausschließliche Macht über den gesamten Städtebau; sie war hier unter der Geltung des bisherigen Baufluchtliniengesetzes nahezu Alleinherrscherin.

An einen Bebauungsplan im modernen Sinne hatte das Preuß. Baufluchtliniengesetz nicht gedacht. Und doch wird durch die Straßenführung zugleich die Gestaltung der einzelnen Baublöcke bedingt, ihre Tiefe, Sonnenlage und die Wohnweise des Volkes damit überhaupt wesentlich beeinflußt.

Die breiten Verkehrsstraßen waren im Bebauungsplan mancher Städte zur Regel geworden, sie bedingten ihrerseits wiederum tiefe Baublöcke und damit die Errichtung großer Massenmiethäuser mit Quergebäuden und Höfen, Hof- und Hinterwohnungen. Gleichzeitig wurde damit der eigene Kleinhausbesitz fast ausgeschlossen.

Um bei geplanten Stadterweiterungen die Aufteilung des Bodens mehr als bisher dem Wohnungsbedürfnis der minderbemittelten Bevölkerung anzupassen — Straßen von geringer Breite, geringe Baublocktiefe — erweitert das Preuß. Wohnungsgesetz wieder die Befugnisse der Polizei gegenüber der Gemeinde. Es sichert der Ortspolizeibehörde bei der Festsetzung der Straßen und Baufluchtlinien eine Mitwirkung auch aus Rücksicht auf das Wohnungsbedürfnis, ähnlich wie sie bisher schon aus Rücksichten des Verkehrs, der Feuersicherheit, der öffentlichen Gesundheit und zur Verhütung einer Verunstaltung der Straßen und Plätze der Ortspolizei übertragen ist. Die von der Polizei zu wahrende Rücksicht auf das Wohnungsbedürfnis bezieht sich besonders auf die Fälle, wo ein Bedürfnis nach Klein- und Mittelwohnungen hervorgetreten ist (Art. 1 Nr. 1 b, 3, 4). Da die Rücksichten auf eine angemessene Regelung des Wohnungsbedürfnisses weitergreifen als die übrigen vorbezeichneten Rücksichten, auch schwerer zu umgrenzen sind, schien es angezeigt, ein Eingreifen der Polizeibehörde aus diesem Gesichtspunkte an die Voraussetzung zu knüpfen, daß sich die Kommunalaufsichtsbehörde mit dem Vorgehen einverstanden erklärt (Art. 1, Nr. 1 b, 4 a, b). Hierdurch wird also eine Abänderung der von der Gemeinde aufgestellten Bebauungspläne durch den Einspruch der Ortspolizei möglich, und zwar der sowohl vom Gemeindevorstand neu aufgestellten, als auch der bereits festgesetzten. Die Möglichkeit einer staatlichen Einwirkung wird aber noch dadurch erhöht, daß die Ortspolizei sogar ein Initiativrecht erhält, indem sie, um neues Baugelände der Bebauung zu erschließen, die Festsetzung neuer Fluchtlinien verlangen kann, wenn ein hervorgetretenes Bedürfnis nach Klein- und Mittelwohnungen es erfordert, (Art. 1 Nr. 1b); allerdings bedarf die Ortspolizei auch in diesem Falle des Einverständnisses der Kommunalaufsichtsbehörde. Daß solche Maßnahmen — Verhinderung der Massenmiethäuser, Erschließung von Außengelände und dadurch Schaffung neuer Baugelegenheit — geeignet sind, regelnd auf die Höhe der Bodenpreise einzuwirken und den Bodenwert niedriger zu halten, liegt auf der Hand, namentlich wenn auch die Bauordnungen ihrerseits eine Förderung des Kleinhauses erstreben, denn die Mietpreise sind nicht allein darum hoch, weil die Grundstückspreise hoch sind, sondern umgekehrt, die Grundstückspreise sind zum großen Teil darum so hoch, weil es gestattet ist, viel Miete herauszuschlagen, indem der Besitzer den Grund und Boden durch ein Aufeinanderschichten von Stockwerken allzu intensiv ausnutzen darf.

Es hat also nunmehr eine außerhalb der Gemeinde stehende Instanz bei der Beurteilung des Wohnungsbedürfnisses mitzuwirken, denn in jedem Falle wird die Baupolizei in Preußen gehandhabt von der Polizeibehörde, ob diese nun der Landrat, der Polizeipräsident, der Bürgermeister oder Amtmann ist, stets übt sie ihr Amt als ein staatliches aus. Die Tätigkeit der Polizei ist Ausfluß der Staatshoheit. Der städtische Polizeiverwalter ist nach preußischem Recht ebenso sehr staatliches Organ wie der staatliche Polizeiverwalter. Das Anweisungsrecht und das Recht auf Berichterstattung hat die Polizeiaufsichtsbehörde — Landrat, Regierungspräsident, Oberpräsident, Minister — dem städtischen wie dem staatlichen Polizeiverwalter gegenüber und sie haben in gleicher Weise den Aufträgen der vorgesetzten Staatsbehörden nachzukommen. Durch

Erweiterung der Polizeibefugnisse, die das Wohnungsgesetz vorsieht, hat also nunmehr ein staatliches Organ darauf zu achten, daß von der Gemeinde nicht nur dem Wohnungsbedürfnis der Bessersituierten bei der Auflegung neuer Fluchtlinien Rechnung getragen wird, sondern daß die Wohnbedürfnisse der Gesamtheit, insbesondere auch das Bedürfnis nach Klein- und Mittelwohnungen berücksichtigt werden. Es sollen vor allem auch entsprechend den Bedürfnissen der Minderbemittelten Baublöcke von nicht zu großer Tiefe und Straßen von geringerer Breite geschaffen werden. Neu ist in dem Gesetz auch die ausdrückliche Forderung, daß bei Festsetzung der Fluchtlinien Rücksicht genommen werde auf das Orts- und Landschaftsbild, sowie auf die Möglichkeit, an geeigneter Stelle Kirchen- und Schulbauten zu errichten. Art. 1 Nr. 3b.

Bei manchen neueren Stadterweiterungen ist auf die Freihaltung einer angemessenen Zahl öffentlicher Plätze nicht hinreichend Bedacht genommen. Durch die im Art. 1 Nr. 1a, 2, 3b, 5, 7 des Wohnungsgesetzes vorgesehene Ergänzung des Baufluchtliniengesetzes ist daher schärfer als bisher zum Ausdruck gebracht, daß auch die Fürsorge für eine ausgiebige Zahl und Größe freier Plätze zu den leitenden — erforderlichenfalls von der Ortspolizeibehörde im Einvernehmen mit der Kommunalaufsichtsbehörde zur Geltung zu bringenden — Gesichtspunkten bei Aufstellung der Bebauungspläne gehört.

Durch die Erwähnung der Gartenanlagen, Spiel- und Erholungsplätze soll hervorgehoben werden, daß die Berücksichtigung der Plätze sich nicht auf solche beschränkt, die zur Aufnahme des Wagen- und Fußgängerverkehrs im engeren Sinne nötig sind, sondern daß solche freie Flächen auch dann darunter fallen, wenn sie zwar noch der Polizei in verkehrspolizeilicher Hinsicht unterstehen, aber im übrigen vorwiegend auf sanitäre Entstehungsgründe zurückzuführen sind.

Durch die Gleichstellung von Gartenanlagen, Spiel- und Erholungsplätzen mit den Straßen und Plätzen, ist jetzt auch die Anlage dieser Freiflächen in das Fluchtliniengesetz einbezogen. Es wurde in den Beratungen ausdrücklich festgestellt, daß nach den neuen Bestimmungen eine Gemeinde freie Plätze nicht nur außerhalb der Fluchtlinien, sondern auch innerhalb derselben, also innerhalb eines geschlossenen Baublocks erwerben könne und daß auch eine Enteignung der durch seitliche oder rückwärtige Fluchtlinien geschaffenen Hofflächen möglich werde.

Aus dem Bestreben, mehr als bisher eine angemessene Befriedigung des Bedürfnisses nach Klein- und Mittelwohnungen sicherzustellen, ist der von den Wohnungsreformern vielfach angefochtene § 12 des Baufluchtliniengesetzes, der das sogenannte kommunale Bauverbot enthält, durch Art. 1 Nr. 6b geändert worden. Der § 12 bezweckte, die Gemeindeinteressen zu schützen; er sollte verhindern, daß die Gemeinde genötigt wird, früher als sie es will, eine Straße, für die noch kein Bedürfnis besteht, auszubauen. Tatsächlich konnte damit die Gemeinde fast jeden Bau, der ihr nicht genehm war, verhindern; die Gemeinde war in der Aufstellung dieses Bauverbotes souverän, sie allein entschied unter Ausschluß des Rechtswegs; gegen den Bescheid der Gemeindevertretung gab es keine Berufungsmöglichkeit. Es ist viel geklagt worden über rigorose Handhabung des kommunalen Bauverbotes, das vielfach dazu verwandt wurde, weniger bemittelten Leuten das Bauen an bestimmten Straßen unmöglich zu machen oder doch wesentlich zu erschweren. So wurde die Bauerlaubnis stellenweise nur dann erteilt, wenn eine bestimmte Fassade oder Wohnungen mit mindestens 6 Zimmern errichtet wurden usw. Der Art. 1 Nr. 6b sieht nun vor, daß ein Dispens von dem Bauverbot seitens einer höheren Behörde erteilt werden kann. Dieser Dispens kann erteilt werden, falls ein Bedürfnis für Klein- und Mittelwohnungen besteht und begründete Aussicht vorhanden ist, daß der Eigentümer diesem Bedürfnis durch den Bau entsprechender, gesunder und zweckmäßig eingerichteter Wohnungen Rechnung trägt. Für Massenmiethäuser mit Seiten- und Hinterflügeln und dementsprechend nur ungenügend durchlüftbaren Wohnungen kann daher der Dispens vom Bauverbote nicht verlangt werden. Der Erteilung des Dispenses darf allerdings kein überwiegendes berechtigtes Gemeindeinteresse entgegenstehen. Die Entscheidung darüber, ob solche Interessen der Gemeinde dem Bau an der bestimmten Stelle entgegenstehen, steht im Streitfall dem Bezirksausschuß zu. Die Fernhaltung von Personen der minder bemittelten Bevölkerungskreise vom Gemeindegebiet wird als ein solches berechtigtes Gemeindeinteresse, das die Versagung des Dispenses rechtfertigt, nicht angesehen werden können.

Die energische Stellungnahme der Städte gegen die Schmälerung ihres Selbstbestimmungsrechtes durch die Möglichkeit für den Baulustigen, beim Bezirksausschuß gegen den Willen der Stadt Dispens vom städtischen Bauverbot zu erlangen, führte zur Ergänzung der entsprechenden Vorschrift durch folgenden Zusatz: „Weist die Gemeinde nach, daß geeignete Maßnahmen ergriffen sind, um dem Bedürfnis für Klein- oder Mittelwohnungen durch Errichtung von Häusern mit höchstens einem Obergeschoß über dem Erdgeschoß ausreichend Rechnung zu tragen, und ist die Gewähr gegeben, daß diese Maßnahmen auch zur Durchführung gelangen werden, so darf der Dispens zur Errichtung von Gebäuden mit mehr Stockwerken nicht erteilt werden."

Es ist also hier das Bestreben der Städte zur Wahrung ihres Selbstbestimmungsrechtes in den Dienst einer Förderung der Kleinhaussiedelung gestellt. Entweder hat die Gemeinde zu gewärtigen, daß von ihren Bauverboten Dispens erteilt wird, oder aber sie muß selbst für Befriedigung des Bedürfnisses nach Klein- und Mittelwohnungen Sorge tragen. Diese Bestimmung ist als Begünstigung des Flachbaues im Interesse einer gesunden Wohnungsreform besonders zu begrüßen und kann von weittragender Bedeutung werden. — Um die Einziehung der Straßenbaukosten in gerechtfertigter Höhe vom Baulustigen für die Stadt zu gewährleisten, darf der Dispens vom städtischen Bauverbot vor erfolgter Bezahlung oder Sicherstellung dieser Beträge nicht erteilt worden (Art. 1 Nr. 6 Abs. 5).

Art. 1 Nr. 8 wendet sich gegen den Unfug der Vexierstreifen. Bei Neufestsetzung von Fluchtlinien läßt es sich nicht überall vermeiden, daß hinter der Fluchtlinie Restgrundstücke verbleiben, die nicht mehr bebaubar sind. — Baumasken, Ärgerstreifen. — Dasselbe ist nicht selten auch bei schon bestehenden Straßen der Fall. Durch das Vorhandensein solcher Grundstücke wird die Bebauung an der Straße behindert. Nr. 8 soll dazu dienen, diese Behinderung oder Verzögerung des Bauens dadurch zu beseitigen, daß den Gemeinden das Recht verliehen wird, die das Bauen an der Straße hindernden Grundstücke, dem Eigentümer gegen volle Entschädigung zu entziehen. Sind die entzogenen Grundflächen in Verbindung mit anderen der Gemeinde gehörigen Grundstücken ebenfalls nicht zur Bebauung geeignet, so ist die Gemeinde verpflichtet, die entzogenen Grundflächen den Eigentümern der angrenzenden Grundstücke auf ihr Verlangen gegen Erstattung der Aufwendungen nebst Zinsen zu übereignen. Das Verfahren der Entziehung ist in Nr. 8 eingehend geregelt.

Nr. 10 des Art. 1 bezweckt eine Verbilligung oder doch wenigstens eine Vermeidung der Verteuerung des Baugeländes dadurch, daß sie die Zusammenlegung der städtischen Grundstücke fördert. Zu diesem Zweck erleichtert das Gesetz die Einführung der Lex Adickes, des Gesetzes betr. die Umlegung von Grundstücken in Frankfurt a. M.; dieses kann jetzt für den Bezirk einer Gemeinde durch Ortsstatut eingeführt werden. Damit erhält dieses Gesetz fakultative Geltung für ganz Preußen.

Vielfach ist auch durch zu hohe Straßenkosten das Wohnen unnötig verteuert worden. Weitschauende Gemeinden haben daher bei Anlegung der Straßen hinsichtlich ihrer Breite, Befestigung und Ausstattung mit Recht zwischen Verkehrsstraßen und Wohnstraßen unterschieden. Die Entwicklung von Wohnstraßen ist ein Mittel, um auf eine Ermäßigung der Straßenkostenbeiträge für die Wohnungen der Minderbemittelten hinzuwirken. Darüber hinaus haben manche Gemeinden, um auf eine vermehrte Herstellung gesunder und zweckmäßig eingerichteter Kleinwohnungen hinzuwirken, ohne Rücksicht auf die Person des Erbauers oder Besitzers des Hauses Ermäßigungen der Straßenkostenbeiträge für solche Häuser eintreten lassen.

Nr. 12 des Art. 1 will die entgegenstehenden rechtlichen Bedenken beseitigen und auf eine Verallgemeinerung eines solchen Vorgehens hinwirken. Es wird den Kommunen die Befugnis erteilt, durch Ortsstatut zu bestimmen, daß an Kleinwohnungsstraßen die Anliegerbeiträge herabgesetzt, ihre Zahlung erleichtert oder ganz aufgehoben werden kann, wenn es sich um die Schaffung von Flachbauwohnungen für Minderbemittelte oder um gemeinnützige Einrichtungen zugunsten der Minderbemittelten (Kinderfürsorge, Fortbildung, Erholung u. dgl.) handelt. Damit ist für solche wohnungspolitisch zu begrüßende Maßnahmen die Rechtsgrundlage geschaffen; ob tatsächlich von dieser Möglichkeit Gebrauch gemacht wird, hängt bei der fakultativen Fassung vom guten Willen der Gemeinde ab.

Die sämtlichen vorgenannten Bestimmungen sind in das Baufluchtliniengesetz hineingearbeitet und damit also Teile bzw. Ergänzungen dieses geworden.

Artikel 2.

Die Enteignung mit Rücksicht auf das Wohnungsbedürfnis.

In diesem Artikel wird gesetzlich festgelegt, daß das Wohnungsbedürfnis ein öffentliches Interesse darstellt, das gegebenenfalls die Enteignung rechtfertigt; ferner daß in Anbetracht der für die Übergangswirtschaft nach dem Kriege zu befürchtenden Wohnungsnot ein beschleunigtes Enteignungsverfahren dringend geboten ist. Für dieses sollen daher bis zur angekündigten Neuregelung des Enteignungsrechtes die Kriegsverordnungen über vereinfachtes Enteignungsverfahren maßgebend sein.

Artikel 3.

Eingemeindung und Umgemeindung.

Eine grundsätzliche Bedeutung darf die in Art. 3 vorgesehene Erleichterung der Eingemeindung und Umgemeindung mit Rücksicht auf das Wohnungsbedürfnis für viele Gemeinden beanspruchen, denen es an dem erforderlichen Grund und Boden zur angemessenen Befriedigung des Wohnungsbedürfnisses innerhalb ihres Weichbildes fehlt. Indem die Befriedigung des Wohnungsbedürfnisses als öffentliches Interesse im Sinne der Gemeindeverfassungsgesetze anerkannt worden ist, können nunmehr Ein- und Umgemeindungen in solchen Fällen auch gegen den Willen der Beteiligten durchgeführt werden. Allerdings wird hier viel von der Handhabung der gesetzlichen Bestimmungen durch die zuständigen Beschlußbehörden abhängen. Das öffentliche Interesse wird insbesondere auch für den Fall anerkannt werden müssen, daß in einer Gemeinde zwar noch Bauland vorhanden, aber nicht zu einem dem Wohnungsbedürfnis entsprechenden Preise erhältlich ist.

Artikel 4.
Baupolizeiliche Vorschriften.

Art. 4, Baupolizeiliche Vorschriften, steht insofern mit den vorhergehenden Artikeln im Zusammenhang, als letztere in ihren Einzelbestimmungen eine Verbilligung des Baugeländes erstreben, und Art. 4 mit seinen Einzelbestimmungen eine Verbilligung, Verbesserung und Förderung des Bauens von Kleinwohnungen möglich machen soll. Bisher war es zweifelhaft, ob solche baupolizeiliche Vorschriften, die z. B. eine Abstufung der baulichen Ausnutzbarkeit der Grundstücke zum Ziel hatten, also wohnungspolitische Ziele verfolgten — Zonen- und Staffelbauordnungen —, nicht die Zuständigkeit der Polizei überschritten. Um diese Zweifel nach der Rechtsgültigkeit solcher Anordnungen zu beseitigen, gibt Art. 4, § 1 eine allgemeine Bestimmung darüber, was durch die Bauordnungen geregelt werden kann. Gerade die baupolizeiliche Beschränkung der Ausnutzbarkeit des Grund und Bodens hinsichtlich der bebaubaren Fläche und der Stockwerkzahl, die § 1 Abs. 1 ermöglicht, ist von nicht geringem Einfluß auf die Gestaltung der Bodenpreise. Auch fördern sie die im gesundheitlichen Interesse erwünschte weiträumige, flache Bauweise und das Kleinhaus.

Im § 1 Nr. 2 verfolgt das Gesetz noch weiter gehende Ziele der städtischen Siedlungspolitik; es will eine Rechtsgrundlage schaffen für die Ausscheidung besonderer Ortsteile, Straßen und Plätze, für welche die Errichtung von Anlagen nicht zugelassen ist, „die beim Betriebe durch Verbreitung übler Dünste, durch starken Rauch oder ungewöhnliches Geräusch, Gefahren, Nachteile oder Belästigungen für die Nachbarschaft oder das Publikum überhaupt herbeizuführen geeignet sind."

Nach der bisherigen Rechtslage war es schwer, gegen solche

Einrichtungen anzukommen, es sei denn, daß direkte Gefahren damit verbunden waren, oder Rücksichten des Verkehrs sie verboten. Bloße Belästigungen schlossen sie nicht aus.

§ 1 Nr. 3 geht noch einen Schritt weiter und gestattet ausdrücklich die Ausscheidung von besonderen Ortsteilen, Straßen und Plätzen entweder nur für die Errichtung von Wohngebäuden oder nur für die Errichtung von gewerblichen Anlagen.

§ 1 Nr. 4 will schließlich das Polizeiverordnungsrecht erweitern zur Regelung des „Verputzes und Anstrichs oder der Ausfugung der vornehmlich Wohnzwecken dienenden Gebäude und aller von Straßen, Plätzen oder anderen öffentlichen Verkehrsflächen aus sichtbaren Bauten, sowie zur einheitlichen Gestaltung des Straßenbildes, und zwar unter Berücksichtigung des Denkmal- und Heimatschutzes."

§ 1 Nr. 5 stellt es der Bauordnung anheim, im Interesse des Städtebaues die Vorlage von Bauzeichnungen für alle Außenflächen von Wohngebäuden — also nicht nur für die Vorderansicht — zu verlangen.

§ 1 Nr. 6 will eine gesetzliche Regelung der Zulassung des zeitweisen Bewohnens der Lauben und Gartenhäuschen schaffen. Das Oberverwaltungsgericht hatte für Berlin das Wohnen in diesen Lauben, ohne eine Ansiedlungserlaubnis im Sinne des Ansiedlungsgesetzes für unstatthaft erklärt. Das Gesetz gibt nun zwar nicht ein gesetzliches Recht zum Bewohnen der Lauben schlechthin, vielmehr ist die Zulassung des zeitweisen Bewohnens der Lauben nur in der Richtung erfolgt, daß es dem Ermessen der Polizeibehörde überlassen bleibt, ihre Zulassung gesetzlich zu regeln.

§§ 2, 3 und 4 geben weitere Instruktionen für den Inhalt der Bauordnung.

Nach § 2 Abs. 1 haben die Bauordnungen, insofern die bauliche Entwicklung es erfordert, *unterschiedliche Vorschriften* für die Ausführung der Wohngebäude besonders hinsichtlich der Standfestigkeit, Tragfähigkeit, Feuersicherheit, Verkehrssicherheit und Raumhöhe zu geben, je nachdem sich diese auf Gebäude größeren oder kleineren Umfangs beziehen. Auch diese Vorschrift soll eine Verbilligung der Wohnbauten bewirken; vielfach waren die kleineren Wohngebäude durch die Vorschriften der bestehenden Bauordnungen namentlich hinsichtlich der Brand- und Innenmauern, Treppen, statischen Berechnungen ungerechtfertigt belastet, indem jene Bestimmungen der Bauordnungen vielfach so getroffen waren, daß sie für die Standfestigkeit und Feuersicherheit *jeder* Bauform ausreichten und deshalb auf die größten Gebäude berechnet waren. Eine Überteuerung und damit ein Zurückdrängen der kleinen Bauformen war die Folge.

§ 2 Abs. 2 betrifft den Fall, daß eine Bauordnung für einen *größeren Bezirk*, der größere und kleinere Gemeinden umfaßt, erlassen wird; dann soll sie, je nachdem es sich um größere oder kleinere Gemeinden handelt, auch für diese *unterschiedliche Vorschriften* hinsichtlich der Höhe der Gebäude, der bebaubaren Flächen und der Geschoßzahl treffen, welche die besonderen Verhältnisse der Gemeinden berücksichtigen.

§ 3 will bei der offenen Bebauung die häßlichen freistehenden Brandgiebel verhindern.

§ 4 sieht vor, daß, sofern die Verhältnisse es erfordern, durch Polizeiverordnungen „für die Herstellung und Unterhaltung der *Ortsstraßen* abgestufte Vorschriften je nach deren Bestimmung — Hauptverkehrsstraßen, Nebenverkehrsstraßen, Wohnstraßen, Wohnwege usw. — gegeben werden sollen". Durch eine solche unterschiedliche Behandlung kann natürlich an Pflasterkosten und Anliegerbeiträgen erheblich gespart werden. Auch soll der Fuhrwerksverkehr an bestimmten Wohnstraßen beschränkt werden können. **Über Befreiungen** — Dispense — von den Bestimmungen der Baupolizeiverordnungen beschloß bisher in Stadtkreisen und in den zu einem Landkreis gehörigen Städten von mehr als 10000 Einwohnern in der Regel der Bezirksausschuß. Gegen seinen Beschluß fand die Beschwerde an den Minister der öffentlichen Arbeiten statt (§ 145 des Zuständigkeitsgesetzes). Zur Entlastung der Zentralinstanz von diesen Beschwerden bestimmt Art. 4 § 5 des Wohnungsgesetzes in Änderung des Abs. 4 des § 145 des Gesetzes über die Zuständigkeiten der Verwaltungs- und Gerichtsbehörden vom 1. Aug. 1883, daß gegen die Beschlüsse des Bezirksausschusses in 1. Instanz und des gemäß Abs. 1 entscheidenden Regierungspräsidenten binnen 2 Wochen die Beschwerde an den Oberpräsidenten stattfindet, der endgültig entscheidet.

Artikel 5.

Benutzung der Gebäude.

Art. 5 handelt von den Wohnungsordnungen. Der Ausdruck Wohnungsordnung entspricht der im Art. 4 gebrauchten abgekürzten Bezeichnung Bauordnung. Sowohl die Bauordnungen als auch die Wohnungsordnungen sind als **Polizeiverordnungen** unter den für diese gegebenen Vorschriften zu erlassen. Unter Wohnungsordnung versteht das Gesetz „allgemeine Vorschriften über die **Benutzung** der Gebäude zum Wohnen und Schlafen". Bisher begnügte sich die öffentliche Gewalt damit, in der Baupolizeiordnung dafür zu sorgen, daß die **neu errichteten** Wohnungen den Anforderungen der Hygiene entsprächen. Diese Aufgabe bedarf aber notwendig einer Fortsetzung und Ergänzung: Die baupolizeiliche Zweckbestimmung muß gesichert werden und die einmal hygienisch eingerichteten Wohnungen bedürfen hinsichtlich ihrer Benutzung einer dauernden Überwachung. Die Wohnungsordnung gibt gleichzeitig die rechtliche Grundlage für die Wohnungsaufsicht (Art. 6).

Der Erlaß solcher Wohnungsordnungen ist für alle größeren Orte, nämlich für Gemeinden mit mehr als 10000 Einwohnern obligatorisch (§ 1 Abs. 2). Für kleinere Orte ist ihr Erlaß in das freie Ermessen der zuständigen Behörden gestellt (§ 1 Abs. 1).

In Gemeinden, in denen die Polizei unter mehreren Behörden geteilt ist, gilt als Ortspolizeibehörde diejenige Behörde, welcher die Baupolizei übertragen ist (§ 1 Abs. 3).

Durch §§ 2 und 3 wird klargestellt, was Inhalt der Wohnungsordnung sein kann und sein muß, insbesondere wird damit außer Zweifel gestellt, daß Bestimmungen, wie sie die §§ 2 und 3 vorsehen, die zum Teil in das Gebiet der gemeindlichen Wohlfahrtspflege herübergreifen, im Wege der Polizeiverordnung erlassen werden können. So bildet § 2 in Art. 5 die Ergänzung der baupolizeilichen Genehmigung. Was den Inhalt der zu erlassenden Wohnungsordnung angeht, so zählt das Gesetz im § 3 einzelne Vorschriften auf, die Gegenstand von Wohnungsordnungen sein können, legt dabei aber Städten über 10000 Einwohnern die Verpflichtung auf, daß ihre Wohnungsordnungen diese Bestimmungen enthalten sollen. Unter II. des Art. 5 werden besondere Vorschriften über die Unterbringung von Arbeitern in gemeinsamen Quartieren, z. B. in Ziegeleien, Zuckerfabriken, Baubetrieben oder in der Landwirtschaft gegeben. Es war zweifelhaft, ob auch in dieser Hinsicht der Erlaß einer Polizeiverordnung rechtlich zulässig sei, soweit die Vorschriften über den Schutz der Gesundheit hinausgingen. Nunmehr ist durch das Gesetz klargestellt, daß nicht nur durch Polizeiverordnung gewisse Mindestforderungen hinsichtlich der Beschaffenheit und Einrichtung der den Arbeitern zu gewährenden Wohn-, Speise- und Schlafräumen sowie der Aborte und des sonstigen Zubehörs festgesetzt werden können, sondern daß solche festgestellt werden müssen.

Artikel 6.

Wohnungsaufsicht.

Mit Erlaß einer Wohnungsordnung ist es nun keineswegs getan. Worauf es ankommt, ist eine fortlaufende Beaufsichtigung der Wohnungsverhältnisse in den einzelnen Gemeinden. Diese fortlaufende Aufsicht wird im § 1 dem Gemeindevorstand übertragen, wird also nicht in die Hände der Polizei gelegt, da diese für das Eindringen in die häuslichen Verhältnisse nicht geeignet erscheint.

§ 1 schreibt vor, daß der Gemeindevorstand „sich von den Zuständen im Wohnungswesen fortlaufend Kenntnis zu verschaffen, auf die Fernhaltung und Beseitigung von Mißständen sowie auf die Verbesserung der Wohnungsverhältnisse, namentlich der Minderbemittelten, hinzuwirken und die Befolgung der Vorschriften der Wohnungsordnung zu überwachen hat." Diese Bestimmung über die Beaufsichtigung des Wohnungswesens gilt allgemein, also auch für das flache Land und die kleinste Dorfgemeinde. Diese ständige Aufsichtsführung ist nicht ohne eine bestimmte Organisation durchführbar. Und damit diese Aufsichtsführung nicht auf dem Papier stehen bleibt, bestimmt § 1 Abs. 2, daß für alle Gemeinden mit mehr als 100000 Einwohnern zur Durchführung der Wohnungsaufsicht ein Wohnungsamt zu errichten ist. Zur Durchführung der Wohnungsaufsicht sind ein oder mehrere für diesen Dienstzweig geeignete Personen einzustellen. Ohne Zweifel kann auch in Gemeinden mit weniger als 100000 Einwohnern ein Bedürfnis nach einer entsprechenden Organisation bestehen. Das Gesetz sieht deshalb vor, daß für Gemeinden von mehr als 50000 bis 100000 Einwohnern durch Anordnung der

Aufsichtsbehörde die Errichtung eines Wohnungsamtes vorgeschrieben werden kann. Für Gemeinden von mehr als 10000 bis 50000 Einwohnern kann durch Anordnung der Aufsichtsbehörde die Anstellung besonderer sachkundiger beamteter — besoldeter oder ehrenamtlich tätiger — Wohnungsaufseher vorgeschrieben werden (§ 1 Abs. 2).

Mehrere Gemeinden können sich mit Genehmigung der staatlichen Aufsichtsbehörde zur Errichtung eines gemeinsamen Wohnungsamtes für ihre Bezirke vereinigen.

In Gemeinden über 10000 Einwohner muß ein Wohnungsnachweis eingerichtet werden, sofern nicht für die Nachweisung kleinerer Wohnungen durch andere Einrichtungen in ausreichender Weise gesorgt ist. Durch Polizeiverordnung ist den Vermietern solcher Wohnungen die Pflicht zur Anmeldung verfügbarer und zur Abmeldung vermieteter Wohnungen aufzuerlegen. Die Rechtsgültigkeit solcher Polizeiverordnungen wird damit außer Zweifel gesetzt.

Was die Durchführung der Wohnungsaufsicht angeht (§§ 2, 3 und 4), so sagt in dieser Hinsicht das Gesetz sehr wenig. Das einzige ist, daß es im § 2 des Art. 6 den mit der Wohnungsaufsicht betrauten Personen ein Betretungsrecht gewährt; § 3 schreibt vor, daß bei Mängeln in Beschaffenheit oder Benutzung der Wohnung Abhilfe in der Regel zunächst durch Rat, Belehrung oder Mahnung zu versuchen ist; § 4 sieht vor, daß die Wohnungsaufsicht für solche Gemeinden, für die eine Wohnungsordnung erlassen ist, durch eine vom Gemeindevorstand festzusetzende Dienstanweisung zu regeln ist.

Den Regierungspräsidenten sind zur Ausübung der Aufsicht über die Tätigkeit der Gemeinde- und Ortspolizeibehörden, soweit sich dazu ein Bedürfnis ergibt, Wohnungsaufsichtsbeamte beizugeben (Bezirks-Wohnungsaufsichtsbeamte. § 5).

Artikel 7.

Gemeinsame Vorschriften für die Wohnungsordnungen und die Wohnungsaufsicht.

Art. 7 behandelt gemeinsame Vorschriften für die Wohnungsordnungen und die Wohnungsaufsicht. § 1 bestimmt diejenigen Wohnungen, die den Wohnungsordnungen und der Wohnungsaufsicht unterliegen. In erster Linie sind dies die kleinen Wohnungen. Als Kleinwohnungen gelten alle Wohnungen, die einschließlich Küche aus vier oder weniger zum dauernden Aufenthalt von Menschen bestimmten Räumen bestehen (§ 1 Nr. 1). Neben diesen Kleinwohnungen kommen auch sonstige Wohnungen — auch Eigenwohnungen — dann in Betracht, wenn in sie familienfremde Personen gegen Entgelt als Einlieger oder Schlafgänger oder Zimmermieter aufgenommen sind (§ 1 Nr. 2 und Abs. 2). Mißstände, die eine Abhilfe verlangen, sind weiter bei der Unterbringung der Dienstboten und der gewerblichen sowie der kaufmännischen Angestellten und Arbeiter hervorgetreten, so daß alle Wohn- oder Schlafräume, die solchen Personen vom Dienst- oder Arbeitgeber zugewiesen werden, der Wohnungsordnung und Wohnungsaufsicht unterstehen (§ 1 Nr. 3). Das gleiche gilt für alle Wohn- oder Schlafräume in Mietwohnungen, die im Keller oder in einem nicht voll ausgebauten Dachgeschosse liegen, sowie für Ledigenheime und Arbeiterlogierhäuser (§ 1 Nr. 4 und 5).

Liegen kleine Eigenwohnungen in Gebäuden, die ausschließlich von einer Familie bewohnt werden, so sollen sie — abgesehen von dem Fall der Aufnahme von Zimmermietern und Schlafleuten — den Wohnungsordnungen nur dann unterstellt werden, wenn dafür ein besonderes Bedürfnis vorliegt.

Artikel 8 und Bürgschaftssicherungsgesetz.

Bereitstellung staatlicher Mittel.

Durch den Art. 8 wird, wenn auch zunächst in geringem Umfang, bares Geld zur Förderung des Kleinwohnungswesens zur Verfügung gestellt, das zur Beteiligung des Staates mit Stammeinlagen bei gemeinnützigen Bauvereinigungen Verwendung finden soll. Im Gegensatz hierzu will das Bürgschaftssicherungsgesetz der Förderung des Kleinwohnungswesens dienen nicht durch Hergabe von Barmitteln, sondern nur durch Übernahme von Bürgschaften für 2. Hypotheken, die von anderer Seite an gemeinnützige Bauvereinigungen und Stiftungen gegeben werden.

Gemeinsam ist also den durch diese beiden Gesetze bereitgestellten staatlichen Mitteln, daß sie dem Privatunternehmer nicht zugänglich sind, sondern nur an gemeinnützige Bauvereinigungen und Stiftungen gewährt werden.

Schluß.

Daß es zur Gesundung des Wohnungswesens über diese beiden Gesetze hinaus noch weiterer Maßnahmen bedarf, sind sich die gesetzgebenden Körperschaften klar. Das Abgeordnetenhaus hat denn auch in einer Reihe von Entschließungen an die Regierung das Ersuchen gerichtet,

a) in Erwägung darüber einzutreten, ob und in welcher Weise durch Ausbau der Reichsgesetze vom 19. Juli und 20. Dezember 1911 (Reichsversicherungsordnung und Angestelltenversicherungsgesetz) dem größeren Wohnungsbedürfnisse kinderreicher Familien entsprochen werden kann.*) Als kinderreiche Familien gelten solche, in deren

*) Vgl. hierzu Schmittmann, Reichswohnversicherung (Kinderrenten durch Ausbau der Sozialversicherung) Enke, Stuttgart 1917.

Haushalt sich mehr als vier Kinder im Alter bis zu 18 Jahre befinden;

b) zur allmählichen weiteren Besserung des Wohnungswesens auch noch folgende Maßregeln zu fördern:
   1. die geeignete Gestaltung des Nahverkehrs für Haupt-, Klein- und Nebenbahnen,
   2. die Überlassung oder den Verkauf von fiskalischem Gelände zu angemessenen Bedingungen für Klein- und Mittelwohnungsbau.

c) möglichst bald den Entwurf eines allgemeinen Baugesetzes vorzulegen, durch das die geltenden gesetzlichen Bestimmungen den Anforderungen und Bedürfnissen des neuzeitlichen Städtebaus entsprechend abgeändert und ergänzt, sowie durch das die Rechte der Gemeinden und der durch Anwendung solcher gesetzlichen Bestimmungen Betroffenen gewahrt und geregelt werden;

d) im Bundesrat auf baldigen reichsgesetzlichen Ausbau des Erbbaurechts, insbesondere nach der Richtung seiner leichteren und sicheren Beleihbarkeit, hinzuwirken;

e) auf die Einrichtung von Anstalten hinzuwirken, die die Umwandlung von Anliegerlasten und von etwa sonst nach den Bestimmungen des Kommunalabgabengesetzes zu entrichtenden Beiträgen in Renten übernehmen.

Ferner:

1. bei Auswahl der nach dem Wohnungsgesetz mit der Durchführung der staatlichen Aufgaben zu betrauenden Beamten darauf Bedacht zu nehmen, daß diese Beamten die erforderlichen Kenntnisse und Erfahrungen auf dem Gebiete des neuzeitlichen Städtebaues besitzen sowie gegebenenfalls für sie städtebauliche Kurse einzurichten,

2. Vorkehrungen in den Ministerialinstanzen zu schaffen zwecks dauernder Weiterentwicklung der in den Art. 1 bis 8 des Wohnungsgesetzes und dem Bürgschaftssicherungsgesetz geordneten Bestimmungen.

Auch das Herrenhaus hat in einer Entschließung erklärt, daß es die Aufgaben des Staates auf dem Gebiete des Wohnungswesens durch die Erledigung des Wohnungsgesetzes und des Bürgschaftssicherungsgesetzes nicht für erschöpft hält.

„Soll der Wohnungsnot, die besonders nach dem Friedensschluß stark hervortreten wird, vorgebeugt werden, so bedarf es großer staatlicher Maßnahmen auf wirtschaftlichem Gebiete, namentlich der ausgiebigen Bereitstellung von Bauland, Baugeld und Verkehrsmitteln und einer engen Zusammenarbeit des Staates mit den durch die Wohnungsnot bedrohten Gemeinden."

Vgl. auch Stölzel, Wohnungsgesetzgebung in Preußen (Berlin 1918); Wölbing, das preuß Wohnungsgesetz (Stuttgart 1918); Hirsch, Führer durch das preuß. Wohnungsgesetz (Berlin 1918).

Wohnungsgesetz.[1])

Vom 28. März 1918.

(Pr. Ges.S. S. 23.)

Artikel 1.

Baugelände.

Das Gesetz, betreffend die Anlegung und Veränderun von Straßen und Plätzen in Städten und ländlichen Ort schaften, vom 2. Juli 1875 (Gesetzsamml. S. 561) wird dahi geändert:

1. Im § 1 erhält

a) der Abs. 1 folgende Fassung:

(1) Für die Anlegung oder Veränderung vo Straßen und Plätzen (auch Gartenanlagen, Spiel und Erholungsplätzen) in Städten und ländlichen Or schaften sind die Straßen- und Baufluchtlinien vor Gemeindevorstande im Einverständnisse mit der Ge meinde oder deren Vertretung, dem öffentlichen Be dürfnisse entsprechend unter Zustimmung der Orts polizeibehörde festzusetzen.

b) der Abs. 2 folgende Fassung:

(2) Die Ortspolizeibehörde kann die Festsetzung vo Fluchtlinien verlangen, wenn die von ihr wahrzu nehmenden polizeilichen Rücksichten oder ein hervor

---

[1]) Da der Art. 1 des Preuß. Wohnungsgesetzes eine Abänderun des Gesetzes, betr. die Anlegung und Veränderung von Straße und Plätzen in Städten und ländlichen Ortschaften, vom 2. Ju 1875 (kurz Baufluchtliniengesetz genannt), darstellt, ist dieses Gese in seinem heute geltenden Wortlaut nebenstehend beigefüg

Gesetz, betr. die Anlegung und Veränderung von Straßen und Plätzen in Städten und ländlichen Ortschaften,

vom 2. Juli 1875

(Ges.S. S. 561.)

(kurz **Baufluchtliniengesetz** genannt),

abgeändert durch nebenstehenden Artikel des Preuß. Wohnungsgesetzes, in seinem heute geltenden Wortlaut.

(Die durch das Preuß. Wohnungsgesetz herbeigeführten Änderungen sind durch Sperrdruck hervorgehoben.)

§ 1.

(1) Für die Anlegung oder Veränderung von Straßen und Plätzen (auch Gartenanlagen, Spiel- und Erholungsplätzen) in Städten und ländlichen Ortschaften sind die Straßen- und Baufluchtlinien vom Gemeindevorstande im Einverständnisse mit der Gemeinde oder deren Vertretung, dem öffentlichen Bedürfnisse entsprechend unter Zustimmung der Ortspolizeibehörde festzusetzen.

(2) Die Ortspolizeibehörde kann die Festsetzung von Fluchtlinien verlangen, wenn die von ihr wahrzunehmenden polizeilichen Rücksichten oder ein hervorgetretenes Bedürfnis

getretenes Bedürfnis nach Klein- oder Mittelwohnungen die Festsetzung fordern; im letzteren Falle bedarf sie jedoch der Einverständniserklärung der Kommunalaufsichtsbehörde.

c) der Abs. 4 folgende Fassung:

(4) Die Straßenfluchtlinien bilden regelmäßig zugleich die Baufluchtlinien, das heißt die Grenzen, über welche hinaus die Bebauung ausgeschlossen ist. Aus besonderen Gründen kann aber eine hinter die Straßenfluchtlinie zurückweichende Baufluchtlinie festgesetzt werden.

2. Im § 2 erhält der Abs. 1 folgende Fassung:

(1) Die Festsetzung von Fluchtlinien (§ 1) kann für einzelne Straßen, Straßenteile und Plätze (auch Gartenanlagen, Spiel- und Erholungsplätze) oder, nach dem voraussichtlichen Bedürfnisse der näheren Zukunft, durch Aufstellung von Bebauungsplänen für größere Grundflächen erfolgen.

3. Im § 3

a) erhält der Abs. 1 folgende Fassung:

(1) Bei Festsetzung der Fluchtlinien ist auf das Wohnungsbedürfnis sowie die Förderung des Verkehrs, der Feuersicherheit und der öffentlichen Gesundheit Bedacht zu nehmen, auch darauf zu halten, daß eine Verunstaltung der Straßen und Plätze sowie des Orts- und Landschaftsbildes nicht eintritt.

nach Klein- oder Mittelwohnungen die Festsetzung fordern; im letzteren Falle bedarf sie jedoch der Einverständniserklärung der Kommunalaufsichtsbehörde.

(3) Zu einer Straße im Sinne dieses Gesetzes gehört der Straßendamm und der Bürgersteig.

(4) Die Straßenfluchtlinien bilden regelmäßig zugleich die Baufluchtlinien, das heißt die Grenzen, über welche hinaus die Bebauung ausgeschlossen ist. Aus besonderen Gründen kann aber eine hinter die Straßenfluchtlinie zurückweichende Baufluchtlinie festgesetzt werden.

§ 2.

(1) Die Festsetzung von Fluchtlinien (§ 1) kann für einzelne Straßen, Straßenteile und Plätze (auch Gartenanlagen, Spiel- und Erholungsplätze) oder, nach dem voraussichtlichen Bedürfnisse der näheren Zukunft, durch Aufstellung von Bebauungsplänen für größere Grundflächen erfolgen.

(2) Handelt es sich infolge von umfassenden Zerstörungen durch Brand oder andere Ereignisse um die Wiederbebauung ganzer Ortsteile, so ist die Gemeinde verpflichtet, schleunigst darüber zu beschließen, ob und inwiefern für den betreffenden Ortsteil ein neuer Bebauungsplan aufzustellen ist, und eintretendenfalls die unverzügliche Feststellung des neuen Bebauungsplanes zu bewirken.

§ 3.

(1) Bei Festsetzung der Fluchtlinien ist auf das Wohnungsbedürfnis sowie die Förderung des Verkehrs, der Feuersicherheit und der öffentlichen Gesundheit Bedacht zu nehmen, auch darauf zu halten, daß eine Verunstaltung der Straßen und Plätze sowie des Orts- und Landschaftsbildes nicht eintritt.

b) wird als Abs. 3 folgende Vorschrift hinzugefügt:

(3) Im Interesse des Wohnungsbedürfnisses ist ferner darauf Bedacht zu nehmen, daß in ausgiebiger Zahl und Größe Plätze (auch Gartenanlagen, Spiel- und Erholungsplätze) vorhanden sind, daß die Möglichkeit gegeben ist, an geeigneter Stelle Kirchen- und Schulbauten zu errichten, daß für Wohnzwecke Baublöcke von angemessener Tiefe und Straßen von geringerer Breite entsprechend dem verschiedenartigen Wohnungsbedürfnisse geschaffen werden, und daß durch die Festsetzung Baugelände entsprechend dem Wohnungsbedürfnisse der Bebauung erschlossen wird.

4. Im § 5 erhält

a) der Abs. 1 folgende Fassung:

(1) Die Zustimmung der Ortspolizeibehörde (§ 1) darf nur versagt werden, wenn die von ihr wahrzunehmenden polizeilichen Rücksichten oder ein hervorgetretenes Bedürfnis nach Klein- oder Mittelwohnungen (§ 3 Abs. 3) die Versagung fordern. Soweit die Zustimmung wegen eines hervorgetretenen Bedürfnisses nach Klein- oder Mittelwohnungen versagt wird, bedarf es des Einverständnisses der Kommunalaufsichtsbehörde.

(2) Es ist deshalb für die Herstellung einer genügenden Breite der Straßen und einer guten Verbindung der neuen Bauanlagen mit den bereits bestehenden Sorge zu tragen.

(3) Im Interesse des Wohnungsbedürfnisses ist ferner darauf Bedacht zu nehmen, daß in ausgiebiger Zahl und Größe Plätze (auch Gartenanlagen, Spiel- und Erholungsplätze) vorhanden sind, daß die Möglichkeit gegeben ist, an geeigneter Stelle Kirchen- und Schulbauten zu errichten, daß für Wohnzwecke Baublöcke von angemessener Tiefe und Straßen von geringerer Breite entsprechend dem verschiedenartigen Wohnungsbedürfnisse geschaffen werden, und daß durch die Festsetzung Baugelände entsprechend dem Wohnungsbedürfnisse der Bebauung erschlossen wird.

§ 4 (unverändert geblieben).

Jede Festsetzung von Fluchtlinien (§ 1) muß eine genaue Bezeichnung der davon betroffenen Grundstücke und Grundstücksteile und eine Bestimmung der Höhenlage sowie der beabsichtigten Entwässerung der betreffenden Straßen und Plätze enthalten.

§ 5.

(1) Die Zustimmung der Ortspolizeibehörde (§ 1) darf nur versagt werden, wenn die von ihr wahrzunehmenden polizeilichen Rücksichten oder ein hervorgetretenes Bedürfnis nach Klein- oder Mittelwohnungen (§ 3 Abs. 3) die Versagung fordern. Soweit die Zustimmung wegen eines hervorgetretenen Bedürfnisses nach Klein- oder Mittelwohnungen versagt wird, bedarf es des Einverständnisses der Kommunalaufsichtsbehörde.

b) der Abs. 3 folgenden Zusatz:
Soweit ein solches Ansuchen auf ein hervorgetretenes Bedürfnis nach Klein- oder Mittelwohnungen gestützt wird, darf es nur im Einverständnisse mit der Kommunalaufsichtsbehörde ergehen.

(2) Will sich der Gemeindevorstand bei der Versagung nicht beruhigen, so beschließt auf sein Ansuchen der Kreisausschuß.*)

(3) Derselbe beschließt auf Ansuchen der Ortspolizeibehörde über die Bedürfnisfrage, wenn der Gemeindevorstand die von der Ortspolizeibehörde verlangte Festsetzung (§ 1 Abs. 2) ablehnt. Soweit ein solches Ansuchen auf ein hervorgetretenes Bedürfnis nach Klein- oder Mittelwohnungen gestützt wird, darf es nur im Einverständnisse mit der Kommunalaufsichtsbehörde ergehen.

§ 6 (unverändert geblieben).

Betrifft der Plan der beabsichtigten Festsetzungen (§ 4) eine Festung oder fallen in denselben öffentliche Flüsse, Chausseen, Eisenbahnen oder Bahnhöfe, so hat die Ortspolizeibehörde dafür zu sorgen, daß den beteiligten Behörden rechtzeitig zur Wahrung ihrer Interessen Gelegenheit gegeben wird.

§ 7 (unverändert geblieben).

(1) Nach erfolgter Zustimmung der Ortspolizeibehörde, bezüglich des Kreisausschusses (§ 5), hat der Gemeindevorstand den Plan zu jedermanns Einsicht offen zu legen. Wie letzteres geschehen soll, wird in der ortsüblichen Art mit dem Bemerken bekanntgemacht, daß Einwendungen gegen den Plan innerhalb

*) Vgl. hierzu § 146 Abs. 2 des Zuständigkeitsgesetzes: „Die Wahrnehmungen der in den §§ 5, 8, 9 des Gesetzes, betreffend die Anlegung und Veränderung von Straßen und Plätzen in Städten und ländlichen Ortschaften vom 2. Juli 1875 (kurz Baufluchtliniengesetz genannt) dem Kreisausschusse beigelegten Funktionen liegt für den Stadtkreis Berlin dem Minister der öffentlichen Arbeiten, für die übrigen Stadtkreise, sowie für die zu einem Landkreise gehörigen Städte mit mehr als 10000 Einwohnern dem Bezirksausschusse ob."

einer bestimmt zu bezeichnenden präklusivischen Frist von mindestens vier Wochen bei dem Gemeindevorstande anzubringen sind.

(2) Handelt es sich um Festsetzungen, welche nur einzelne Grundstücke betreffen, so genügt statt der Offenlegung und Bekanntmachung eine Mitteilung an die beteiligten Grundeigentümer.

§ 8 (unverändert geblieben).

Über die erhobenen Einwendungen (§ 7) hat, soweit dieselben nicht durch Verhandlung zwischen dem Gemeindevorstande und den Beschwerdeführern zur Erledigung gekommen, der Kreisausschuß*) zu beschließen. Sind Einwendungen nicht erhoben oder ist über dieselben endgültig (§ 16) beschlossen, so hat der Gemeindevorstand den Plan förmlich festzustellen, zu jedermanns Einsicht offenzulegen und, wie dies geschehen soll, ortsüblich bekanntzumachen.

§ 9 (unverändert geblieben).

(1) Sind bei Festsetzung von Fluchtlinien mehrere Ortschaften beteiligt, so hat eine Verhandlung darüber zwischen den betreffenden Gemeindevorständen stattzufinden.

(2) Über die Punkte, hinsichtlich deren eine Einigung nicht zu erzielen ist, beschließt der Kreisausschuß.*)

§ 10 (unverändert geblieben).

(1) Jede, sowohl vor als nach Erlaß dieses Gesetzes getroffene Festsetzung von Fluchtlinien kann nur nach Maßgabe der

*) Gemäß § 146 Abs. 2 des Zuständigkeitsgesetzes hat für den Stadtkreis Berlin der Minister der öffentlichen Arbeiten darüber zu beschließen, für die übrigen Stadtkreise, sowie für die zu einem Landkreise gehörigen Städte mit mehr als 10000 Einwohnern der Bezirksausschuß.

5. § 11 erhält folgende Fassung:

Mit dem Tage, an welchem die im § 8 vorgeschriebene Offenlegung beginnt, tritt die Beschränkung des Grundeigentümers, daß Neubauten, Um- und Ausbauten über die Fluchtlinie hinaus versagt werden können, endgültig ein. Gleichzeitig erhält die Gemeinde das Recht, die durch die festgesetzten Straßenfluchtlinien für Straßen und Plätze (auch Gartenanlagen, Spiel- und Erholungsplätze) bestimmte Grundfläche dem Eigentümer zu entziehen.

6. Im § 12 werden:

a) im Abs. 2

I. im Satz 1 und Satz 2 das Wort „Bezirksrats" ersetzt durch das Wort „Bezirksausschusses",

II. im Satz 2 die Worte „einer Präklusivfrist von einundzwanzig Tagen" ersetzt durch die Worte: „einer Ausschlußfrist von zwei Wochen", vorstehenden Bestimmungen aufgehoben oder abgeändert werden.

(2) Zur Festsetzung neuer oder Abänderung schon bestehender Bebauungspläne in den Städten Berlin, Potsdam, Charlottenburg und deren nächster Umgebung bedarf es Königlicher Genehmigung.

§ 11.

Mit dem Tage, an welchem die im § 8 vorgeschriebene Offenlegung beginnt, tritt die Beschränkung des Grundeigentümers, daß Neubauten, Um- und Ausbauten über die Fluchtlinie hinaus versagt werden können, endgültig ein. Gleichzeitig erhält die Gemeinde das Recht, die durch die festgesetzten Straßenfluchtlinien für Straßen und Plätze (auch Gartenanlagen, Spiel- und Erholungsplätze) bestimmte Grundfläche dem Eigentümer zu entziehen.

§ 12.

(1) Durch Ortsstatut kann festgestellt werden, daß an Straßen oder Straßenteilen, welche noch nicht gemäß der baupolizeilichen Bestimmungen des Orts für den öffentlichen Verkehr und den Anbau fertig hergestellt sind, Wohngebäude, die nach diesen Straßen einen Ausgang haben, nicht errichtet werden dürfen.

(2) Das Ortsstatut hat die näheren Bestimmungen innerhalb der Grenze vorstehender Vorschrift festzusetzen und bedarf der Bestätigung des Bezirksausschusses. Gegen den Beschluß des Bezirksausschusses ist innerhalb einer Ausschlußfrist von zwei Wochen die Beschwerde bei dem Provinzialrate zulässig.

(3) Nach erfolgter Bestätigung ist das Statut in ortsüblicher Art bekanntzumachen.

b) als Abs. 4 bis 7 folgende Vorschriften eingestellt:

(4) Von dem Verbote kann Dispens erteilt werden, falls ein Bedürfnis für Klein- oder Mittelwohnungen besteht, begründete Aussicht vorhanden ist, daß der Eigentümer diesem Bedürfni se durch den Bau entsprechender, gesunder und zweckmäßig eingerichteter Wohnungen Rechnung trägt, und falls kein überwiegendes berechtigtes Gemeindeinteresse entgegensteht. Weist die Gemeinde nach, daß geeignete Maßnahmen ergriffen sind, um dem Bedürfnis für Klein- oder Mittelwohnungen durch Errichtung von Häusern mit höchstens einem Obergeschoß über dem Erdgeschoß ausreichend Rechnung zu tragen, und ist die Gewähr gegeben, daß diese Maßnahmen auch zur Durchführung gelangen werden, so darf der Dispens zur Errichtung von Gebäuden mit mehr Stockwerken nicht erteilt werden.

(5) Ist durch Gemeindebeschluß bestimmt, daß erst nach Zahlung oder Sicherstellung der gemäß § 15 dieses Gesetzes oder gemäß § 9 des Kommunalabgabengesetzes vom 14. Juli 1893 (Gesetzsamml. S. 152) von der Gemeinde festgesetzten Beiträge Wohngebäude errichtet werden dürfen, so darf der Dispens vor erfolgter Zahlung oder Sicherstellung nicht erteilt werden.

(6) Über die Erteilung des Dispenses beschließt im Streitfalle der Bezirksausschuß.

7) Unter den gleichen Voraussetzungen kann der Bezirksausschuß beschließen, daß die Gemeinde, soweit sie eine öffentliche Wasserleitung, Ableitung der Schmutzwässer oder Beleuchtung als Gemeindeanstalt unterhält, den Eigentümern nach Maßgabe der allgemeinen

(4) Von dem Verbote kann Dispens erteilt werden, falls ein Bedürfnis für Klein- oder Mittelwohnungen besteht, begründete Aussicht vorhanden ist, daß der Eigentümer diesem Bedürfnisse durch den Bau entsprechender, gesunder und zweckmäßig eingerichteter Wohnungen Rechnung trägt, und falls kein überwiegendes berechtigtes Gemeindeinteresse entgegensteht. Weist die Gemeinde nach, daß geeignete Maßnahmen ergriffen sind, um dem Bedürfnis für Klein- oder Mittelwohnungen durch Errichtung von Häusern mit höchstens einem Obergeschoß über dem Erdgeschoß ausreichend Rechnung zu tragen, und ist die Gewähr gegeben, daß diese Maßnahmen auch zur Durchführung gelangen werden, so darf der Dispens zur Errichtung von Gebäuden mit mehr Stockwerken nicht erteilt werden.

(5) Ist durch Gemeindebeschluß bestimmt, daß erst nach Zahlung oder Sicherstellung der gemäß § 15 dieses Gesetzes oder gemäß § 9 des Kommunalabgabengesetzes vom 14. Juli 1893 (Gesetzsamml. S. 152) von der Gemeinde festgesetzten Beiträge Wohngebäude errichtet werden dürfen, so darf der Dispens vor erfolgter Zahlung oder Sicherstellung nicht erteilt werden.

(6) Über die Erteilung des Dispenses beschließt im Streitfalle der Bezirksausschuß.

(7) Unter den gleichen Voraussetzungen kann der Bezirksausschuß beschließen, daß die Gemeinde, soweit sie eine öffentliche Wasserleitung, Ableitung der Schmutzwässer oder Beleuchtung als Gemeindeanstalt unterhält, den Eigentümern nach Maßgabe

örtlichen Bestimmungen die Benutzung dieser Anstalt gewährt.

7. Im § 13 erhalten die Abs. 1 und 2 folgende Fassung:

(1) Eine Entschädigung kann wegen der nach den Bestimmungen des § 12 eintretenden Beschränkung der Baufreiheit überhaupt nicht, und wegen Entziehung oder Beschränkung des von der Festsetzung neuer Fluchtlinien betroffenen Grundeigentums nur in folgenden Fällen gefordert werden:

1. wenn die zu Straßen und Plätzen (auch Gartenanlagen, Spiel- und Erholungsplätzen) bestimmten Grundflächen auf Verlangen der Gemeinde für die öffentliche Benutzung abgetreten werden;
2. wenn die Straßen- oder Baufluchtlinie vorhandene Gebäude trifft und das Grundstück bis zur neuen Fluchtlinie von Gebäuden freigelegt wird;
3. wenn die Straßenfluchtlinie einer neu anzulegenden Straße ein unbebautes, aber zur Bebauung geeignetes Grundstück trifft, welches zur Zeit der Feststellung dieser Fluchtlinie an einer bereits bestehenden und für den öffentlichen Verkehr und den Anbau fertiggestellten anderen Straße belegen ist, und die Bebauung in der Fluchtlinie der neuen Straße erfolgt.

(2) Die Entschädigung wird in allen Fällen wegen der zu Straßen und Plätzen (auch Gartenanlagen, Spiel- und Erholungsplätzen) bestimmten Grundfläche für Entziehung des Grundeigentums gewährt. Außerdem wird in denjenigen Fällen der Nr. 2, in welchen es sich um eine Beschränkung des Grundeigentums infolge der Festsetzung einer von der Straßenfluchtlinie verschiedenen Baufluchtlinie handelt, für die Beschränkung des bebaut

der allgemeinen örtlichen Bestimmungen die Benutzung dieser Anstalt gewährt.

§ 13.

(1) Eine Entschädigung kann wegen der nach den Bestimmungen des § 12 eintretenden Beschränkung der Baufreiheit überhaupt nicht, und wegen Entziehung oder Beschränkung des von der Festsetzung neuer Fluchtlinien betroffenen Grundeigentums nur in folgenden Fällen gefordert werden:

1. wenn die zu Straßen und Plätzen (auch Gartenanlagen, Spiel- und Erholungsplätzen) bestimmten Grundflächen auf Verlangen der Gemeinde für die öffentliche Benutzung abgetreten werden;
2. wenn die Straßen- oder Baufluchtlinie vorhandene Gebäude trifft und das Grundstück bis zur neuen Fluchtlinie von Gebäuden freigelegt wird;
3. wenn die Straßenfluchtlinie einer neu anzulegenden Straße ein unbebautes, aber zur Bebauung geeignetes Grundstück trifft, welches zur Zeit der Feststellung dieser Fluchtlinie an einer bereits bestehenden und für den öffentlichen Verkehr und den Anbau fertiggestellten anderen Straße belegen ist, und die Bebauung in der Fluchtlinie der neuen Straße erfolgt.

(2) Die Entschädigung wird in allen Fällen wegen der zu Straßen und Plätzen (auch Gartenanlagen, Spiel- und Erholungsplätzen) bestimmten Grundfläche für Entziehung des Grundeigentums gewährt. Außerdem wird in denjenigen Fällen der Nr. 2, in welchen es sich um eine Beschränkung des Grundeigentums infolge der Festsetzung einer von der Straßenfluchtlinie verschiedenen Baufluchtlinie handelt, für die Beschränkung des bebaut gewesenen Teiles des Grundeigentums

gewesenen Teiles des Grundeigentums (§ 12 des Gesetzes über Enteignung von Grundeigentum vom 11. Juni 1874) Entschädigung gewährt.

8. Als § 13a werden folgende Vorschriften eingestellt:

(1) Mit dem Zeitpunkt, an dem für eine Straße, einen Straßenteil oder Platz die Fluchtlinien förmlich festgestellt sind, erhält die Gemeinde das Recht, ein an die Fluchtlinie der Straße, des Straßenteils oder des Platzes angrenzendes Grundstück, soweit es nach den baupolizeilichen Vorschriften des Ortes nicht zur Bebauung geeignet ist, dem Eigentümer gegen Entschädigung zu entziehen. Bei Straßen, Straßenteilen oder Plätzen, für die Fluchtlinien nicht förmlich festgestellt sind, entsteht das Recht der Gemeinde mit dem Zeitpunkt, an dem die Straße, der Straßenteil oder der Platz gemäß den baupolizeilichen Vorschriften des Ortes für den öffentlichen Verkehr und für den Anbau fertig hergestellt ist. Will die Gemeinde dieses Recht ausüben, so hat sie dies unter genauer Bezeichnung der zu enteignenden Fläche dem Eigentümer mitzuteilen mit dem Hinweise, daß Einwendungen gegen die Entziehung binnen einer Ausschlußfrist von vier Wochen bei dem Gemeindevorstand anzubringen sind. Über Einwendungen beschließen die im § 8 dieses Gesetzes und im

(§ 12 des Gesetzes über Enteignung von Grundeigentum vom 11. Juni 1874) Entschädigung gewährt.

(3) In allen obengedachten Fällen kann der Eigentümer die Übernahme des ganzen Grundstücks verlangen, wenn dasselbe durch die Fluchtlinie entweder ganz oder soweit in Anspruch genommen wird, daß das Restgrundstück nach den baupolizeilichen Vorschriften des Ortes nicht mehr zur Bebauung geeignet ist.

(4) Bei den Vorschriften dieses Paragraphen ist unter der Bezeichnung Grundstück jeder im Zusammenhange stehende Grundbesitz des nämlichen Eigentümers begriffen.

§ 13a.

(1) Mit dem Zeitpunkt, an dem für eine Straße, einen Straßenteil oder Platz die Fluchtlinien förmlich festgestellt sind, erhält die Gemeinde das Recht, ein an die Fluchtlinie der Straße, des Straßenteils oder des Platzes angrenzendes Grundstück, soweit es nach den baupolizeilichen Vorschriften des Ortes nicht zur Bebauung geeignet ist, dem Eigentümer gegen Entschädigung zu entziehen. Bei Straßen, Straßenteilen oder Plätzen, für die Fluchtlinien nicht förmlich festgestellt sind, entsteht das Recht der Gemeinde mit dem Zeitpunkt, an dem die Straße, der Straßenteil oder der Platz gemäß den baupolizeilichen Vorschriften des Ortes für den öffentlichen Verkehr und für den Anbau fertig hergestellt ist. Will die Gemeinde dieses Recht ausüben, so hat sie dies unter genauer Bezeichnung der zu enteignenden Fläche dem Eigentümer mitzuteilen mit dem Hinweise, daß Einwendungen gegen die Entziehung binnen einer Ausschlußfrist von vier

§ 146 des Gesetzes über die Zuständigkeit der Verwaltungs- und Verwaltungsgerichtsbehörden vom 1. August 1883 (Gesetzsamml. S. 237) berufenen Behörden.

(2) Sind die nach Abs. 1 entzogenen Grundflächen weder zusammen noch in Verbindung mit anderen der Gemeinde gehörigen Grundstücken zur Bebauung geeignet, so ist die Gemeinde verpflichtet, die entzogenen Grundflächen den Eigentümern der angrenzenden Grundstücke auf ihr Verlangen gegen Erstattung der Aufwendungen nebst Zinsen zu übereignen. Sie hat, wenn mehrere Grundstücke angrenzen und eine Vereinbarung mit den Eigentümern nicht erzielt wird, einen Plan für die zweckmäßige Zuteilung der entzogenen Grundflächen sowie eine Kostenverteilung aufzustellen. Der Plan und die Kostenverteilung sind zur Einsicht der Beteiligten offenzulegen. Die Offenlegung ist ortsüblich bekanntzumachen mit dem Hinweise, daß Einwendungen binnen einer Ausschlußfrist von vier Wochen seit dem Tage der Bekanntmachung bei dem Gemeindevorstand anzubringen sind. Den aus dem Grundbuch ersichtlichen Eigentümern ist, soweit tunlich, besondere Mitteilung zu machen. Über die Einwendungen beschließen die in Abs. 1 bezeichneten Behörden.

(3) Die im Abs. 2 Satz 1 der Gemeinde auferlegte Verpflichtung erlischt gegenüber denjenigen Eigentümern, welche sich nicht binnen drei Monaten seit Aufforderung der Gemeinde zur Übernahme der Grundfläche verpflichten.

Wochen bei dem Gemeindevorstand anzubringen sind. Über Einwendungen beschließen die im § 8 dieses Gesetzes und im § 146 des Gesetzes über die Zuständigkeit der Verwaltungs- und Verwaltungsgerichtsbehörden vom 1. August 1883 (Gesetzsamml. S. 237) berufenen Behörden.

(2) Sind die nach Abs. 1 entzogenen Grundflächen weder zusammen noch in Verbindung mit anderen der Gemeinde gehörigen Grundstücken zur Bebauung geeignet, so ist die Gemeinde verpflichtet, die entzogenen Grundflächen den Eigentümern der angrenzenden Grundstücke auf ihr Verlangen gegen Erstattung der Aufwendungen nebst Zinsen zu übereignen. Sie hat, wenn mehrere Grundstücke angrenzen und eine Vereinbarung mit den Eigentümern nicht erzielt wird, einen Plan für die zweckmäßige Zuteilung der entzogenen Grundflächen sowie eine Kostenverteilung aufzustellen. Der Plan und die Kostenverteilung sind zur Einsicht der Beteiligten offenzulegen. Die Offenlegung ist ortsüblich bekanntzumachen mit dem Hinweise, daß Einwendungen binnen einer Ausschlußfrist von vier Wochen seit dem Tage der Bekanntmachung bei dem Gemeindevorstand anzubringen sind. Den aus dem Grundbuch ersichtlichen Eigentümern ist, soweit tunlich, besondere Mitteilung zu machen. Über die Einwendungen beschließen die in Abs. 1 bezeichneten Behörden.

(3) Die im Abs. 2 Satz 1 der Gemeinde auferlegte Verpflichtung erlischt gegenüber denjenigen Eigentümern, welche sich nicht binnen drei Monaten seit Aufforderung der Gemeinde zur Übernahme der Grundfläche verpflichten.

(4) Der § 13 Abs. 4 findet bei den Vorschriften dieses Paragraphen gleichfalls Anwendung.

(5) Die vorstehenden Bestimmungen finden auch Anwendung, wenn für eine Straße, einen Straßenteil oder Platz vor Inkrafttreten dieser Vorschrift die Fluchtlinien förmlich festgestellt sind.

(6) Das gleiche gilt, wenn bei Straßen, Straßenteilen oder Plätzen, für die Fluchtlinien nicht förmlich festgestellt sind, die Straße, der Straßenteil oder der Platz vor Inkrafttreten dieser Vorschrift gemäß den baupolizeilichen Vorschriften des Orts für den öffentlichen Verkehr und den Anbau fertig hergestellt ist.

9. Im § 14 werden in Abs. 1 hinter den Worten „nach § 13" die Worte eingefügt: „und § 13a Abs. 1".

10. Als § 14a werden folgende Vorschriften eingestellt:

(1) Das Gesetz, betreffend die Umlegung von Grundstücken in Frankfurt a. M., vom 28. Juli 1902 (Gesetzsamml. S. 273) *) und das Gesetz wegen Abänderung des § 13 des vorbenannten Gesetzes vom 8. Juli 1907 (Gesetzsamml. S. 259) können für den Bezirk einer Gemeinde durch Ortsstatut eingeführt werden. Das Ortsstatut bedarf der Bestätigung durch den Bezirksausschuß.

---

*) Wortlaut dieses Gesetzes (auch Lex Adickes genannt) s. im Anhang S. 245.

(4) Der § 13 Abs. 4 findet bei den Vorschriften dieses Paragraphen gleichfalls Anwendung.

(5) Die vorstehenden Bestimmungen finden auch Anwendung, wenn für eine Straße, einen Straßenteil oder Platz vor Inkrafttreten dieser Vorschrift die Fluchtlinien förmlich festgestellt sind.

(6) Das gleiche gilt, wenn bei Straßen, Straßenteilen oder Plätzen, für die Fluchtlinien nicht förmlich festgestellt sind, die Straße, der Straßenteil oder der Platz vor Inkrafttreten dieser Vorschrift gemäß den baupolizeilichen Vorschriften des Orts für den öffentlichen Verkehr und den Anbau fertig hergestellt ist.

§ 14.

(1) Für die Feststellung der nach § 13 und § 13a Abs. 1 zu gewährenden Entschädigungen und die Vollziehung der Enteignung kommen die §§ 24 ff. des Gesetzes über Enteignung von Grundeigentum vom 11. Juni 1874 zur Anwendung.

(2) Streitigkeiten über Fälligkeit des Anspruchs auf Entschädigung gehören zur gerichtlichen Entscheidung.

(3) Die Entschädigungen sind, soweit nicht ein aus besonderen Rechtstiteln Verpflichteter dafür aufzukommen hat, von der Gemeinde aufzubringen, innerhalb deren Bezirk das betreffende Grundstück belegen ist.

§ 14a.

(1) Das Gesetz, betreffend die Umlegung von Grundstücken in Frankfurt a. M., vom 28. Juli 1902 (Gesetzsamml. S. 273) und das Gesetz wegen Abänderung des § 13 des vorbenannten Gesetzes (Gesetzsamml. S. 259) können für den Bezirk einer Gemeinde durch Ortsstatut eingeführt werden. Das Ortsstatut bedarf der Bestätigung durch den Bezirksausschuß.

11. In § 15 erhält Abs. 2 den Zusatz:

Wird die Straßengrenze eines Grundstücks, dessen Eigentümer zu Straßenkosten herangezogen ist, später dadurch verlängert, daß mit dem Grundstück eine Grundfläche wirtschaftlich vereinigt wird, für welche die Straßenkosten noch nicht bezahlt sind, so sind dem Eigentümer die auf die Verlängerung entfallenden Straßenkosten nachträglich zur Last zu legen.

§ 15.

(1) Durch Ortsstatut kann festgesetzt werden, daß bei der Anlegung einer neuen oder bei der Verlängerung einer schon bestehenden Straße, wenn solche zur Bebauung bestimmt ist, sowie bei dem Anbau an schon vorhandenen bisher unbebauten Straßen und Straßenteilen von dem Unternehmer der neuen Anlage oder von den angrenzenden Eigentümern — von letzteren, sobald sie Gebäude an der neuen Straße errichten — die Freilegung, erste Einrichtung, Entwässerung und Beleuchtungsvorrichtung der Straße in der dem Bedürfnisse entsprechenden Weise beschafft, sowie deren zeitweise, höchstens jedoch fünfjährige Unterhaltung, beziehungsweise ein verhältnismäßiger Beitrag oder der Ersatz der zu allen diesen Maßnahmen erforderlichen Kosten geleistet werde. Zu diesen Verpflichtungen können die angrenzenden Eigentümer nicht für mehr als die Hälfte der Straßenbreite, und wenn die Straße breiter als 26 Meter ist, nicht für mehr als 13 Meter der Straßenbreite herangezogen werden.

(2) Bei Berechnung der Kosten sind die Kosten der gesamten Straßenanlage und beziehungsweise deren Unterhaltung zusammenzurechnen und den Eigentümern nach Verhältnis der Länge ihrer, die Straße berührenden Grenze zur Last zu legen. Wird die Straßengrenze eines Grundstücks, dessen Eigentümer zu Straßenkosten herangezogen ist, später dadurch verlängert, daß mit dem Grundstück eine Grundfläche wirtschaftlich vereinigt wird, für welche die Straßenkosten noch nicht bezahlt sind, so sind dem Eigentümer die auf die Verlängerung entfallenden Straßenkosten nachträglich zur Last zu legen.

(3) Das Ortsstatut hat die näheren Bestimmungen innerhalb der Grenze vorstehender Vorschrift festzusetzen. Bezüglich

12. Als § 15a werden folgende Vorschriften eingestellt:

(1) Durch Ortsstatut kann bestimmt werden, daß die im vorstehenden Paragraphen und im § 9 des Kommunalabgabengesetzes vom 14. Juli 1893 (Gesetzsamml. S. 152) geregelten Beiträge sowie die im § 6 daselbst bezeichneten Gebühren für Gebäude an Straßen, die ihrer Lage und Ausstattung nach für Wohnungen der Minderbemittelten besonders geeignet erscheinen und für den Ausbau mit Häusern mit höchstens einem Obergeschoß über dem Erdgeschosse bestimmt sind (Kleinwohnungsstraßen), ganz oder teilweise erlassen oder gestundet werden können, sofern die Gebäude hauptsächlich für Wohnungen der bezeichneten Art oder für gemeinnützige Einrichtungen zugunsten der Minderbemittelten (Kinderfürsorge, Fortbildung, Erholung und dergleichen) bestimmt sind. Wird die Zweckbestimmung der Gebäude später geändert, so können von dem jeweiligen Eigentümer des Grundstücks die Beiträge und Gebühren nachträglich verlangt werden, soweit sie erlassen oder noch gestundet sind.

(2) Das Ortsstatut kann hinsichtlich der Straßen, der Gebäude und der Wohnungen die Voraussetzungen näher festsetzen, unter denen die Vergünstigung eintritt.

seiner Bestätigung, Anfechtbarkeit und Bekanntmachung gelten die im § 12 gegebenen Vorschriften.

(4) Für die Haupt- und Residenzstadt Berlin bewendet es bis zu dem Zustandekommen eines solchen Statuts bei den Bestimmungen des Regulativs vom 31. Dezember 1838.

§ 15 a.

(1) Durch Ortsstatut kann bestimmt werden, daß die im vorstehenden Paragraphen und im § 9 des Kommunalabgabengesetzes vom 14. Juli 1893 (Gesetzsamml. S. 152) geregelten Beiträge sowie die im § 6 daselbst bezeichneten Gebühren für Gebäude an Straßen, die ihrer Lage und Ausstattung nach für Wohnungen der Minderbemittelten besonders geeignet erscheinen, und für den Ausbau mit Häusern mit höchstens einem Obergeschoß über dem Erdgeschosse bestimmt sind (Kleinwohnungsstraßen), ganz oder teilweise erlassen oder gestundet werden können, sofern die Gebäude hauptsächlich für Wohnungen der bezeichneten Art oder für gemeinnützige Einrichtungen zugunsten der Minderbemittelten (Kinderfürsorge, Fortbildung, Erholung und dergleichen) bestimmt sind. Wird die Zweckbestimmung der Gebäude später geändert, so können von dem jeweiligen Eigentümer des Grundstücks die Beiträge und Gebühren nachträglich verlangt werden, soweit sie erlassen oder noch gestundet sind.

(2) Das Ortsstatut kann hinsichtlich der Straßen, der Gebäude und der Wohnungen die Voraussetzungen näher festsetzen, unter denen die Vergünstigung eintritt.

13. Im § 16 werden

a) im Abs. 1 die Worte „bei dem Bezirksrate innerhalb einer Präklusivfrist von einundzwanzig Tagen" ersetzt durch die Worte: „bei dem Bezirksausschuß innerhalb einer Ausschlußfrist von zwei Wochen",

b) im Abs. 2 die Worte „von einer Woche" ersetzt durch die Worte „von zwei Wochen".

14. Im § 20 werden die Worte „Der Minister für Handel" ersetzt durch die Worte „Der Minister der öffentlichen Arbeiten".

Artikel 2.

Enteignung mit Rücksicht auf das Wohnungsbedürfnis.

Soweit zur Befriedigung des Bedürfnisses nach Mittel- und Kleinwohnungen oder für die Gesundung von Wohnvierteln, Häuserblocks und dergleichen der erforderliche Grund und Boden

Fortsetzung s. S. 60 ff.

§ 16.

(1) Gegen die Beschlüsse des Kreisausschusses steht den Beteiligten in den Fällen der §§ 5, 8, 9 die Beschwerde bei dem Bezirksausschuß innerhalb einer Ausschlußfrist von zwei Wochen zu.

(2) In den Fällen, in denen es sich um Wiederbebauung ganzer durch Brand oder andere Ereignisse zerstörter Ortsteile handelt, tritt an die Stelle dieser Präklusivfrist eine solche von zwei Wochen.

[Die §§ 17 und 18 des Baufluchtliniengesetzes sind durch § 146 Abs. 1 des Gesetzes über die Zuständigkeit der Verwaltungs- und Verwaltungsgerichtsbehörden vom 1. August 1883 (Gesetzsamml. S. 237) aufgehoben worden und gelten somit nicht mehr.]

§ 19 (unverändert geblieben).

(1) Alle den Bestimmungen dieses Gesetzes entgegenstehenden allgemeinen und besonderen gesetzlichen Vorschriften werden hierdurch aufgehoben.

(2) Alle Bestimmungen der im Verwaltungswege erlassenen Bauordnungen, sonstigen polizeilichen Anordnungen und Ortsstatuten, welche mit den Vorschriften dieses Gesetzes in Widerspruch stehen, treten außer Kraft.

§ 20.

Der Minister der öffentlichen Arbeiten wird mit der Ausführung dieses Gesetzes beauftragt.

bis zum 31. Dezember 1926 im Enteignungswege in Anspruch genommen werden muß, wird die Zulässigkeit der Enteignung durch den Minister der öffentlichen Arbeiten ausgesprochen. Das Enteignungsverfahren erfolgt in solchen Fällen nach den Vorschriften der Verordnungen, betreffend ein vereinfachtes Enteignungsverfahren zur Beschaffung von Arbeitsgelegenheit und zur Beschäftigung von Kriegsgefangenen, vom 11. September 1914 (Gesetzsamml. S. 159) und vom 27. März 1915 (Gesetzsamml. S. 57).

Artikel 3.

Eingemeindung und Umgemeindung.

§ 1.

In § 2 Nr. 5 der Landgemeindeordnung für die sieben östlichen Provinzen der Preußischen Monarchie vom 3. Juli 1891 (Gesetzsamml. S. 233) wird unter d folgende Vorschrift eingestellt:

d) wenn die Rücksicht auf das Wohnungsbedürfnis die Eingemeindung oder Umgemeindung erheischt.

§ 2.

Soweit andere Gemeindeverfassungsgesetze eine Eingemeindung oder Umgemeindung davon abhängig machen, daß das öffentliche Interesse die Eingemeindung oder Ungemeindung erfordert, findet die Vorschrift im § 1 entsprechende Anwendung.

Artikel 4.

Baupolizeiliche Vorschriften.

§ 1.

Durch die Bauordnungen kann insbesondere geregelt werden:

1. die Abstufung der baulichen Ausnutzbarkeit der Grundstücke, ebenso daß, wo Fluchtlinien nicht festgestellt sind,

nur offene Bauweise mit Gebäuden von nicht mehr als einem Obergeschoß über dem Erdgeschosse zulässig ist;
2. die Ausscheidung besonderer Ortsteile, Straßen und Plätze, für welche die Errichtung von Anlagen nicht zugelassen ist, die beim Betriebe durch Verbreitung übler Dünste, durch starken Rauch oder ungewöhnliches Geräusch Gefahren, Nachteile oder Belästigungen für die Nachbarschaft oder das Publikum überhaupt herbeizuführen geeignet sind;
3. die Ausscheidung besonderer Ortsteile, Straßen und Plätze, in denen nur die Errichtung von Wohngebäuden mit Nebenanlagen oder nur die Errichtung von gewerblichen Anlagen mit Nebengebäuden zugelassen ist;
4. der Verputz und Anstrich oder die Ausfugung der vornehmlich Wohnzwecken dienenden Gebäude und aller von Straßen, Plätzen oder anderen öffentlichen Verkehrsflächen aus sichtbaren Bauten sowie die einheitliche Gestaltung des Straßenbildes, und zwar unter Berücksichtigung des Denkmal- und Heimatschutzes;
5. die Vorlage von Bauzeichnungen für alle Außenflächen von Wohngebäuden;
6. unter welchen Bedingungen Gartenhäuschen (Lauben) nicht als Wohnhäuser (Wohngebäude) im Sinne des § 13 ff. des Gesetzes, betreffend die Gründung neuer Ansiedlungen in den Provinzen Ostpreußen, Westpreußen, Brandenburg, Pommern, Posen, Schlesien, Sachsen und Westfalen, vom 10. August 1904 (Gesetzsamml. S. 227), des § 1 des Gesetzes, betreffend die Gründung neuer Ansiedlungen im Herzogtume Lauenburg, vom 4. November 1874 (Amtl. Wochenblatt für das Herzogtum Lauenburg S. 291 ff.) und des § 12 des Gesetzes, betreffend die Anlegung und Veränderung von

Straßen und Plätzen in Städten und ländlichen Ortschaften, vom 2. Juli 1875 (Gesetzsamml. S. 561) anzusehen sind.

§ 2.

(1) Insofern die bauliche Entwicklung es erfordert, haben die Bauordnungen für die Ausführung der Wohngebäude, be onders hinsichtlich der Standfestigkeit, Tragfähigkeit, Feuer-cherheit, Verkehrssicherheit und Raumhöhen unterschiedliche Vor chriften zu geben, je nachdem sich diese auf Gebäude größeren oder kleineren Umfanges beziehen.

(2) Geben Bauordnungen für größere Bezirke gleichzeitig Bestimmungen für größere und kleinere Gemeinden, so haben sie hinsichtlich der Höhe der Gebäude, der bebaubaren Flächen und der Geschoßzahl unterschiedliche Bestimmungen zu treffen, welche die besonderen Verhältnisse der Gemeinden berücksichtigen.

(3) Für Stadtkreise sollen die Bauordnungen in der Regel als Ortspolizeiverordnungen erlassen werden.

§ 3.

Durch die Bauordnungen sollen Bestimmungen eingeführt werden, durch die überall dort, wo die offene Bauweise üblich und wirtschaftlich durchführbar ist, die Errichtung von Wohnhäusern mit freistehenden Brandgiebeln verhindert wird.

§ 4.

(1) Sofern die Verhältnisse es erfordern, sollen durch Polizeiverordnungen für die Herstellung und Unterhaltung der Ortsstraßen abgestufte Vorschriften je nach deren Bestimmung (Hauptverkehrsstraßen, Nebenverkehrsstraßen, Wohnstraßen, Wohnwege usw.) gegeben werden.

(2) Durch Polizeiverordnung kann auch im Wohnungs-

interesse für Wohnstraßen, Wohnwege und andere Ortsstraßen, die dem Zugang zu Wohngebäuden dienen, der Fuhrwerksverkehr beschränkt werden.

§ 5.

Der Abs. 4 des § 145 des Gesetzes über die Zuständigkeit der Verwaltungs- und Verwaltungsgerichtsbehörden vom 1. August 1883 (Gesetzsamml. S. 237) erhält folgende Fassung:

> Gegen die Beschlüsse des Bezirksausschusses in erster Instanz und des gemäß Abs. 1 entscheidenden Regierungspräsidenten findet binnen 2 Wochen die Beschwerde an den Oberpräsidenten statt, der endgültig entscheidet.

Artikel 5.

Benutzung der Gebäude.

I. Allgemeine Vorschriften über die Benutzung der Gebäude zum Wohnen und Schlafen (Wohnungsordnungen).

§ 1.

(1) Die Benutzung der Gebäude zum Wohnen und Schlafen kann durch allgemeine Vorschriften (Wohnungsordnungen) im Wege der Polizeiverordnung geregelt werden. In der Regel sollen die Wohnungsordnungen als Orts- oder Kreispolizeiverordnungen erlassen werden.

(2) Für Gemeinden und Gutsbezirke mit mehr als 10000 Einwohnern sind solche Wohnungsordnungen zu erlassen.

(3) Ist in Gemeinden, für die von Ortspolizeibehörden Wohnungsordnungen erlassen werden sollen, die Polizei unter mehrere Behörden geteilt, so gilt als Ortspolizeibehörde diejenige Behörde, welcher die Baupolizei übertragen ist.

§ 2.

(1) Durch die Wohnungsordnungen ist vorzuschreiben, daß als Wohn- oder Schlafräume (auch Küche) nur solche Räume benutzt werden dürfen, welche zum dauernden Aufenthalte von Menschen baupolizeilich genehmigt sind.

(2) Ausnahmen sind nur zulässig für Gebäude, die zur Zeit des Inkrafttretens des Wohnungsgesetzes bereits bewohnt waren.

§ 3.

(1) Die Wohnungsordnungen können ferner insbesondere Vorschriften treffen über:

1. eine den gesundheitlichen Anforderungen entsprechende bauliche Beschaffenheit und Instandhaltung der Wohn- und Schlafräume (auch Küchen), der Hausflure, Treppen, Höfe und sonstigen der gemeinsamen Benutzung der Hausbewohner dienenden Teile des Hauses;
2. eine den Anforderungen des Familienlebens entsprechende Trennung der von verschiedenen Haushaltungen benutzten Wohn- und Schlafräume (auch Küchen) voneinander;
3. die Zahl und die Beschaffenheit der erforderlichen Kochstellen, Wasserentnahmestellen, Ausgüsse, Aborte, wobei in städtischen Verhältnissen in der Regel zu fordern ist, daß ein Abort von höchstens zwei Familien benutzt werden darf;
4. die im gesundheitlichen und sittlichen Interesse zulässige Belegung der Wohn- und Schlafräume (auch Küchen);
5. die Einrichtung, Ausstattung und Unterhaltung der von Dienst- oder Arbeitgebern ihren Dienstboten, Gewerbegehilfen (Gesellen, Gehilfen, Lehrlingen), Handlungsgehilfen, Handlungslehrlingen oder sonstigen Angestellten oder Arbeitern zugewiesenen Schlafräume;

6. die Bedingungen, unter denen die Aufnahme nicht zur Familie gehöriger Personen gegen Entgelt als Zimmermieter (Zimmerherren), Einlieger (Einlogierer, Miet-, Kost- und Quartiergänger) oder Schlafgänger (Schläfer, Schlafleute, Schlafsteller, Schlafgäste, Schlafburschen und -mädchen) statthaft ist;
7. die zur Durchführung der getroffenen Bestimmungen den Beteiligten, namentlich hinsichtlich der Anzeigen, Aushänge usw., obliegenden Verpflichtungen.

(2) Für Städte über 10000 Einwohner sollen die Wohnungsordnungen die vorstehenden Bestimmungen enthalten.

II. Besondere Vorschriften über die Unterbringung von Arbeitern.

§ 4.

(1) Durch Polizeiverordnungen, durch welche die Unterbringung von Arbeitern geregelt wird, müssen Mindestanforderungen hinsichtlich der Beschaffenheit, Einrichtung, Ausstattung und Unterhaltung der Unterkunftsräume und ihres Zubehörs festgesetzt sowie die zur Durchführung der Bestimmungen erforderlichen Vorschriften, insbesondere hinsichtlich der Anzeigen, Aushänge usw., vorgesehen werden.

(2) Die gemeinschaftlichen Wohnräume für Arbeiter (Arbeiterkasernen) müssen so eingerichtet sein, daß in der Regel für jede Familie ein besonderer abschließbarer Raum vorhanden ist, der den allgemeinen Ansprüchen an Gesundheit und Sittlichkeit entspricht.

(3) Für lediges Arbeitspersonal müssen Räume zur Verfügung stehen, die die Trennung der Geschlechter ermöglichen.

Artikel 6.

Wohnungsaufsicht.

I. Örtliche Wohnungsaufsicht.

§ 1.

(1) Die Aufsicht über das Wohnungswesen ist eine Gemeindeangelegenheit. Sie liegt, unbeschadet der allgemeinen gesetzlichen Befugnisse der Ortspolizeibehörden, dem Gemeindevorstand ob. Er hat sich von den Zuständen im Wohnungswesen fortlaufend Kenntnis zu verschaffen, auf die Fernhaltung und Beseitigung von Mißständen sowie auf die Verbesserung der Wohnungsverhältnisse, namentlich der Minderbemittelten, hinzuwirken und die Befolgung der Vorschriften der Wohnungsordnung zu überwachen.

(2) Für Gemeinden mit mehr als 100000 Einwohnern ist zur Durchführung der Wohnungsaufsicht ein Wohnungsamt zu errichten. Zur Durchführung der Wohnungsaufsicht sind ein oder mehrere für diesen Dienstzweig geeignete Personen einzustellen. Für Gemeinden von mehr als 50000 bis 100000 Einwohnern kann durch Anordnung der Aufsichtsbehörde die Errichtung eines den vorstehenden Bestimmungen entsprechenden Wohnungsamts vorgeschrieben werden. Für Gemeinden von mehr als 10000 bis 50000 Einwohnern kann durch Anordnung der Aufsichtsbehörde die Anstellung besonderer sachkundiger beamteter (besoldeter oder ehrenamtlich tätiger) Wohnungsaufseher vorgeschrieben werden. Mehrere Gemeinden können sich mit Genehmigung der staatlichen Aufsichtsbehörde zur Errichtung eines gemeinsamen Wohnungsamts für ihre Bezirke vereinigen. Unter der gleichen Voraussetzung kann auch ein weiterer Kommunalverband für seinen Bezirk oder Teile seines Bezirkes ein gemeinsames Wohnungsamt errichten.

(3) Dem Wohnungsamte können von der Gemeinde, sofern sich mehrere Gemeinden zur Errichtung eines gemeinsamen Wohnungsamts vereinigt haben, durch übereinstimmende Beschlüsse der beteiligten Gemeinden und, sofern die Errichtung durch einen weiteren Kommunalverband erfolgt, durch Beschluß des letzteren andere verwandte Aufgaben übertragen werden. Sofern nicht für die Nachweisung kleinerer Wohnungen durch andere Einrichtungen in ausreichender Weise gesorgt ist, sind in Gemeinden mit mehr als 10000 Einwohnern gemeindliche Wohnungsnachweise zu errichten. Zugleich ist durch Polizeiverordnung den Vermietern solcher Wohnungen die Pflicht zur Anmeldung verfügbarer Wohnungen und zur Abmeldung vermieteter Wohnungen aufzuerlegen.

§ 2.

(1) Die mit der Wohnungsaufsicht betrauten Personen sind berechtigt, bei Ausübung der Wohnungsaufsicht alle Räume, die zum Aufenthalte von Menschen benutzt werden, sowie die dazugehörigen Nebenräume, Zugänge, Aborte zu betreten. Sie haben den Wohnungsinhaber oder dessen Vertreter bei dem Beginne der Besichtigung mit dem Zweck ihres Erscheinens bekannt zu machen und sich unaufgefordert durch öffentliche Urkunde über ihre Berechtigung auszuweisen.

(2) Die Besichtigung muß so vorgenommen werden, daß eine Belästigung der Beteiligten tunlichst vermieden wird. Sie darf nur in der Zeit von 9 Uhr morgens bis 6 Uhr abends, bei Wohnungen, in die Einlieger oder Schlafgänger aufgenommen werden, nur in der Zeit von 5 Uhr morgens bis 10 Uhr abends erfolgen.

(3) Der Wohnungsinhaber oder sein Vertreter ist verpflichtet, über die Art der Benutzung der Räume wahrheitsgemäß Auskunft zu erteilen.

§ 3.

Soweit sich bei Ausübung der Wohnungsaufsicht ergibt, daß die Wohnung hinsichtlich ihrer Beschaffenheit oder Benutzung den an sie zu stellenden Anforderungen nicht entspricht, ist Abhilfe in der Regel zunächst durch Rat, Belehrung oder Mahnung zu versuchen. Läßt sich auf diese Weise Abhilfe nicht schaffen, so ist der Gemeindevorstand befugt, die erforderlichen Anordnungen zu erlassen; auf diese Anordnungen finden die §§ 127 bis 129, 132, 133 des Landesverwaltungsgesetzes vom 30. Juli 1883 (Gesetzsamml. S. 195), soweit sie sich auf Maßnahmen der Ortspolizeibehörden beziehen, entsprechende Anwendung.

§ 4.

Die Ausübung der Wohnungsaufsicht ist für solche Gemeinden, für welche gemäß Artikel 5 § 1 eine Wohnungsordnung erlassen ist, durch eine von dem Gemeindevorstande festzusetzende Dienstanweisung zu regeln.

II. Bezirks-Wohnungsaufsichtsbeamte.

§ 5.

Den Regierungspräsidenten, für den Landespolizeibezirk Berlin dem Oberpräsidenten, sind zur Ausübung der Aufsicht über die Tätigkeit der Gemeinde- und Ortspolizeibehörden (§ 1), soweit sich dazu ein Bedürfnis ergibt, Wohnungsaufsichtsbeamte beizugeben. Diesen Beamten stehen bei Ausübung ihrer Dienstobliegenheiten die Befugnisse der mit der örtlichen Wohnungsaufsicht betrauten Personen (§ 2) zu.

Artikel 7.

Gemeinsame Vorschriften für die Wohnungsordnungen und die Wohnungsaufsicht.

§ 1.

(1) Den Wohnungsordnungen (Artikel 5 I) und der Wohnungsaufsicht (Artikel 6) unterliegen:

1. Wohnungen, die einschließlich Küche aus vier oder weniger zum dauernden Aufenthalte von Menschen bestimmten Räumen bestehen;
2. größere Wohnungen, in denen nicht zur Familie gehörige Personen gegen Entgelt als Zimmermieter (Zimmerherren), Einlieger (Einlogierer, Miet-, Kost- und Quartiergänger) oder Schlafgänger (Schläfer, Schlafleute, Schlafsteller, Schlafgäste, Schlafburschen und -mädchen) aufgenommen werden;
3. Wohn- oder Schlafräume, die von Dienst- oder Arbeitgebern ihren Dienstboten, Gewerbegehilfen (Gesellen, Gehilfen, Lehrlingen), Handlungsgehilfen, Handlungslehrlingen oder sonstigen Angestellten oder Arbeitern zugewiesen sind;
4. solche Wohn- oder Schlafräume in Mietwohnungen, die im Keller oder in einem nicht vollausgebauten Dachgeschosse liegen;
5. Ledigenheime und Arbeiterlogierhäuser.

(2) Eigenwohnungen der in Abs. 1 Nr. 1 bezeichneten Art in Gebäuden, die ausschließlich von einer Familie bewohnt werden, sollen, sofern nicht in ihnen Personen gemäß Nr. 2 aufgenommen werden, den Wohnungsordnungen nur dann unterstellt werden, wenn dafür ein besonderes Bedürfnis vorliegt.

§ 2.

Auf Grund der Wohnungsordnungen sollen Anforderungen, die den Wohnungsinhaber zu einem Wohnungswechsel nötigen, bei Mietwohnungen in der Regel nur gestellt werden, wenn die Wohnungen nach Erlaß der Wohnungsordnung bezogen werden oder das Mietverhältnis nach diesem Zeitpunkte verlängert oder trotz Zulässigkeit der Kündigung oder länger als sechs Monate fortgesetzt wird.

§ 3.

(1) Wohnungen, die von mehreren Mietern gemeinschaftlich gemietet werden, gelten hinsichtlich der Zahl der Räume (§ 1 Abs. 1 Nr. 1) als zwischen ihnen geteilt.

(2) Räume, die miteinander in unmittelbarer offener Verbindung stehen (Zimmer und Alkoven, Butzen u. dgl.), gelten als ein Raum.

§ 4.

(1) Ausgenommen von den Vorschriften der Artikel 5, 6 sind Schlösser des Königs und der Mitglieder des Königshauses und des Hohenzollernschen Fürstenhauses einschließlich der zugehörigen Nebengebäude.

(2) Das gleiche gilt von Schlössern der Mitglieder des vormaligen Hannoverschen Königshauses, des vormaligen Kurhessischen Fürstenhauses und des vormaligen Herzoglich Nassauischen Fürstenhauses in den Landesteilen, welche der Landeshoheit ihres Hauses unterstanden haben, und von Schlössern der Herzoglich Schleswig-Holsteinischen Fürstenhäuser in der Provinz Schleswig-Holstein.

Artikel 8.

Bereitstellung staatlicher Mittel.

§ 1.

Zur Förderung der gemeinnützigen Bautätigkeit wird der Staatsregierung ein Betrag von zwanzig Millionen Mark zur Verfügung gestellt, der zur Beteiligung des Staates mit Stammeinlagen bei gemeinnützigen Bauvereinigungen zu verwenden ist.

§ 2.

(1) Der Finanzminister wird ermächtigt, zur Bereitstellung der nach § 1 erforderlichen Summe Staatsschuldverschreibungen auszugeben. An Stelle der Staatsschuldverschreibungen können vorübergehend Schatzanweisungen ausgegeben werden. Der Fälligkeitstermin ist in den Schatzanweisungen anzugeben.

(2) Der Finanzminister wird ermächtigt, die Mittel zur Einlösung dieser Schatzanweisungen durch Ausgabe von neuen Schatzanweisungen und von Schuldverschreibungen in dem erforderlichen Nennbetrage zu beschaffen. Die Schatzanweisungen können wiederholt ausgegeben werden.

(3) Schatzanweisungen oder Schuldverschreibungen, die zur Einlösung von fällig werdenden Schatzanweisungen bestimmt sind, hat die Hauptverwaltung der Staatsschulden auf Anordnung des Finanzministers 14 Tage vor dem Fälligkeitstermine zur Verfügung zu halten.

(4) Die Verzinsung der neuen Schuldpapiere darf nicht vor dem Zeitpunkte beginnen, mit dem die Verzinsung der einzulösenden Schatzanweisungen aufhört. Wann, durch welche Stelle und in welchen Beträgen, zu welchem Zinsfuße, zu welchen Bedingungen der Kündigung und zu welchen Kursen die Schatzanweisungen und die Schuldverschreibungen ausge-

geben werden sollen, bestimmt der Finanzminister. Im übrigen kommen wegen der Verwaltung und Tilgung der Anleihe die Vorschriften des Gesetzes, betreffend die Konsolidation preußischer Staatsanleihen, vom 19. Dezember 1869 (Gesetzsamml. S. 1197), des Gesetzes, betreffend die Tilgung von Staatsschulden, vom 8. März 1897 (Gesetzsamml. S. 43) und des Gesetzes, betreffend die Bildung eines Ausgleichsfonds für die Eisenbahnverwaltung, vom 3. Mai 1903 (Gesetzsamml. S. 155) zur Anwendung.

Artikel 9.

Schluß- und Übergangsbestimmungen.

§ 1.

Maßgebend für die Berechnung der Einwohnerzahl einer Gemeinde oder eines Gutsbezirks ist hinsichtlich der Bestimmungen dieses Gesetzes die durch die jedesmal letzte Volkszählung ermittelte Zahl der ortsanwesenden Zivilbevölkerung.

§ 2.

(1) Bei der Aufstellung und Anwendung der Bau- und Wohnungsordnungen und bei der Ausübung der Wohnungsaufsicht ist, soweit nicht ein überwiegendes Interesse der Gesundheit oder der Sittlichkeit entgegensteht, das Interesse des Denkmal- und Heimatschutzes zu berücksichtigen.

(2) In Zweifelsfällen sind Sachverständige zu hören.

§ 3.

(1) Dieses Gesetz tritt am 1. April 1918 in Kraft.

(2) Bestehende Wohnungsordnungen bleiben bis zum Ablauf eines Jahres nach dem Inkrafttreten dieses Gesetzes in Geltung,

soweit sie nicht schon vorher durch Wohnungsordnungen gemäß Artikel 5 dieses Gesetzes ersetzt worden sind.

(3) Bereits vor Inkrafttreten dieses Gesetzes können zu seiner Ausführung Wohnungsordnungen erlassen und die zu diesem Behufe notwendigen Anordnungen und Beschlüsse erlassen werden.

Gesetz über die staatliche Verbürgung zweiter Hypotheken (Bürgschaftssicherungsgesetz).

Vom 10. April 1918.

(GS. S. 43.)

---

§ 1.

Der Finanzminister wird ermächtigt, zwecks Förderung der Herstellung gesunder Kleinwohnungen die Bürgschaft für zweite Hypotheken namens des Staates zu übernehmen. Die Hypotheken müssen von anderer Seite an gemeinnützige Bauvereinigungen und Stiftungen unter Ausschluß der Kündbarkeit auf die Dauer von mindestens zehn Jahren gewährt sein.

§ 2.

(1) Das verbürgte Darlehen soll einschließlich vorgehender oder gleichstehender Hypotheken 90 vom Hundert der Selbstkosten nicht übersteigen, die der Schuldner für den Erwerb und die bauliche Erschließung des belasteten Grundstücks, für die Errichtung der auf ihm stehenden Baulichkeiten und die Beschaffung ihres Zubehörs aufwendet.

(2) In Ausnahmefällen kann die Bürgschaft auch bis zum vollen Betrage der Selbstkosten des Baues ohne Berücksichtigung des Wertes von Grund und Boden gehen.

(3) Das verbürgte Darlehen soll mit mindestens $1^1/_2$ vom Hundert des ursprünglichen Betrags unter Hinzurechnung der ersparten Zinsen getilgt werden. Sind auch die den verbürgten Darlehen im Range vorgehenden Hypothekendarlehen Tilgungshypotheken, so darf die Tilgung des verbürgten

Darlehens so weit herabgesetzt werden, daß auf das verbürgte Darlehen und auf die ihm im Range vorgehenden Hypothekendarlehen insgesamt jährlich mindestens $1/2$ vom Hundert der ursprünglichen Beträge unter Hinzurechnung der ersparten Zinsen getilgt wird.

§ 3.

(1) Zur Deckung der dem Staate aus den Bürgschaftsverträgen erwachsenden Verpflichtungen wird ein Betrag von zehn Millionen Mark zur Verfügung gestellt. Er wird als Bürgschaftssicherung der Preußischen Zentral-Genossenschaftskasse überwiesen und ist von ihr besonders zu verwalten. Der Bürgschaftssicherung wachsen die aus ihrer Verwaltung aufkommenden Zinsen sowie die sonst aus den Bürgschaftsverträgen entstehenden Einnahmen zu.

(2) Der Finanzminister ist für die bestimmungsmäßige Verwaltung verantwortlich.

§ 4.

Die Gesamthöhe der zu übernehmenden Bürgschaften darf das Fünfzehnfache der jeweils verfügbaren Bürgschaftssicherung nicht übersteigen.

§ 5.

Ein Bericht über die Verwaltung der Sicherung, ihre Bilanz und Gewinn- und Verlustrechnung sind dem Landtage jährlich vorzulegen.

§ 6.

(1) Der Finanzminister wird ermächtigt, zur Bereitstellung der nach § 3 erforderlichen Summe Staatsschuldverschreibungen auszugeben. An Stelle der Staatsschuldverschreibungen können vorübergehend Schatzanweisungen ausgegeben werden. Der Fälligkeitstermin ist in den Schatzanweisungen anzugeben.

(2) Der Finanzminister wird ermächtigt, die Mittel zur Einlösung dieser Schatzanweisungen durch Ausgabe von neuen Schatzanweisungen und von Schuldverschreibungen in dem erforderlichen Nennbetrage zu beschaffen. Die Schatzanweisungen können wiederholt ausgegeben werden.

(3) Schatzanweisungen oder Schuldverschreibungen, die zur Einlösung von fällig werdenden Schatzanweisungen bestimmt sind, hat die Hauptverwaltung der Staatsschulden auf Anordnung des Finanzministers vierzehn Tage vor dem Fälligkeitstermine zur Verfügung zu halten.

(4) Die Verzinsung der neuen Schuldpapiere darf nicht vor dem Zeitpunkte beginnen, mit dem die Verzinsung der einzulösenden Schatzanweisungen aufhört. Wann, durch welche Stelle und in welchen Beträgen, zu welchem Zinsfuße, zu welchen Bedingungen der Kündigung und zu welchen Kursen die Schatzanweisungen und die Schuldverschreibungen ausgegeben werden sollen, bestimmt der Finanzminister. Im übrigen kommen wegen der Verwaltung und Tilgung der Anleihe die Vorschriften des Gesetzes, betreffend die Konsolidation preußischer Staatsanleihen, vom 19. Dezember 1869 (Gesetzsamml. S. 1197), des Gesetzes, betreffend die Tilgung von Staatsschulden, vom 8. März 1897 (Gesetzsamml. S. 43) und des Gesetzes, betreffend die Bildung eines Ausgleichsfonds für die Eisenbahnverwaltung, vom 3. Mai 1903 (Gesetzsamml. S. 155) zur Anwendung.

Ausführungsanweisung zum Wohnungsgesetz

vom 17. Mai 1918.

(Im Anmerkungsteil ist bei den einzelnen Paragraphen des Wohn.-Ges. auf die dazu gehörigen Ausführungsbestimmungen jeweils in besonderer Fußnote hingewiesen.)

Das Wohnungsgesetz will seine Aufgabe hinsichtlich der allgemeinen Verbesserung der Wohnungsverhältnisse durch Vorschriften auf dem Gebiete der Beschaffung, Aufschließung und Aufteilung des Baugeländes (Art. 1—3), der Regelung der Bebauung (Art. 4) und der Wohnungsbenutzung (Art. 5 bis 7) sowie durch Bereitstellung von staatlichen Mitteln zur Förderung der Herstellung von Kleinwohnungen (Art. 8) erfüllen. Im engeren Zusammenhang stehen die Art. 1—4, insofern sie unabhängig von dem übrigen Inhalt des Gesetzes den Ortschaftsbau und die Wohnungsherstellung betreffen.

Art. 1.

Die Änderungen, die Art. 1 hinsichtlich des Baufluchtliniengesetzes vornimmt, erfolgen lediglich unter dem Gesichtspunkt der Erleichterung der Befriedigung des Wohnbedürfnisses und der Geltendmachung neuzeitlicher Anschauungen über die Gestaltung des Ortschafts- und Wohnungsbaues in wirtschaftlicher, gesundheitlicher und schönheitlicher Beziehung. Diese Bestrebungen gehen aus auf eine größere Weiträumigkeit der Städte einmal durch die Bildung öffentlicher Freiflächen (Gartenanlagen, Spiel- und Erholungsplätze), sodann durch Schaffung nutzbarer privater Freiflächen innerhalb des Baublocks sowie auf Verminderung der Wohndichte in den Blocks vermittelst der Beschränkung ihrer Ausnutzung nach Höhe und Fläche der Häuser. Daneben ist die sachgemäße Führung und die Art des Ausbaues der Straßen sowie die Auslegung der öffentlichen Freiflächen von einschneidender Bedeutung. Das gegenseitige Bedingtsein von Bauordnung und Bebauungsplan und damit der innere Zusammenhang zwischen dem ersten und vierten Artikel des Wohnungsgesetzes kommt in diesem Zusammenhange zur Geltung. Eine besonders wichtige Neuerung, die das Wohnungsgesetz in das Baufluchtengesetz bringt, ist die weitgehende Rücksicht auf das Wohnungsbedürfnis. Diese Rücksichtnahme zu verwirklichen, ist neben der Gemeindebehörde auch die Polizeibehörde berufen.

Ziff. 1b und Ziff. 4.

Aber nur das Wohnungsbedürfnis in bestimmter Begrenzung soll ein polizeiliches Verlangen oder Versagen rechtfertigen. Nicht ein Wohnungsbedürfnis schlechthin ist zur Begründung des polizeilichen Eingreifens ausreichend; es muß vielmehr ein „hervorgetretenes Bedürfnis nach Klein- oder Mittelwohnungen" vorliegen (Art. 1 Ziff. 1b, 4a und b). Die Freiheit der Gemeinden, die Gestaltung des Ortschaftsausbaues dem Wohnungsbedürfnis im allgemeinen anzupassen, findet also ihre Grenze auch in Zukunft nur in dem Mangel an Klein- oder Mittelwohnungen, insofern sie zur Bekämpfung dieses Mangels durch Festsetzung von Fluchtlinien angehalten werden können. Unter Klein- oder Mittelwohnungen werden im allgemeinen solche von 1 bis 3 oder 3 bis 5 Wohnräumen ausschließlich der Küche zu verstehen sein. Die Fassung „hervorgetretenes" Bedürfnis legt der Polizeibehörde die Verpflichtung der sorgfältigen Prüfung auf. Wann ein Wohnungsbedürfnis als „hervorgetreten" anzusehen ist, läßt sich allgemein nicht sagen. Die Anzeichen, welche das tatsächliche Vorhandensein des Wohnungsbedürfnisses in dem gedachten Umfange dartun, können sehr verschieden sein und sind örtlich zu beurteilen. Das zahlenmäßige Überwiegen des Angebots über die Nachfrage ist für das Nichtvorhandensein eines Mangels an sich noch nicht beweisend. Es muß ferner eine andere Deckung des Wohnungsbedarfs als durch Festsetzung von Baufluchtlinien nicht möglich sein („fordern"!). Ein präventives Vorgehen ist nach der Gesetzesfassung nicht grundsätzlich ausgeschlossen.

Die Polizeibehörde ist bei ihrer Entschließung an die Zustimmung der Aufsichtsbehörde gebunden, deren Sache es sein wird, übertriebene Forderungen auf das richtige Maß zurückzuführen. Die Einwirkung kann positiv und negativ sein, indem die Polizeibehörde aus Gründen eines hervorgetretenen Wohnungsbedürfnisses entweder die Festsetzung von Fluchtlinien verlangt (Art. 1 Ziff. 1b, zu § 1 des Baufluchtengesetzes) oder ihre Zustimmung versagt (eod. Ziff. 4 zu § 5 des Ges.). Falls der Gemeindevorstand mit dem Vorgehen der Polizei nicht einverstanden ist, wird die Frage im Verwaltungsbeschluß-verfahren entschieden.

Das Verlangen nach Fluchtlinienfestsetzung wird sich aber nicht nur auf die Festsetzung von Fluchtlinien für bisher damit noch nicht versehenes Gelände beschränken, sondern auch auf die Abänderung bestehender Bebauungspläne erstrecken müssen; denn gerade vorhandene, ältere Bebauungspläne, namentlich mittlerer und kleinerer, aber auch solche größerer Städte sind vielfach wenig zweckmäßig gebildet, schachbrettartig gestaltet oder ohne Berücksichtigung des Unterschiedes zwischen Wohn-, Verkehrs- und Geschäftsstraßen oder ohne richtige Anpassung an die Geländeverhältnisse u. dergl. aufgestellt. Sie lassen leider oft das Verständnis für neuzeitliche Anforderungen des Städtebaues und Wohnwesens gänzlich vermissen. Bei einem polizeilichen Eingreifen nach Maßgabe des Art. 1 Ziff. 1b bis 4 darf aber der Grundsatz keine Einbuße erleiden, daß in erster Linie die Gemeinde für die Gestaltung der Bebauungspläne maßgebend und verantwortlich ist, und zwar nicht nur für die alten, sofern sie deren Umgestaltung nach Maßgabe der veränderten Verhältnisse ablehnen sollte, sondern auch für die neuen, die erstmalige Aufschließung von Baugelände bezweckenden Pläne. Denn ob ein hervorgetretenes Wohnungsbedürfnis vorliegt, ist, wie erwähnt, in der Hauptsache Ermessensfrage. Aus dem Grunde ist auch die Mitwirkung der Aufsichtsbehörde für die Geltendmachung polizeilicher Forderungen auf diesem Gebiete vorgeschrieben. Nicht sowohl um die Gemeinden vor Geldausgaben für überflüssige oder verfrühte Fluchtlinienfestsetzungen zu schützen, als vielmehr um die Forderungen der Polizeibehörden an die Gemeinden auf ihre Berechtigung und Notwendigkeit zu prüfen, wird die Aufsichtsbehörde ihre Befugnisse anzuwenden haben. Ihre Entscheidung kann im Einzelfalle recht zweifelhaft und schwierig sein. Es kann z. B. sehr wohl ein hervorgetretenes Bedürfnis für kleine und mittlere Wohnungen vorliegen, obgleich genügend anbaufähige Straßen vorhanden sind, wenn das daran liegende Land so teuer und die für eine kostspielig hergestellte Straße zu zahlenden Anliegerbeiträge so hoch sind, daß keine Häuser mit entsprechenden Wohnungen dort gebaut werden können. Schlechthin bejahen wird man das Vorliegen des Wohnungsbedürfnisses dann, wenn überhaupt keine anbaufähigen Straßen vorhanden sind, anderseits aber Mangel an Wohnungen herrscht. In der Regel leiden aber die Gemeinden weniger an einem Mangel als an einem Überfluß an Bebauungsplänen und nur für eine weite Zukunft aufgestellten Fluchtliniennetzen, die eben deshalb vielfach veraltet sind, insbesondere die wichtige Scheidung von Wohn- und Verkehrsstraßen vermissen lassen und dadurch den Bau billiger Kleinwohnungen erschweren. Die polizeilicherseits im Interesse des Wohnungsbedürfnisses für Klein- und Mittelwohnungen vorzunehmende Beeinflussung der Fluchtlinienfestsetzung wird sich daher sehr wesentlich auf die zweckmäßige Umgestaltung veralteter Pläne erstrecken müssen, ohne indes die Einwirkung auf neue Pläne zu vernachlässigen. Dabei darf nicht außer acht gelassen werden, daß in ersterer Beziehung die zu lösende Aufgabe sich nicht in geringfügige „Modernisierung" des Bebauungsplans, Schaffung einiger Freiflächen, Verschmälerung einzelner Straßen unter Verbilligung ihrer Anbauart u. dergl. erschöpfen kann, daß vielmehr eine allgemeine Auflockerung der Wohndichte unter möglichster Verdrängung des Massenmietshauses das Ziel sein muß.

Ziff. 3b (Art. 4 § 1).

Dafür, wie Bebauungspläne etwa gestaltet sein müssen, die den bevölkerungspolitischen allgemeinen Gesichtspunkten gerecht werden, gibt das Gesetz in Art. 1 Ziff. 3b und Art. 4 § 1 gewisse Richtlinien, indem danach Freiflächen in ausgiebiger Zahl und Größe vorhanden sein, die Baublocks eine angemessene Tiefe haben und Straßen von geringerer Breite und billigerer Bauart geschaffen, gleichzeitig geeignete Stellen für Kirchen- und Schulbauten vorgesehen und die Wohnviertel von den vorwiegend für gewerbliche Zwecke bestimmten Ortsteilen unterschieden werden sollen. Diese Richtlinien sind um so bedeutsamer, als viele Bebauungspläne in dieser Hinsicht ganz erhebliche Mängel und Fehler aufweisen, Mängel insofern, als die Bereitstellung von Freiflächen überhaupt vernachlässigt ist und Fehler hinsichtlich der Verteilung, Größe und Benutzbarkeit etwaiger Freiflächen gemacht sind. Es ist hier kurz darauf hinzuweisen, daß im allgemeinen die Größe der Freiflächen in geradem Verhältnis zur Wohndichte stehen muß, daß die Fläche der Straßen, seien sie auch noch so breit oder mit „Grünstreifen oder Vorgärten" bedacht, grundsätzlich als Freiflächen nicht in Rechnung gestellt werden dürfen. Das Bestreben soll im Gegenteil dahin gehen, die Straße gerade noch dem Verkehrsbedürfnis entsprechend herzustellen, um, ohne viel mehr Land der Bebauung zu entziehen, solches für Freiflächen zu gewinnen. Vorgärten werden im Hochbaugebiet häufig zwecklos sein, aber auch in den Gegenden mit Mittel- und Kleinhäusern werden sie zurzeit vielfach in zu weitgehendem Maße vorgesehen; namentlich in Gegenden mit kleinen Wohnungen wird dem Bedürfnis der Bewohnerschaft sehr viel besser gedient, wenn das vor den Häusern unbebaut liegende Land hinter die Häuser gelegt wird zur Schaffung größerer Innenhof- oder Gartenanlagen. Der Vorgarten, der neben der Verschönerung des Straßenbildes den Zweck haben soll, die Hausbewohner etwas weiter vom Straßenstaub und -lärm zu trennen, dient jetzt vielfach, besonders in großen Städten, als eine „Straßenverbreiterungsreserve", die sich die Gemeinden später zu billigem Preise oder unentgeltlich übereignen lassen. Auch mit der Auferlegung des Bauwichs wird, sofern es sich um Hochbaugebiete handelt, oftmals viel zu weit gegangen. In den flacher bebauten Ortsteilen hat er sicherlich eine Berechtigung, soweit vornehme Landhausviertel in Betracht kommen. Wesentlich anders liegt die Sache aber bei Wohnungen für weniger Wohlhabende, die mit möglichst reichlichen Landzulagen ausgestattet werden sollen; es wird da immer zu prüfen sein, ob die Landzulage nicht besser zusammenhängend hinter das Haus zu legen ist, statt sie neben und hinter dem Gebäude anzubringen. Bei der Entschließung hierüber wird natürlich auch der Bodenpreis eine wesentliche Rolle spielen.

Unter voller Würdigung der für die Anlage der Ortschaften geltenden ästhetischen Gesichtspunkte ist doch daran festzuhalten, daß in Wohnvierteln die Zweckmäßigkeit, Billigkeit und Bequemlichkeit des Wohnens allen anderen Interessen voranstehen muß. Es ist unter diesem Gesichtspunkte bedenklich, wenn zu weitgehende baupolizeiliche Einschränkungen, betreffend die Art der Einfriedigung und der gärtnerischen Ausnutzung der Vorgärten, getroffen werden. Weiter kann die Vorschrift, daß alleinstehende Häuser trotz tiefer Vorgärten und reichlich breiten Bauwichs sämtlich eine der Straßenflucht parallele Front und gleich breite Abstände von der Nachbargrenze aufweisen müssen, durch ästhetische Gründe schwerlich gerechtfertigt werden, zumal wenn diese Vorschrift eine unzweckmäßige Stellung der Häuser zur Sonne bedingt. Die Aufstellung eines einwandfreien, den allgemeinen Forderungen des neuzeitlichen Städtebaues Rechnung tragenden Fluchtlinienplanes erfordert demnach nicht nur eine sorgfältige Prüfung der örtlichen Verhältnisse, sondern auch eine nicht unerhebliche Kenntnis und Erfahrung, die nicht immer bei den Beteiligten vorausgesetzt werden kann. Der bei dem Ministerium der öffentlichen Arbeiten bestehende Städtebaubeirat hat es sich zur Aufgabe gesetzt, in solchen Fällen begutachtend und beratend einzutreten. Es wird eindringlichst empfohlen, von dieser Einrichtung Gebrauch zu machen. Im übrigen ist bei der Schwierigkeit, welcher die Verwirklichung der neuzeitlichen städtebaulichen Gedanken und Grundsätze aus der Natur der Sache begegnet, ein verständnisvolles Zusammenarbeiten von Gemeinde, Polizei und Aufsichtsbehörde die Vorbedingung für einen Erfolg.

Ziff. 6b.

Die beiden Grundlagen des Ortschaftsbaues nach Maßgabe des Baufluchtliniengesetzes vom 2. Juli 1875 beruhen in dem freien Bestimmungsrecht der Gemeindebehörden über die Anlage des Straßennetzes und dem sogenannten „kommunalen Bauverbot", dem Recht, den Bau an unfertigen Straßen zu verbieten. An beiden Rechten wird grundsätzlich festgehalten. Ebensowenig wie nach den obenstehenden Ausführungen durch das Recht der Polizeibehörde, von den Gemeindebehörden die Rücksichtnahme auf das hervorgetretene Wohnungsbedürfnis zu verlangen, das erstere Recht — das Recht der Festsetzung von Bebauungsplänen — ausgeräumt wird, so bleibt auch trotz der neuen Bestimmung zu § 12 das kommunale Bauverbot bestehen. Lediglich unter gewissen Voraussetzungen sollen die allgemeinen Interessen diesem so wichtigen Selbstbestimmungsrechte der Gemeinden vorgehen. Voraussetzung ist auch hier das gleichzeitige Vorhandensein eines Bedürfnisses für Klein- und Mittelwohnungen und der begründeten Aussicht auf angemessene Befriedigung dieses Bedürfnisses durch den Bau „entsprechender, gesunder und zweckmäßig eingerichteter Wohnungen". Welchen Anforderungen „entsprechende, gesunde und zweckmäßig eingerichtete Klein- und Mittelwohnungen" genügen müssen, ist im Gesetz nicht gesagt. Maßgeblich sind hier zunächst die örtlichen Verhältnisse, welche unter Berücksichtigung des zur Verfügung stehenden Geländes die Bauweise beeinflussen. Ein bestimmter Haustypus ist nicht vorgeschrieben. Es kann also — beim Vorliegen der übrigen Voraussetzungen — auch dann Dispens verlangt werden, wenn es sich um Herstellung von Wohnungen in mehrstöckigen Häusern handelt und die Errichtung von Flachbauten dem Charakter des Stadtteils nicht entsprechen und wegen der Höhe der Bodenpreise unwirtschaftlich sein würde. Dagegen müssen im übrigen die neuzeitlichen Anforderungen, welche an gesunde und zweckmäßig eingerichtete Häuser gestellt werden, erfüllt sein. Es wird u. a. gefordert werden müssen, daß in den Häusern, für welche der Dispens verlangt wird, eine ausreichende Querdurchlüftung der Wohnungen sichergestellt ist, daß Seitenflügel und Quergebäude nicht vorhanden sind und allen in gesundheitlicher Beziehung zu stellenden Anforderungen bezüglich Wasser, Abort usw. entsprochen ist. Es genügt also nicht eine schlichte Erfüllung der Bauordnung, denn dann wäre eine besondere gesetzliche Vorschrift überflüssig; es muß ein darüber hinausgehendes „Mehr", eine Gestaltung der Wohnungen unter besonderer Rücksichtnahme auf die notwendige Förderung der Volksgesundheit und Volksvermehrung auch durch die Anordnung und Einrichtung der Wohnstätten verlangt werden. Ihre Grenze findet die Durchbrechung des kommunalen Bauverbots in einem entgegenstehenden „überwiegenden berechtigten Gemeindeinteresse". Dieses umfaßt alle berechtigten Gemeindeforderungen in weitgehendem Maße, nur darf es sich nicht um Willkür der Gemeinden, nicht um unsachliche, mit dem Bauvorhaben außer sachlichem Zusammenhang stehende, den Gemeinden lediglich geldbringende Forderungen handeln. Die immerhin zweifelhafte Einzelfrage, ob unter dem „überwiegenden Gemeindeinteresse", welches eine Durchbrechung des Bauverbots ausschließt, auch die erfolgte Zahlung oder Sicherstellung der gemäß § 15 Fluchtliniengesetzes und § 9 Kommunalabgabengesetzes von der Gemeinde festgesetzten Beiträge verstanden werden soll, ist — für den Fall entsprechender ortsstatutarischer Festsetzung — von dem Gesetz ausdrücklich im bejahenden Sinne beantwortet. Damit ist ein wesentliches Bedenken, welches bei der Beratung des Gesetzentwurfs gegen Zulassung des Dispenses vom kommunalen Bauverbot vom

Standpunkt städtischer Interessen geltend gemacht werden konnte, ausgeräumt worden.

Das Gesetz will aber weitergehend Vorsorge treffen, daß die unter bestimmten Voraussetzungen zugelassene Durchbrechung des kommunalen Bauverbots nicht zu einer Störung wohlerwogener Absichten der Gemeinden in der Gestaltung der künftigen Bebauung des Gemeindegeländes führt. Es schließt deshalb die Dispenserteilung auch für den Fall aus, daß die Gemeinde geeignete Maßnahmen ergriffen hat, um dem Bedürfnis für Klein- und Mittelwohnungen durch Errichtung von Häusern mit höchstens einem Obergeschoß über dem Erdgeschoß ausreichend Rechnung zu tragen und daß Gewähr für die Durchführung dieser Maßnahmen gegeben ist. Durch diese Bestimmung wird eine Sicherung der Gemeinde und daneben gleichzeitig eine Förderung des Flachbaues erzielt. Der Gemeinde liegt zwar der Nachweis für die Erfüllung jener Voraussetzung ob; sie ist aber nicht verpflichtet, die im Gesetz bezeichneten Maßnahmen selbst zu ergreifen. Sie kann und wird sich in vielen Fällen auf ein mit oder ohne ihre Beteiligung durchzuführendes Bauvorhaben berufen. Wenn die Gemeinde jenen Nachweis beibringt, so ist der Dispens für mehr als zweistöckige Häuser ausgeschlossen, während er andernfalls an unausgebauten Straßen — unter den im ersten Satze des Abs. 4 erwähnten Voraussetzungen — auch für mehr als zweistöckige Wohngebäude zulässig bleibt. Im ersteren Falle wird allerdings für einen Dispens kaum noch ein wesentlicher Anlaß gegeben sein.

Diese Bestimmung kann in der Praxis zu manchen Meinungsverschiedenheiten und Zweifeln führen. Eine schärfere Gesetzesformulierung war aber nicht möglich, wollte man den Verhältnissen nicht Zwang antun.

Es darf der Einsicht der Beschlußbehörden und ihrer richtigen Beurteilung der örtlichen Verhältnisse vertraut werden, daß sie dem Gesetzeswillen, das nicht zu entbehrende kommunale Bauverbot und die Forderung nach gesunden Klein- und Mittelwohnungen in das richtige Verhältnis zu setzen, auch durch befriedigende Lösung des Einzelfalls Rechnung tragen werden.

Ziff. 8 u. 11.

In Ziff. 8 und 11 werden zwei Übelstände, die sich in der Praxis bei Feststellung der Fluchtlinien ergeben haben, beseitigt.

Die Gemeinde erhält das Recht, nach besonders geordnetem Verfahren nicht zur Bebauung geeignete Grundstücke, sogenannte Baumasken, gegen Entschädigung an sich zu ziehen, und die Pflicht, sie nötigenfalls dem Eigentümer eines anderen Grundstücks zum Zwecke der Ermöglichung oder Erleichterung der Bebauung der Gesamtfläche zuzuweisen. Ferner wird eine Bestimmung zugunsten der Gemeinde über Heranziehung zu entstehenden Straßenkosten bei wirtschaftlicher Vereinigung einer Grundfläche mit einem Grundstück getroffen. Es wird dadurch die bis jetzt bestehende Unbilligkeit beseitigt, daß der Eigentümer eines Grundstücks zu demselben eine an der Straße liegende Grundfläche (z. B. einen Garten) hinzuerwirbt und beide zu einer wirtschaftlichen Einheit verbindet, ohne zu den Straßenkosten für die zugekaufte Grundfläche herangezogen werden zu können.

Art. 4.

Wie bereits die Ausführungen zu Art. 1 Ziff. 1b und 3b erkennen lassen, wird eine zweckentsprechende Bebauung nur durch verständnisvolles Ineinandergreifen von Bauordnung und Bebauungsplan zu erzielen sein. Daher ist die gleichzeitige Aufstellung von Bebauungsplan und Baudrdnung notwendig und anzustreben.

§ 1 Ziff. 1.

Der § 1 Ziff. 1 des Art. 4, welcher die Abstufung der Ausnutzbarkeit der Grundstücke in den Bauordnungen empfiehlt, umfaßt alle Möglichkeiten, die sich eröffnen, um eine Herabminderung der Wohndichte zu erzielen, sei es, daß durch Beschränkung der Bautiefen zusammenhängende, in privatem Eigentum und privater Nutzung verbleibende Flächen innerhalb der Baublocks geschaffen, sei es, daß seitliche Abstände (Bauwichs) und dergleichen vorgeschrieben werden. Von besonderer Bedeutung für die weiträumige Wohnweise ist die im Gesetz betonte Möglichkeit, durch die Bauordnung überall da, wo Fluchtlinien nicht festgesetzt sind, nur offene und flache Bauweise zuzulassen. Von den zuständigen Behörden muß erwartet werden, daß sie von dieser Befugnis möglichst ausgiebigen Gebrauch machen. Scharf von diesen Bauordnungsmaßnahmen zu unterscheiden ist die für die Gemeinde infolge der Gleichstellung von Gartenanlagen, Spiel- und Erholungsplätzen mit den „Verkehrsplätzen" (Art. 1 Ziff. 1 des Ges.) geschaffene Möglichkeit, im Wege der Festsetzung rückwärtiger Baufluchtlinien auch innerhalb des Baublocks öffentliche, der allgemeinen Benutzung gewidmete Freiflächen zu erzielen.

§ 1 Ziff. 2 u. 3.

In Ergänzung zu dem in Ziff. 2 vorgesehenen Ausschluß von stark rauchenden, geräuschvollen und sonst störenden Betrieben aus gewissen Gegenden ermöglicht die Ziffer 3 die Trennung von Wohnvierteln von solchen für gewerbliche Anlagen. Von diesen beiden Gesetzesbestimmungen ist in geeigneter Weise Gebrauch zu machen, damit die Wohngegenden von den Industriegegenden mehr als bisher geschieden und dabei so gelegt werden, daß die Wohnviertel ebenso wie Parks und Wälder, die der Allgemeinheit dienen sollen, nicht in der Hauptwindrichtung der Fabrikviertel liegen und durch Rauch und Geruch nicht beeinträchtigt werden. Es ist nicht erforderlich, daß die in § 1 Nr. 2 bezeichneten Betriebe Gefahren, Nachteile oder Belästigungen tatsächlich verursachen, sondern es genügt, daß sie geeignet sind, solche herbeizuführen. Damit erhält die Polizeibehörde sehr weitgehende Befugnisse, die — unzweckmäßig angewendet — zu einer starken Beeinträchtigung der Industrie führen können. Es bedarf keiner näheren Darlegung, daß eine solche Beeinträchtigung vermieden werden muß.

§ 1 Ziff. 6.

Die Ziffer 6 schafft eine Handhabe, im Wege der Bauordnung eine gewisse wohnliche Benutzung von Gartenhäuschen (Lauben) zu ermöglichen, ohne daß sie Wohnhäuser im Sinne der Ansiedlungsgesetze darstellen. Es wird Aufgabe der für die Aufstellung der Bauordnungen zuständigen Behörden sein, die Bedingungen, unter denen die Errichtung von Lauben zugelassen wird, so zu gestalten, daß neben den berechtigten Wünschen der städtischen Bevölkerung nach vorübergehender Benutzung solcher Lauben die Rechte und Interessen der Gemeinden sowie diejenigen der Gesundheit, Ordnung, Ruhe und Sicherheit gewahrt werden.

Art. 5 (7, 9).

Art. 5 Abschnitt I § 1.

1. Für Gemeinden und Gutsbezirke mit mehr als 10000 Einwohnern sind in allen Fällen Wohnungsordnungen zu erlassen, während der Erlaß solcher Vorschriften für die kleineren Orte in das Ermessen der zuständigen Behörde gestellt ist (Art. 5 I § 1 Abs. 1, 2).

2. Die Wohnungsordnungen sollen, damit der Verschiedenheit der örtlichen Verhältnisse in den einzelnen Gemeinden und Gegenden genügend Rechnung getragen wird, grundsätzlich und in erster Linie im Wege der Orts- oder Kreispolizeiverordnungen erlassen werden (Art. 5 I § 1 Abs. 1).

Von dieser vom Gesetz als Regel aufgestellten Vorschrift wird nur in besonderen Fällen und nur insoweit ausnahmsweise abzuweichen sein, als der mit dem Gesetz erstrebte Zweck, der unzulässigen Wohndichtigkeit der minderbemittelten Bevölkerung entgegenzuwirken, sonst nicht hinreichend erreicht werden würde. In dieser Beziehung kann sich beispielsweise der Erlaß einer Wohnungsordnung durch den Regierungspräsidenten für mehrere Kreise gemäß § 137 Abs. 2 Landesverwaltungsgesetzes dann als notwendig erweisen, wenn die Wohnungsordnungen für größere Gemeinden und ihre Vorortgemeinden zu erlassen sind, der Kreisausschuß aber die Zustimmung zur Wohnungsordnung für die ländlichen Vorortgemeinden versagt und so die gebotene einheitliche Regelung für ein wirtschaftlich einheitliches Gebiet vermittelst Orts- und Kreispolizeiverordnungen nicht zu erreichen ist. Ebenso wird eine Wohnungsordnung des Regierungspräsidenten für mehrere Kreise dann in Frage kommen können, wenn in stark industriellen Landkreisen die Kreisausschüsse oder einer derselben die Zustimmung zum Erlaß einer gebotenen Wohnungsordnung versagen sollten, oder wenn die für mehrere benachbarte und ein einheitliches Wirtschaftsgebiet bildende Industriekreise nach Lage der Verhältnisse notwendige Einheitlichkeit in den Bestimmungen der Wohnungsordnungen auf andere Weise nicht zu erreichen sein sollte.

Für Gegenden, in denen sich infolge der wirtschaftlichen Entwicklung das Abmieter- und Schlafgängerwesen allgemein stärker ausgebildet hat, kann unter Umständen auch eine Regelung der in dieser Beziehung in Frage kommenden Verhältnisse, für den Bezirk oder mehrere Kreise zweckmäßig und geboten sein. Sie wird namentlich dann angezeigt erscheinen, wenn im übrigen nur wenige Orts- oder Kreispolizeiverordnungen in dem Regierungsbezirke zu erlassen sein werden. Einer solchen Regelung des Abmieter- und Schlafgängerwesens durch Polizeiverordnung des Regierungspräsidenten steht die Vorschrift im Art. 5 I § 3 Abs. 2, auch abgesehen von ihrer nur instruktionellen Fassung, um deswillen nicht entgegen, weil solche Polizeiverordnungen gleichfalls Wohnungsordnungen im Sinne des Gesetzes sind und die Absicht der Vorschrift nur dahin geht, daß in sachlicher Beziehung für die Städte über 10000 Einwohner eine Regelung nach den im § 3 Abs. 1 bezeichneten Richtungen erfolgen soll, ohne daß dabei die Bestimmungen in allen Fällen durch eine einzige Wohnungsordnung getroffen zu werden brauchen. Soweit die Regelung des Abmieter- und Schlafgängerwesens durch den Regierungspräsidenten in Aussicht genommen ist, sind die nachgeordneten, zum Erlaß von Wohnungsordnungen zuständigen Behörden tunlichst bald hiervon zu verständigen, da sich in diesem Falle die Aufnahme solcher Bestimmungen in die Orts- und Kreispolizeiverordnungen erübrigt.

3. Für den Erlaß der Wohnungsordnungen durch Ortspolizeibehörden ist in Gemeinden, in denen die Polizei unter mehrere Behörden geteilt ist, nach Art. 5 I § 1 Abs. 3 diejenige Behörde zuständig, welcher die Baupolizei übertragen ist.

4. Der Zeitpunkt, zu dem die Wohnungsordnungen in Kraft treten sollen, wird den örtlichen Verhältnissen, insbesondere der fortschreitenden Neuherstellung kleiner Wohnungen, angepaßt werden können. Auch erscheint es zulässig, daß die einzelnen Vorschriften der Wohnungsordnung je nach Lage der Verhältnisse zu verschiedenen Zeitpunkten in Kraft gesetzt werden. Auf diese Weise bietet sich erforderlichenfalls die Möglichkeit, der namentlich nach Beendigung des Krieges an manchen Orten zunächst zu erwartenden Knappheit an Wohngelegenheit Rechnung zu tragen, gleichwohl aber durch die Wohnungsordnung die geeigneten Unterlagen zu geben, auf Grund deren die gewerbliche Bauunternehmung den Bedarf an Kleinwohnungen berechnen kann. Zur Förderung der Wohnungsherstellung durch die Bauunternehmer wird es ferner dienen,

wenn bis zum Inkrafttreten der Wohnungsordnung die Gemeindebehörden von Zeit zu Zeit den Bedarf an kleinen Wohnungen auch ihrerseits ermitteln und bekanntgeben.

Soweit schon bisher allgemeine Vorschriften über die Benutzung der Gebäude zum Wohnen und Schlafen bestanden haben, treten diese nach Art. 9 § 3 Abs. 2 spätestens am 1. April 1919 außer Kraft. In solchen Fällen wird darauf zu sehen sein, daß tunlichst die Neuregelung zu dem gleichen Zeitpunkt in Gültigkeit tritt, damit ein Rückschritt gegen den bisherigen Zustand vermieden wird; dies gilt insbesondere hinsichtlich des Einlieger- und Schlafgängerwesens, das schon bisher für einen großen Teil des Staatsgebiets durch Polizeiverordnungen geregelt worden ist.

5. Die Wohnungsordnungen beziehen sich nur auf die Benutzung der Gebäude zum Wohnen und Schlafen von Menschen. Küchen rechnen dabei in allen Fällen zu den Wohn- und Schlafräumen. Arbeitsräume und ähnliche Räume, die ihrer Bestimmung nach nicht zum Wohnen und Schlafen dienen sollen, werden nicht mit betroffen. Die etwa hinsichtlich der Arbeitsräume erforderlichen Bestimmungen sind, soweit es sich um gewerbliche Betriebe handelt, auf Grund der §§ 120a ff. der Reichsgewerbeordnung zu treffen.

Art. 7.

6. Den Wohnungsordnungen unterliegen nach Art. 7 nur die dort bezeichneten Wohnungen und Räume.

Im allgemeinen wird dabei zwischen Eigen- und Mietwohnungen kein Unterschied gemacht. Jedoch fallen in allen Mietwohnungen solche Wohn- und Schlafräume, die im Keller oder in einem nicht voll ausgebauten Dachgeschosse liegen, unter die Wohnungsordnungen (Art. 7 § 1 Abs. 1 Nr. 4). Ferner sollen Eigenwohnungen, die einschließlich Küche aus vier oder weniger zum dauernden Aufenthalte von Menschen bestimmten Räumen bestehen, in Gebäuden, die ausschließlich von einer Familie bewohnt werden — sofern nicht in diesen Eigenwohnungen nicht zur Familie gehörige Personen gegen Entgelt als Zimmermieter, Einlieger oder Schlafgänger aufgenommen werden — den Wohnungsordnungen nur dann unterstellt werden, wenn dafür ein besonderes Bedürfnis vorliegt (Art. 7 § 1 Abs. 2).

Bei Mietwohnungen sollen ferner nach Art. 7 § 2 auf Grund der Wohnungsordnungen Anforderungen, die den Wohnungsinhaber zu einem Wohnungswechsel nötigen, in der Regel nur gestellt werden, wenn die Wohnungen nach Erlaß der Wohnungsordnung bezogen werden oder das Mietverhältnis nach diesem Zeitpunkte verlängert oder trotz Zulässigkeit der Kündigung oder länger als sechs Monate fortgesetzt wird.

7. Welchen Inhalt im übrigen die Wohnungsordnungen erhalten, ist im allgemeinen dem pflichtmäßigen, auf die Kenntnis der örtlichen Verhältnisse gegründeten Ermessen der die Wohnungsordnungen erlassenden Behörden überlassen.

Art. 5 Abschnitt I § 2.

Nach Art. 5 I § 2 muß jedoch durch die Wohnungsordnungen vorgeschrieben werden, daß als Wohn- und Schlafräume (auch Küche) nur solche Räume benutzt werden dürfen, welche zum dauernden Aufenthalte von Menschen baupolizeilich genehmigt sind. Nach Abs. 2 des § 2 sind in dieser Beziehung Ausnahmen nur zulässig für Gebäude, die am 1. April 1918 bereits bewohnt waren. Solche Ausnahmen können sowohl allgemein vorgesehen als auch für den Einzelfall bewilligt werden.

Art. 5 Abschnitt I § 3.

Nach Art. 5 I § 3 Abs. 2 sollen ferner für Städte über 10000 Einwohner die Wohnungsordnungen die im § 3 Abs. 1 bezeichneten Bestimmungen enthalten. Die Wohnungsordnungen können in dieser Beziehung allgemein die Möglichkeit vorsehen, in besonderen Fällen Ausnahmen von den Vorschriften zuzulassen.

8. Welche Bestimmungen im einzelnen nach den in Art. 5 I § 3 Abs. 1 bezeichneten Richtungen hin in die Wohnungsordnungen aufzunehmen sein werden, hängt von dem nach Maßgabe der örtlichen Bedürfnisse Gebotenen und Erreichbaren ab. Dabei wird nach der Absicht und dem Zweck des Gesetzes davon auszugehen sein, daß in solchen Fällen, wo in Rücksicht auf die bestehenden Verhältnisse das zur Erzielung befriedigender Wohnungszustände Erforderliche zur Zeit noch nicht voll erreicht werden kann, dieses Ziel durch spätere, der vermehrten Kleinwohnungsherstellung angepaßte Verschärfung der erlassenen Bestimmungen anzustreben sein wird.

Im einzelnen erscheint zu § 3 Abs. 1 folgendes beachtenswert:

Zu Nummer 1: Manche bestehende Wohnungsordnungen schreiben vor, daß die Räume nicht baulich verwahrlost und nicht in gesundheitsschädlichem Maße feucht sein dürfen. Im besonderen kann auf Grund der Vorschrift gefordert werden, daß Dach und Fenster dicht und daß die Tapeten nicht zerrissen sind und sich nicht von den Wänden loslösen. In Rücksicht darauf, daß die Feuchtigkeit der Wohnung manchmal auch auf unzweckmäßiges Verhalten der Bewohner zurückzuführen ist, können auch in dieser Beziehung Vorschriften getroffen werden.

Zu Nummer 2: Von besonderer Bedeutung für die Aufrechterhaltung des Familienlebens ist die ausreichende Trennung der von verschiedenen Haushaltungen benutzten Wohn- und Schlafräume voneinander.

In dieser Beziehung hat sich eine Vorschrift als zweckmäßig erwiesen, daß die Räume einen durch keine fremden Wohn- oder Schlafräume führenden verschließbaren Zugang haben müssen. Die hinreichende Trennung der einzelnen Kleinwohnungen voneinander erscheint insbesondere auch in allen denjenigen Fällen von Wichtigkeit, wo ursprünglich für eine Familie hergestellte größere Wohnungen nachher aufgeteilt werden. In diesen Fällen empfiehlt es sich zugleich, rechtzeitig dafür Fürsorge zu treffen, daß gemäß Nummer 3 die erforderliche Zahl von Aborten vorhanden ist.

Zu Nummer 3: Auch im übrigen erscheint die Fürsorge für eine angemessene Zahl von Aborten im Hinblick auf die gegenwärtig vielfach unbefriedigenden Zustände und in Rücksicht darauf wichtig, daß die gemeinschaftliche Benutzung der Aborte durch mehrere Wohnparteien die Unreinlichkeit fördert und die Quelle von Streitigkeiten und Gesundheitsgefahren bildet. Nach dem Gesetze soll in städtischen Verhältnissen in der Regel gefordert werden, daß ein Abort von höchstens zwei Familien benutzt werden darf. Wie das Wort „höchstens" ergibt, erscheint als erstrebenswertes Ziel, daß tunlichst für jede Wohnung auch ein besonderer verschließbarer Abort vorhanden ist.

Zu Nummer 4: Bei Berechnung der für die Belegung der Wohn- und Schlafräume zu zählenden Personen sind in den bisher erlassenen Wohnungsordnungen Unterscheidungen nach dem Alter gemacht worden, wobei für jüngere Kinder geringere Anforderungen gestellt und Kinder unter einem gewissen geringen Alter ganz außer Ansatz gelassen worden sind. Nach der Vorschrift kommen Bestimmungen über das erforderliche Mindestmaß an Luftraum und Bodenfläche in Betracht. Die zulässige Personenzahl kann sowohl für den einzelnen Raum als auch mit Beziehung auf die Gesamtheit der Wohnung festgesetzt werden. Für die Belegung einer Wohnung zählen neben den Familienangehörigen auch die sonst noch in die Wohnung aufgenommenen Personen (vgl. Nr. 5, 6).

Zu Nummer 5: Bei der großen Zahl der beim Dienst- oder Arbeitgeber wohnenden Personen und mit Rücksicht auf die hinsichtlich ihrer Unterbringung manchmal beobachteten Mißstände erscheint die in dieser Beziehung zu treffende Regelung sowohl in sozialer als auch in gesundheitlicher und sittlicher Beziehung besonders wichtig. In Frage kommen namentlich Vorschriften über Trennung der Geschlechter, über das Mindestmaß von Luftraum und Bodenfläche, über die bauliche Beschaffenheit und Einrichtung (Verschließbarkeit, Heizbarkeit), sowie über die Ausstattung und Unterhaltung der Räume. Die Regelung umfaßt die männlichen wie die weiblichen Personen.

Zu Nummer 6: Von der größten Wichtigkeit für die Aufrechterhaltung des Familienlebens sowie in gesundheitlichem und sittlichem Interesse ist die angemessene Unterbringung der familienfremden Personen, die gegen Entgelt als Zimmermieter, Einlieger oder Schlafgänger in die einzelnen Haushaltungen aufgenommen werden. Insbesondere das Einlieger- und Schlafgängerwesen erfordert andauernd die größte Beachtung. In dieser Beziehung wird als das zu erstrebende Ziel zu gelten haben, daß

1. die fremden Personen getrennt von dem Wohnungsgeber und dessen Familienangehörigen schlafen, und daß auch die von den fremden Personen benutzten Schlafräume von denen des Wohnungsgebers und

seiner Familienangehörigen baulich oder in einer sonst geeigneten Weise, die den unmittelbaren Verkehr ausschließt (durch Verstellen u. dergl.), getrennt sein müssen;

2. die zur Unterbringung der fremden Personen benutzten Schlafräume und die dem Wohnungsgeber für sich und seine Familienangehörigen verbleibenden Räume bestimmten Mindestanforderungen hinsichtlich der Größe, die Schlafräume der Einlieger und Schlafgänger auch hinsichtlich der Einrichtung, Ausstattung und Unterhaltung genügen müssen.

Ferner ist vorzuschreiben und durchzusetzen, daß die Einlieger und Schlafgänger, abgesehen von Eheleuten, Eltern mit Kindern u. dergl., getrennt nach den Geschlechtern schlafen, und daß die Schlafräume der Einlieger und Schlafgänger verschiedenen Geschlechts voneinander baulich oder in einer sonst den unmittelbaren Verkehr ausschließenden Weise getrennt sind.

Soweit in besonderen Fällen ein Abweichen von diesen leitenden Gesichtspunkten unbedenklich und in Rücksicht auf die wirtschaftliche Lage der Beteiligten angezeigt erscheint, werden Ausnahmen allgemein oder von Fall zu Fall zugelassen werden können.

Die schon bisher in erfreulich zunehmendem Maße von gewerblichen Arbeitgebern, wohltätigen Vereinigungen und auch von Gemeinden errichteten Ledigen- oder Gesellenheime, in denen Personen ohne eigenen Haushalt gegen mäßiges Entgelt angemessenes Unterkommen finden, unterliegen zwar nach Art. 7 § 1 Abs. Nr. 5 gleichfalls den Wohnungsordnungen, fallen aber, da es sich hierbei nicht um Aufnahme in die Familienhaushaltungen handelt, im allgemeinen nicht unter die Vorschrift der Nr. 6.

Zu Nummer 7: Für die Durchführung der getroffenen Bestimmungen kommen neben der Regelung der Meldepflicht namentlich Vorschriften über die Anbringung von Aushängen hinsichtlich der für die Wohnung oder den Raum zugelassenen Personenzahl in Betracht.

(Art. 9.)

9. Bei der Aufstellung und Anwendung der Wohnungsordnungen ist, soweit nicht ein überwiegendes Interesse der Gesundheit oder der Sittlichkeit entgegensteht, nach Art. 9 § 2 das Interesse des Denkmal- und Heimatschutzes zu berücksichtigen. In Zweifelsfällen sind Sachverständige zu hören.

10. Die Regierungspräsidenten, für den Landespolizeibezirk Berlin der Oberpräsident, haben die Durchführung der Vorschriften des Gesetzes über Wohnungsordnungen zu überwachen. Von jeder erlassenen Wohnungsordnung sind vier Abdrucke dem Minister der öffentlichen Arbeiten einzureichen.

Art. 5. Abschnitt II § 4.

11. Polizeiverordnungen, durch welche die Unterbringung von Arbeitern geregelt wird, müssen nach dem Gesetze Mindestanforderungen hinsichtlich der Beschaffenheit, Einrichtung, Ausstattung und Unterhaltung der Unterkunftsräume und ihres Zubehörs festsetzen sowie die zur Durchführung der Bestimmungen erforderlichen Vorschriften vorsehen. Soweit die bisher erlassenen Verordnungen ausnahmsweise diesen Anforderungen noch nicht in allen Punkten entsprechen sollten, sind sie alsbald entsprechend zu ergänzen. In dieser Beziehung ist von Bedeutung, daß nunmehr Vorschriften, wonach für jeden untergebrachten Arbeiter auch ein verschließbares Behältnis und ein Kleiderriegel zur Verfügung zu stellen sind, und wonach an der Tür eines jeden Schlafraumes ein Zettel oder eine Tafel über Abmessung, Luftinhalt und zugelassene Belegungsziffer sowie in jedem Aufenthaltsraum ein Abdruck der Verordnung angebracht sein muß, in ihrer Rechtsgültigkeit außer Zweifel gestellt sind.

12. Durch das Gesetz ist ferner vorgeschrieben, daß die gemeinschaftlichen Wohnräume für Arbeiter (Arbeiterkasernen) so eingerichtet sein müssen, daß in der Regel für jede Familie ein besonderer abschließbarer Raum vorhanden ist, der den allgemeinen Ansprüchen an Gesundheit und Sittlichkeit entspricht, und daß für lediges Arbeitspersonal Räume zur Verfügung stehen müssen, die die Trennung der Geschlechter ermöglichen. Die Durchführung dieser Bestimmungen haben die Ortspolizeibehörden fortlaufend zu überwachen.

Art. 6.

Art. 6. Abschnitt I § 1 I.

13. Durch das Gesetz ist die Aufsicht über das Wohnungswesen als eine Gemeindeangelegenheit anerkannt, die unbeschadet der allgemeinen gesetzlichen Befugnisse der Ortspolizeibehörden dem Gemeindevorstand obliegt. Damit ist zum Ausdruck gebracht, daß, soweit auf Grund der allgemeinen Befugnisse ein Eingreifen der Ortspolizeibehörden, wie z. B. zwecks Bekämpfung ansteckender Krankheiten, aus sitten- oder kriminalpolizeilichen Gründen, erforderlich ist, die Ortspolizeibehörden dazu auch fernerhin berechtigt sind.

14. Für Gemeinden mit mehr als 100000 Einwohnern ist nach Art. 6 I § 1 Abs. 2 zur Durchführung der Wohnungsaufsicht ein Wohnungsamt zu errichten. Ein Wohnungsamt stellt die dauernde Verbindung zwischen den für die Wohnungsbesserung in Betracht kommenden Verwaltungszweigen, zwischen Wohnungsaufsicht, Wohnungspflege und den übrigen gemeindlichen und privaten Fürsorge- und Wohlfahrtseinrichtungen dar. Wie die Gemeinden das Wohnungsamt im einzelnen einrichten, insbesondere, ob sie es selbständig oder im Anschluß an die Baupolizei errichten, ist ihrem freien Ermessen überlassen.

15. Für Gemeinden von mehr als 50—100000 Einwohnern kann die Errichtung eines den Bestimmungen des Art. 6 I § 1 Abs. 2 entsprechenden Wohnungsamtes, für Gemeinden von mehr als 10—50000 Einwohnern die Anstellung besonderer sachkundiger beamteter (besoldeter oder ehrenamtlich tätiger) Wohnungsaufseher durch Anordnung der Aufsichtsbehörde vorgeschrieben werden. Bei dem wachsenden Interesse, das die Gemeinden der Verbesserung der Wohnungsverhältnisse zuwenden, wird im allgemeinen erwartet werden dürfen, daß erforderlichenfalls schon ein Hinweis auf diese Bestimmungen zur Erreichung des beabsichtigten Zweckes genügen wird.

16. Von besonderer Wichtigkeit für die Durchführung der Wohnungsordnungen und die Verbesserung der Wohnungsverhältnisse ist die Errichtung von Wohnungsnachweisen für kleinere Wohnungen, wie solche bisher bereits von einer Reihe von Gemeinden mit Erfolg ins Leben gerufen worden sind, und die den Vermietern solcher Wohnungen durch Polizei-

verordnung aufzuerlegende Pflicht zur Anmeldung verfügbarer Wohnungen und zur Abmeldung vermieteter Wohnungen. Hierdurch wird den Organen der Wohnungsaufsicht vielfach die Aufgabe erleichtert werden, in solchen Fällen, wo eine Wohnung den Vorschriften der Wohnungsordnung nicht genügt, Abhilfe zu schaffen.

Art. 6. Abschnitt II § 5.

17. Wieweit den Regierungspräsidenten, für den Landespolizeibezirk Berlin dem Oberpräsidenten, zur Ausübung der Aufsicht über die Tätigkeit der Gemeinde- und Ortspolizeibehörden Wohnungsaufsichtsbeamte beigegeben werden sollen, bleibt besonderer Anordnung vorbehalten.

Art. 8.

I. Durch Art. 8 des Wohnungsgesetzes wird der Staatsregierung zur Förderung der gemeinnützigen Bautätigkeit ein Betrag von 20 Millionen Mark zum Zwecke der Beteiligung des Staates mit Stammeinlagen bei gemeinnützigen Bauvereinigungen zur Verfügung gestellt.

Mit Hilfe der Staatsbeteiligung sollen gemeinnützige Unternehmungen entstehen, die imstande sind, auch solche Aufgaben der Kleinwohnungsfürsorge zu übernehmen, deren Durchführung die Verfügung über eine beträchtliche eigene Kapitalkraft voraussetzt. Da eine unwirtschaftliche Zersplitterung der zur Verfügung stehenden Staatsmittel vermieden und auch auf eine angemessene Vertretung des Staates in den Organen der Unternehmungen Wert gelegt werden muß, an denen er sich beteiligt, läßt sich eine unmittelbare Beteiligung des Staates an zahlreichen örtlichen Bauvereinigungen nicht ermöglichen. Die Mittel werden vielmehr in der Hauptsache dazu zu verwenden sein, um leistungsfähige Unternehmungen für den Umfang der Provinzen oder wenigstens für den ganzen Bereich größerer Wirtschaftsgebiete ins Leben zu rufen. Es wird erhofft, damit eine Organisation anzubahnen, welche den mit Staatsbeteiligung errichteten Gesellschaften für die ländliche Siedlung gleichwertig zur Seite tritt.

Der durch Art. 8 des Wohnungsgesetzes bereitgestellte Betrag ist ausschließlich zur Kapitalbeteiligung bestimmt; er kann daher nicht zur Gewährung von Krediten zum Zwecke der

Kleinwohnungsfürsorge Verwendung finden. Der Krediterleichterung für die gemeinnützige Kleinwohnungsfürsorge soll vielmehr die Übernahme der Staatsbürgschaft für zweite Hypotheken auf Grund des Bürgschaftssicherungsgesetzes dienen.

II. Bei der Verwendung der bereitgestellten Mittel ist davon auszugehen, daß jede Beeinträchtigung der Tätigkeit anderer Unternehmungen privater wie gemeinnütziger Art auf dem Gebiete der Befriedigung des Kleinwohnungsbedürfnisses unbedingt vermieden werden muß. Die gemeinnützige Kleinwohnungsfürsorge wird überhaupt auch in Zukunft nicht dazu berufen sein, das Wohnungsbedürfnis der minderbemittelten Bevölkerungsschichten allein zu befriedigen; sie wird vielmehr nur vorbildlich und ergänzend insoweit einzutreten haben, als die private Bautätigkeit diesem Bedürfnis nicht in angemessener Weise gerecht wird. Die mit Staatsbeteiligung zu errichtenden gemeinnützigen Bauvereinigungen sollen aber lediglich die Tätigkeit anderer gemeinnütziger Organisationen jeder Rechtsform auf diesem Gebiete stützen und fördern, und diejenigen Aufgaben der gemeinnützigen Kleinwohnungsfürsorge übernehmen, denen jene aus eigenen Kräften nicht gerecht werden können. Anderseits wird die Tätigkeit der zu errichtenden Unternehmungen auf manchen Gebieten, insbesondere hinsichtlich der technischen und kaufmännischen Förderung des Kleinwohnungswesens (vgl. Ziff. III 1 und 3) auch unmittelbar für die private Bautätigkeit nutzbar gemacht werden können.

Hinsichtlich der Gestaltung der mit Staatsbeteiligung zu errichtenden gemeinnützigen Bauvereinigungen und der Abgrenzung ihres Aufgabenkreises wird der Entwicklung, welche die Kleinwohnungsfürsorge in den einzelnen Landesteilen bisher genommen hat, sorgsam Rechnung zu tragen sein.

Grundsätzlich sollen die zur Verfügung stehenden Mittel zur Beteiligung des Staates bei der Errichtung neuer gemeinnütziger Bauvereinigungen Verwendung finden. Doch ist in Ausnahmefällen eine Beteiligung an bestehenden Gebilden nicht ausgeschlossen, wenn solche zu Trägern der in diesen Bestimmungen gekennzeichneten Aufgaben nach Maßgabe der gestellten Anforderungen ausgestaltet werden sollen.

Um zu vermeiden, daß mehrere Organisationen sich durch Nebeneinanderarbeiten in dem gleichen Wirkungskreise gegenseitig schädigen, muß darauf Gewicht gelegt werden, daß das Geschäftsgebiet der einzelnen gemeinnützigen Bauvereinigungen, an denen sich der Staat mit Stammeinlagen beteiligt, in deren Satzungen örtlich und sachlich abgegrenzt wird.

III. Die gemeinnützigen Bauvereinigungen mit Staatsbeteiligung sollen sich die Förderung der Beschaffung gesunder und zweckmäßig eingerichteter Kleinwohnungen zu möglichst billigem Preise zum Ziel setzen.

Zur Erreichung dieses Zieles können für die gemeinnützigen Bauvereinigungen mit Staatsbeteiligung im einzelnen hauptsächlich folgende Aufgaben in Betracht kommen:

1. die technische Förderung des Kleinwohnungswesens, insbesondere durch die Bearbeitung von Bau- und Siedlungsplänen sowie durch die Ausarbeitung zweckmäßiger Typen für den Kleinwohnungsbau und einheitlicher Maße und Formen für die Bauzubehörteile;

2. die Beschaffung und Erschließung von Baugelände, sowie die Herstellung und Verwertung von Kleinwohnungen und andern der Wohnungsfürsorge für die minderbemittelte Bevölkerung dienenden Baulichkeiten, beispielsweise von Ledigenheimen;

3. die Vermittlung gemeinsamer Bezüge von Baumaterial und Bauzubehörteilen und die Tätigung von Abschlüssen über deren Lieferung im großen;

4. die Gewährung finanzieller Hilfe an andere gemeinnützige Bauvereinigungen und an Stiftungen durch Vermittlung von Hypotheken und Zwischenkrediten und durch Vermittlung und Prüfung der an die Preußische Zentralgenossenschaftskasse zu richtenden Anträge auf Übernahme der Staatsbürgschaft;

5. die Beteiligung an örtlichen gemeinnützigen Bauvereinigungen und an anderen Unternehmungen, welche den Zwecken der Kleinwohnungsfürsorge dienen.

Soweit die gemeinnützigen Bauvereinigungen die Beschaffung und Erschließung von Baugelände gemäß Ziff. 2 unmittelbar in den Kreis ihrer Aufgaben ziehen, ist darauf Gewicht zu legen, daß diese Aufgaben im engsten Einvernehmen mit den hierfür in Betracht kommenden örtlichen Stellen, insbesondere mit den Gemeindeverwaltungen, gelöst werden.

Eine wichtige und dankbare Aufgabe kann ferner in der Durchführung besonderer Maßnahmen im Interesse der Wohnungsfürsorge für kinderreiche Familien der minderbemittelten Bevölkerungskreise gefunden werden.

Auch die Erleichterung der Beschaffung von Hausrat für die minderbemittelte Bevölkerung kann in den Kreis der Aufgaben der gemeinnützigen Bauvereinigungen mit Staatsbeteiligung einbezogen werden.

Als Kleinwohnungen gelten solche Wohnungen, die nach Größe, Anordnung, Raumzahl, Raumhöhe und Ausstattung den ortsüblichen Bedürfnissen der minderbemittelten Bevölkerung entsprechen. In erster Linie sollen die gemeinnützigen Bauvereinigungen nach Möglichkeit bestrebt sein, die Herstellung von Wohnungen in Kleinhäusern zu fördern, d. h. in Wohngebäuden, die nicht mehr als zwei Vollgeschosse und keine Nebenwohngebäude (Seitenflügel, Mittelflügel, Quergebäude) haben, in jedem Geschoß nur eine geringe Anzahl von Kleinwohnungen enthalten und mit einer zur Garten- oder landwirtschaftlichen Benutzung geeigneten Freifläche dauernd ausgestattet sind. Soweit die örtlichen Verhältnisse es gestatten, ist auf die Ausstattung der Wohnungen mit so viel Land besonderer Wert zu legen, daß den Bewohnern der Anbau von Kartoffeln und Gemüse für den Hausbedarf und die Haltung von Kleinvieh ermöglicht wird.

IV. Der Staat muß seine Beteiligung davon abhängig machen, daß der überwiegende Teil des Stammkapitals der gemeinnützigen Bauvereinigung, der in der Regel auf mindestens zwei Drittel zu bemessen sein wird, von anderer Seite aufgebracht wird.

Als Gesellschafter kommen neben dem Staat zunächst die Provinzen, Kreise und Gemeinden in Betracht. Es ist ferner auf eine Beteiligung der größeren Arbeitgeber aus Industrie und Handelsgewerbe, sowie solcher Anstalten und Stiftungen hinzuwirken, die in der Lage sind, für die Kleinwohnungsfürsorge Geldmittel zur Verfügung zu stellen. Von großem Wert wird namentlich eine Beteiligung der zuständigen Landesversicherungsanstalt sein.

Daneben ist auf eine Beteiligung der einzelnen in dem Bereiche des Unternehmens bestehenden örtlichen gemeinnützigen Bauvereinigungen oder ihrer Verbände und Verbandskassen der Regel nach besonderes Gewicht zu legen. Um den einzelnen Baugenossenschaften die Beteiligung zu erleichtern, empfiehlt es sich, die Mindesthöhe der Stammeinlagen entsprechend niedrig zu bemessen.

Wo provinzielle Kleinwohnungsvereine bestehen, ist auch deren Beteiligung anzustreben.

V. Besonderer Prüfung bedarf das Verhältnis der gemeinnützigen Bauvereinigungen mit Staatsbeteiligung zu den provinziell organisierten ländlichen Siedlungsgesellschaften. Da bei der Wohnungsfürsorge für die städtische und industrielle Bevölkerung nach Möglichkeit auf eine weiträumige Bauweise hingewirkt werden soll und auch die Schaffung von halbländlichen Stellen mit einer Flächengröße von mehr als $^{1}/_{2}$ Morgen mit Hilfe des Rentenbankkredits in Betracht kommen wird (vgl. Ziff. III, letzter Absatz), ergibt sich ohne weiteres eine nahe Berührung mit dem Aufgabenkreise der ländlichen Siedlungsgesellschaften. Es muß daher auch hier vermieden werden, daß ein für beide Teile schädliches Neben- und Gegeneinanderarbeiten stattfindet. Ferner kann es nur erwünscht sein, die Erfahrungen, welche von den ländlichen Siedlungsgesellschaften hinsichtlich der Schaffung kleiner Rentengutsstellen gemacht sind, für die Aufgaben der gemeinnützigen Bauvereinigungen auszunutzen. Umgekehrt werden aber die Maßnahmen, welche von den gemeinnützigen Bauvereinigungen in Erfüllung der ihnen nach Ziff. III 1 und 3 zugedachten Aufgaben zum Zwecke einer Verbilligung des Baues getroffen werden, auch für das Tätigkeitsgebiet der ländlichen Siedlungsgesellschaften nutzbar gemacht werden können. Dementsprechend wird es sich empfehlen, daß wenigstens überall da, wo der Wirkungskreis der gemeinnützigen Bauvereinigungen nicht von vornherein auf rein städtische Siedlungsverhältnisse beschränkt ist, wo vielmehr für diese auch die Schaffung von halbländlichen Stellen und insbesondere von solchen Stellen in Betracht kommt, für welche der Rentenbankkredit nutzbar gemacht werden kann, ein Zusammenarbeiten der gemeinnützigen Bauvereinigungen und der ländlichen Siedlungsgesellschaften in der Form herbeigeführt wird, daß eine Beteiligung der letzteren an dem Stammkapital der ersteren erfolgt. Dabei wird eine Beteiligung in mäßiger Höhe vollauf genügen, da es sich nur um die Anbahnung eines Zusammenarbeitens, nicht aber um eine finanzielle Stützung der gemeinnützigen Bauvereinigungen durch die ländlichen Siedlungsgesellschaften handelt.

VI. Als Rechtsform für die mit Staatsbeteiligung zu errichtenden gemeinnützigen Bauvereinigungen empfiehlt sich im Hinblick auf die Träger des Unternehmens, wie auch auf Art und Umfang der ihm zugedachten Geschäfte, vornehmlich die Gesellschaft mit beschränkter Haftung.

Für den Fall der Bildung eines Aufsichtsrats ist Wert darauf zu legen, daß die verschiedenen Gruppen von Gesellschaftern (vgl. Ziff. IV und V) in dem Aufsichtsrat eine ihrem Interesse an den Aufgaben des Unternehmens entsprechende Vertretung finden.

VII. Voraussetzung der Staatsbeteiligung ist, daß die Gemeinnützigkeit der Bauvereinigung satzungsgemäß festgelegt wird.

Die Satzungen der Bauvereinigung müssen daher folgende Bestimmungen enthalten:

1. Der Zweck der Bauvereinigung soll wesentlich der Förderung der minder bemittelten Volksklassen dienen.
2. Die Höhe des an die Mitglieder zur Verteilung gelangenden Geschäftsgewinnes darf 5 v. H. nicht übersteigen.
3. Bei Auflösung der Bauvereinigung dürfen deren Mitglieder nicht mehr als den Nennwert ihrer Anteile, soweit sie eingezahlt sind, erhalten. Der etwaige Rest des Vermögens ist für gemeinnützige Zwecke zu verwenden.

VIII. Unbeschadet der Gemeinnützigkeit der zu errichtenden Bauvereinigungen hat die Verwendung der durch Art. 8 des Wohnungsgesetzes bereitgestellten Mittel auf dem Grundsatz zu beruhen, daß eine gesunde Sozialpolitik nachhaltig nur auf gesunden wirtschaftlichen Grundlagen betrieben werden kann.

Alle Anträge auf Staatsbeteiligung sind daher vorab von dem Gesichtspunkt aus zu prüfen, ob das Unternehmen, für das die Staatsbeteiligung erbeten wird, nach seinem organisatorischen und finanziellen Aufbau, nach seiner Leitung und nach seinen Zielen die Gewähr dauernden wirtschaftlichen Gedeihens in sich trägt.

Die Satzungen der Bauvereinigungen, für welche die Staatsbeteiligung erbeten wird, sollen die Bestimmung enthalten, daß das Unternehmen nach wirtschaftlichen Grundsätzen geführt werden und eine ausreichende Verzinsung der Stammeinlagen erbringen soll.

IX. Die gemeinnützigen Bauvereinigungen mit Staatsbeteiligung führen ihre Geschäfte selbständig durch ihre Organe nach Maßgabe ihrer Satzungen.

Im Hinblick auf die Staatsbeteiligung muß jedoch Wert darauf gelegt werden, daß den Staatsbehörden in den Satzungen die nachbezeichneten Rechte eingeräumt werden:

1. Die Wahlen des Vorsitzenden und des stellvertretenden Vorsitzenden des Aufsichtsrats und der Gesellschafterversammlung sowie der Geschäftsführer bedürfen der Bestätigung durch den Oberpräsidenten. Das gleiche gilt von der Festsetzung der Anstellungsbedingungen für die Geschäftsführer und der für diese zu erlassenden Dienstanweisung.
2. Die zuständigen Minister und die Oberpräsidenten sind von jeder Sitzung des Aufsichtsrats und der Gesellschafterversammlung mindestens eine Woche vorher in Kenntnis zu setzen. Kommissare, die von ihnen entsendet werden, sind berechtigt, an den Sitzungen des Aufsichtsrats und den Generalversammlungen ohne Stimmrecht teilzunehmen; sie müssen jederzeit gehört werden.
3. Satzungsänderungen, welche die Zwecke des Unternehmens, die Höhe des Stammkapitals, die Gemeinnützigkeit des Unternehmens (Ziff. VII) und dessen Stellung zu den Staatsbehörden (Ziff. IX) betreffen, dürfen nur mit Zustimmung der Vertreter des Staates in der Gesellschafterversammlung der gemeinnützigen Bauvereinigung erfolgen.

X. Die Verfügung über die Verwendung der im Art. 8 des Wohnungsgesetzes bereitgestellten Mittel liegt in den Händen des Finanzministers, des Ministers der öffentlichen Arbeiten und des Ministers des Innern.

Anträge auf Beteiligung des Staates an der Errichtung einer gemeinnützigen Bauvereinigung oder Übernahme einer Kapitalbeteiligung an einer solchen durch den Staat sind unter Beifügung des Satzungsentwurfs an den Oberpräsidenten zu richten. Der Oberpräsident prüft das Gesuch nach Maßgabe dieser Ausführungsbestimmungen und legt es mit seiner gutachtlichen Äußerung dem Finanzminister vor.

Berlin, den 17. Mai 1918.

Der Minister der öffentlichen Arbeiten.	**Der Minister für Handel und Gewerbe.**
v. Breitenbach.	Sydow.
Der Minister des Innern.	**Der Finanzminister.**
Drews.	Hergt.

Anweisung
zur Ausführung des Gesetzes über die staatliche Verbürgung zweiter Hypotheken vom 10. April 1918 (Gesetzsammlung S. 43).

(Finanzminist.-Bl. 1918 Nr. 10/11 S. 136.)

I. Allgemeines.

1. Die finanzielle Fürsorge des Staates auf dem Gebiete des Kleinwohnungsbaus hat sich bisher auf die Bereitstellung von Mitteln zum Zweck der Verbesserung der Wohnungsverhältnisse für die gering besoldeten Staatsbeamten und die in den Staatsbetrieben beschäftigten Arbeiter beschränkt. Nach den schweren Verlusten des Krieges muß es jedoch der Staat als seine Aufgabe betrachten, über den Rahmen der ihm als Arbeitgeber obliegenden Pflichten hinaus die Herstellung gesunder Kleinwohnungen für die minderbemittelte Bevölkerung ohne Beschränkung auf einen bestimmten Personenkreis nach Kräften zu fördern. Dieser Aufgabe soll — neben der Bereitstellung eines Betrages von 20 Millionen Mark zum Zwecke der Beteiligung des Staates mit Stammeinlagen an

gemeinnützigen Bauvereinigungen gemäß Artikel 8 des Wohnungsgesetzes vom 28. März 1918 (Gesetzsammlung S. 23) das Bürgschaftssicherungsgesetz dienen.

Das Bürgschaftssicherungsgesetz bezweckt, den gemeinnützigen Bauvereinigungen die Beschaffung von Mitteln durch die Übernahme der Staatsbürgschaft für zweitstellige Hypotheken zu erleichtern. Durch die Bürgschaft des Staates erhalten nach § 1807 Ziffer 3 BGB. die zweiten Hypotheken die Mündelsicherheit. Dadurch wird denjenigen Anstalten und Verwaltungen, welche bisher die Bauten der gemeinnützigen Bauvereinigungen an erster Stelle beliehen haben, die Möglichkeit eröffnet, ihre Mittel auch für den durch zweitstellige Hypotheken gedeckten Kredit zur Verfügung zu stellen, und die gemeinnützigen Bauvereinigungen können damit rechnen, daß sie die zweiten Hypotheken von ihren Geldgebern unter den gleichen Bedingungen, insbesondere auch hinsichtlich des Zinsfußes, erhalten, wie sie sonst für den erststelligen Hypothekarkredit üblich sind.

Mittelbar wird die staatliche Verbürgung der zweiten Hypothek auch auf die Beschaffung der ersten Hypothek günstig einwirken.

2. Der Staat übernimmt mit der Ausführung des Bürgschaftssicherungsgesetzes eine neue Aufgabe von hervorragender sozialer Bedeutung, die außergewöhnlich große geschäftliche Schwierigkeiten und bei fehlerhafter Behandlung die Gefahr sehr ernster finanzieller Verluste in sich schließt. Die Aufgabe wird nur dann sachgemäß gelöst werden können, wenn bei ihrer Durchführung ausschließlich nach wirtschaftlichen Gesichtspunkten verfahren wird.

Ein Vorbild für die Ausführung des Bürgschaftssicherungsgesetzes bietet die Förderung des genossenschaftlichen Personalkredits durch die Preußische Zentralgenossenschaftskasse; hier wie dort handelt es sich um die Erreichung sozialer Ziele mit rein geschäftlichen Mitteln. Der gegebene Träger der neuen Aufgabe ist daher die Preußische Zentralgenossenschaftskasse.

Diese Erwägung hat dazu geführt, daß der Preußischen Zentralgenossenschaftskasse durch § 3 des Gesetzes die Verwaltung der Bürgschaftssicherung übertragen wurde. Auf Grund der durch § 1 des Bürgschaftssicherungsgesetzes dem Finanzminister erteilten Ermächtigung wird das Direktorium der Preußischen Zentralgenossenschaftskasse hierdurch ferner mit dem Abschluß der Bürgschaftsverträge und mit der Wahrnehmung der sich aus der Übernahme der Bürgschaften für den Staat ergebenden Rechte und Pflichten beauftragt.

Bei Wahrnehmung der ihm hiermit übertragenen Geschäfte hat das Direktorium der Preußischen Zentralgenossenschaftskasse die in dieser Ausführungsanweisung festgelegten Grundsätze sowie die ihm weiterhin von dem Finanzminister zu erteilenden Weisungen zu beachten. Innerhalb der hierdurch gegebenen Grenzen handelt das Direktorium entsprechend seiner Verfassung nach pflichtmäßigem, eigenem Ermessen und unter eigener Verantwortung. Zweifelsfragen von grundsätzlicher Bedeutung sind dem Finanzminister zur Entscheidung zu unterbreiten.

3. Das Direktorium der Preußischen Zentralgenossenschaftskasse wird sich bei Durchführung seiner neuen Aufgabe stets die hervorragende Bedeutung vor Augen halten müssen, welche der Beschaffung gesunder Wohnungs- und Siedlungsverhältnisse für die körperliche und sittliche Gesundheit des Volkes, insonderheit auch für die Bekämpfung des Geburtenrückganges und der Kindersterblichkeit und damit für die Erhaltung der Wehrkraft und für die ganze Zukunft der Nation innewohnt. Entsprechend den bei der Förderung des Genossenschaftswesens bewährten Grundsätzen wird aber auch auf dem Gebiet der Wohnungsfürsorge unbedingt an dem Gedanken festzuhalten sein, daß eine gesunde Sozialpolitik nachhaltig nur auf gesunden geschäftlichen Grundlagen betrieben werden kann, daß also alle Geschäfte, die in Erfüllung der neuen Aufgabe übernommen werden sollen, nach streng wirtschaftlichen Erwägungen zu prüfen und zu behandeln sind.

II. **Kleinwohnungen.**

1. Die Vorteile des Bürgschaftssicherungsgesetzes sollen nach § 1 des Gesetzes ausschließlich der Förderung der Herstellung von Kleinwohnungen zugute kommen. Die Übernahme der Staatsbürgschaft kann daher nur zugunsten solcher Hypotheken erfolgen, welche zur Bestreitung der Herstellungskosten für Wohnungen dienen sollen, die nach Größe, Anordnung, Raumzahl, Raumhöhe und Ausstattung den ortsüblichen Bedürfnissen der minderbemittelten Bevölkerung entsprechen.

In erster Linie ist die Herstellung von Wohnungen in Kleinhäusern, d. h. in Wohngebäuden zu fördern, die nicht mehr als zwei Vollgeschosse und keine Nebenwohngebäude (Seitenflügel, Mittelflügel, Quergebäude) haben, in jedem Geschoß nur eine geringe Anzahl von Kleinwohnungen enthalten und mit einer zur Garten- oder landwirtschaftlichen Nutzung geeigneten Freifläche dauernd ausgestattet sind. Soweit die örtlichen Verhältnisse es gestatten, ist auf die Ausstattung der Wohnungen mit so viel Land besonderer Wert zu legen, daß den Bewohnern der Anbau von Kartoffeln und Gemüse für den Hausbedarf und die Haltung von Kleinvieh (Schwein, Ziege) ermöglicht wird.

Wo eine solche Wohnweise nach den örtlichen Verhältnissen nicht durchgesetzt werden kann, ist auch die Errichtung angemessener Mietswohnungen in Stockwerkshäusern zu unterstützen. Auch bei den Stockwerkshäusern ist auf die Beigabe von ausreichendem Land für die Anlage von Gärten und Spielplätzen nach Möglichkeit hinzuwirken.

Endlich ist die Förderung von Ledigenheimen durch Übernahme der Staatsbürgschaft zulässig unter der Voraussetzung, daß diese Heime nicht zur vorübergehenden Aufnahme ortsfremder Personen, sondern darauf berechnet sind, daß sie ortsansässigen Personen für möglichst lange Zeit angemessene Unterkunft bieten.

Das Bürgschaftssicherungsgesetz macht keinen Unterschied zwischen Stadt und Land. Die Staatsbürgschaft wird zwar überwiegend zum Zwecke der Förderung der Wohnungsverhältnisse für die städtische und industrielle Bevölkerung in Anspruch genommen werden. Indessen wird sie auch für die Schaffung guter Mietswohnungen für die landwirtschaftlichen Arbeiter nutzbar gemacht werden können.

Im Rahmen dieser allgemeinen Aufgaben der Staatsbürgschaft wird einer angemessenen Unterbringung der aus dem Felde heimkehrenden Kriegsteilnehmer und der Kriegsbeschädigten besondere Aufmerksamkeit zuzuwenden sein. Dementsprechend ist auf die gemeinnützigen Bauvereinigungen, welche die Staatsbürgschaft in Anspruch nehmen, dahin einzuwirken, daß sie sich die Wohnungsfürsorge für die Kriegsteilnehmer und die Kriegsbeschädigten besonders angelegen sein lassen.

2. Voraussetzung der Übernahme der Staatsbürgschaft ist in jedem Fall das Vorhandensein eines örtlichen Bedürfnisses zur Verbesserung der Wohnungsverhältnisse der minderbemittelten Bevölkerungskreise, sowie das Vorhandensein dauernder ausreichender Verdienstgelegenheit für die als Abnehmer der Wohnung in Frage kommenden Personen. Bei Prüfung des Vorhandenseins dieser Voraussetzungen empfiehlt es sich, nach Möglichkeit die Hilfe der auf dem Gebiet des Kleinwohnungswesens neben den einzelnen gemeinnützigen Bauvereinigungen tätigen Organisationen in Anspruch zu nehmen; als solche werden außer den provinziellen Kleinwohnungsvereinen und genossenschaftlichen Revisionsverbänden und Verbandskassen insbesondere auch die in Ausführung des Artikels 8 des Wohnungsgesetzes mit Staatsbeteiligung zu errichtenden Gesellschaften in Frage kommen, soweit diese eine zusammenfassende Unterstützung der Tätigkeit der einzelnen gemeinnützigen Bauvereinigungen bezwecken. Für ländliche Verhältnisse kann die Einholung gutachtlicher Äußerungen der Landwirtschaftskammern und der provinziell organisierten Siedelungsgesellschaften angebracht sein. Soweit die Inanspruchnahme der Behörden erforderlich ist, wird in der Regel eine Anhörung der Orts- und Kreisbehörden ausreichen.

Ein Bedürfnis wird nur da anzuerkennen sein, wo die private Bautätigkeit es unterläßt, Kleinwohnungen, welche den vorbezeichneten Anforderungen entsprechen, in ausreichender Zahl und zu angemessenen Preisen bereitzustellen.

3. Für Hypotheken, welche zum Zweck des Ankaufs von Häusern aufgenommen werden, kann die Staatsbürgschaft nur dann gewährt werden, wenn durch den Ankauf und eine zweckentsprechende Zurichtung der Häuser eine Vermehrung des Bestandes an angemessenen Kleinwohnungen eintritt. Anträgen auf Übernahme der Staatsbürgschaft für Hypotheken auf bereits vorhandenen Gebäuden lediglich zum Zweck der Erreichung leichterer Zinsbedingungen kann keinesfalls entsprochen werden.

III. Gemeinnützige Bauvereinigungen und Stiftungen.

1. Als Schuldner der zu verbürgenden Darlehen kommen nach § 1 des Gesetzes nur gemeinnützige Bauvereinigungen und Stiftungen in Betracht.

Die Übernahme der Staatsbürgschaft kann gemeinnützigen Bauvereinigungen und Stiftungen gegenüber sowohl für Wohnungen erfolgen, welche durch Vermietung an Minderbemittelte genutzt, wie auch für Hausgrundstücke, welche ihren Bewohnern zu Eigentum oder in der Form des Erbbaurechts überlassen werden sollen. Für den Fall der Überlassung der Häuser zu Eigentum oder in der Form des Erbbaurechts ist jedoch die Übernahme der Staatsbürgschaft nur unter der Voraussetzung zulässig, daß die gemeinnützige Bauvereinigung oder Stiftung die persönliche Schuldnerin des zu verbürgenden Darlehns und dementsprechend dem Direktorium der Preußischen Zentralgenossenschaftskasse für alle von ihr nach den Bestimmungen dieser Ausführungsanweisung zu übernehmenden Verpflichtungen haftbar bleibt.

2. Die Übernahme der Staatsbürgschaft kann ferner nicht erfolgen gegenüber privaten Unternehmern, welche Kleinwohnungen zum Zweck der Vermietung oder Veräußerung an Minderbemittelte herstellen. Einzelpersonen, welche gemeinnützige Kleinwohnungsfürsorge treiben wollen, können aber der Vorteile der Staatsbürgschaft auf dem Wege teilhaftig werden, daß sie aus ihren Mitteln eine den nachstehenden Anforderungen entsprechende gemeinnützige Bauvereinigung errichten.

3. Die Übernahme der Staatsbürgschaft ist ausgeschlossen in allen Fällen, in welchen die Errichtung von Wohnungen ausschließlich für die Angestellten und Arbeiter eines Arbeitgebers erfolgt oder das Mietsverhältnis von der Beibehaltung eines Arbeitsverhältnisses abhängig gemacht ist.

4. Als gemeinnützige Bauvereinigungen sind Vereinigungen, welche den Bau von Kleinwohnungen betreiben, ohne weiteres dann anzusehen, wenn sie von einer preußischen Zentralbehörde oder von einer anderen Staatsbehörde auf Grund ministerieller Ermächtigung als gemeinnützig anerkannt sind, oder wenn der Staat mit einer Stammeinlage an ihnen beteiligt ist.

5. Als gemeinnützige Bauvereinigungen können außerdem Genossenschaften mit unbeschränkter Haft- und Nachschußpflicht oder mit beschränkter Haftpflicht, Aktiengesellschaften, Gesellschaften mit beschränkter Haftung und in Ausnahmefällen auch rechtsfähige Vereine dann angesehen werden, wenn sie den nachstehenden Anforderungen entsprechen:

a) Der Zweck der Bauvereinigung soll ausschließlich darauf gerichtet sein, gesunde und zweckmäßig eingerichtete Wohnungen für minderbemittelte Familien und Personen in eigens erbauten oder angekauften Häusern zu billigen Preisen zu beschaffen.

b) Die Höhe des an die Mitglieder zur Verteilung gelangenden Geschäftsgewinnes darf 5% nicht übersteigen. Den Mitgliedern der Bauvereinigung oder sonstigen Beteiligten dürfen auch nicht in anderer Form besondere Vorteile gewährt werden. Sämtliche Überschüsse und Rücklagen dürfen nur für den gemäß Abschnitt III Ziffer 5a zu bestimmenden Zweck Verwendung finden. Bei Auflösung der Bauvereinigung dürfen deren Mitglieder nicht mehr als den Nennwert ihrer Anteile, bei Genossenschaften des derzeitigen Geschäftsguthabens erhalten; der etwaige Rest des Vermögens der Bauvereinigung ist für gemeinnützige Zwecke zu verwenden.

Es wird darauf hinzuwirken sein, daß die neu zu begründenden gemeinnützigen Bauvereinigungen dieser Art ihre Satzungen als zweckmäßig anerkannten Mustern anpassen.

6. Den gemeinnützigen Bauvereinigungen gleichgestellt sind rechtsfähige Stiftungen, deren Zweck auf die Fürsorge für die Wohnungsverhältnisse der minderbemittelten Bevölkerungskreise gerichtet ist.

Die in dieser Ausführungsanweisung für die gemeinnützigen Bauvereinigungen getroffenen Bestimmungen haben auf solche Stiftungen sinngemäße Anwendung zu finden.

7. In jedem Falle ist die Übernahme der Staatsbürgschaft davon abhängig zu machen, daß die allgemeine finanzielle Lage und die Geschäftsführung der gemeinnützigen Bauvereinigung eine hinreichende Gewähr für deren gedeihliche Entwicklung und dauernden Fortbestand bilden.

Dementsprechend ist insbesondere zu prüfen, ob bei den Genossenschaften die Höhe der Geschäftsanteile und der Haftsumme sowie die echten Rücklagen, bei den Aktiengesellschaften und den Gesellschaften mit beschränkter Haftung das Gesellschaftskapital und die echten Rücklagen, bei den rechtsfähigen Vereinen das Vereinsvermögen, bei den Stiftungen das Stiftungsvermögen in angemessenem Verhältnis zu den übernommenen Aufgaben stehen. Besonderer Prüfung bedarf ferner die Ertragsfähigkeit der bereits vorhandenen Bauten und die Belastung der gemeinnützigen Bauvereinigung mit unbebauten Grundstücken, sowie hinsichtlich der zu beleihenden Neubauten die Veranschlagung der Baukosten und der laufenden Ausgaben und demgegenüber der Mietseinnahmen, endlich das Verhältnis der Verwaltungskosten zu den Erträgen.

8. Im Interesse der Sicherheit der zu verbürgenden Darlehen muß es vermieden werden, daß mehrere gemeinnützige Bauvereinigungen sich durch Nebeneinanderarbeiten in dem gleichen Ortsbereich und mit den gleichen Zielen gegenseitig schädigen. Demgemäß ist nach Möglichkeit darauf hinzuwirken, daß das Geschäftsgebiet der gemeinnützigen Bauvereinigungen in den Satzungen sachlich und örtlich abgegrenzt wird.

IV. Darlehns- und Bürgschaftsverhältnis.

1. Der Antrag auf Übernahme der Staatsbürgschaft ist von dem Darlehnsgeber oder von der gemeinnützigen Bauvereinigung an das Direktorium der Preußischen Zentralgenossenschaftskasse zu richten. Dem Direktorium der Preußischen Zentralgenossenschaftskasse steht es frei, andere Stellen zu bezeichnen, an welche die Anträge gerichtet werden können; als solche werden vornehmlich die Verbandskassen der Baugenossenschaften und die in Ausführung des Artikels 8 des Wohnungsgesetzes mit Staatsbeteiligung zu errichtenden Gesellschaften in Betracht zu ziehen sein, soweit die letzteren eine zusammenfassende Unterstützung der Tätigkeit der einzelnen gemeinnützigen Bauvereinigungen bezwecken.

Über die zur Prüfung des Antrages beizubringenden Unterlagen erläßt das Direktorium der Preußischen Zentralgenossenschaftskasse die erforderlichen Vorschriften. Diese Vorschriften sind, um eine unnötige geschäftliche Belastung der gemeinnützigen Bauvereinigungen zu vermeiden, nach Möglichkeit mit denjenigen im Einklang zu halten, die für die Unterstützung der gemeinnützigen Bauvereinigungen aus Reichs- und Staatsmitteln sonst maßgebend sind.

2. Für die Regelung des Rechtsverhältnisses zwischen dem Staat, dem Darlehnsgeber und der gemeinnützigen Bauvereinigung sind die nachstehend unter Ziffer 3 bis 10 aufgeführten Grundsätze maßgebend.

Die von den Beteiligten zu übernehmenden Verpflichtungen sind im voraus schriftlich zu beurkunden. Ob dies in der Form zweiseitiger oder dreiseitiger Verträge oder in der Form einseitiger Erklärungen geschehen soll, bleibt dem Ermessen der Beteiligten überlassen.

3. Die Übernahme der Staatsbürgschaft ist auf nachstellige Darlehen zu beschränken.

Es ist nach Möglichkeit anzustreben, daß eine Teilung des Bürgschaftsrisikos zwischen dem Staat und den örtlich beteiligten Gemeinden oder Gemeindeverbänden stattfindet, von denen bereits jetzt in großem Umfange die Bürgschaft für die an zweiter Stelle gewährten Baudarlehen zugunsten gemeinnütziger Bauvereinigungen übernommen wird. Von der Übernahme einer Rückbürgschaft des Staats für Bürgschaften, die von Gemeinden oder Gemeindeverbänden übernommen sind, ist jedoch abzusehen. Um mit der zur Verfügung stehenden Bürgschaftssicherung einen möglichst großen Gesamtbetrag nachstelliger Hypotheken verbürgen zu können, ist ferner Wert darauf zu legen, daß die voranstehenden, nicht zu verbürgenden Hypotheken so hoch bemessen werden, als dies nach den für den betreffenden Darlehnsgeber maßgebenden Vorschriften angängig ist.

Das zu verbürgende Darlehen soll einschließlich der vorgehenden oder gleichstehenden Hypotheken 90% der Selbstkosten nicht übersteigen, die der Schuldner für den Erwerb und die bauliche Erschließung des zu belastenden Grundstückes für die Errichtung der auf ihm stehenden Baulichkeiten und für die Beschaffung ihres Zubehörs aufwendet. In Ausnahmefällen kann die Bürgschaft auch bis zum vollen Betrage der Selbstkosten des Baues ohne Berücksichtigung des Wertes von Grund und Boden gewährt werden. Dabei wird vorausgesetzt, daß die Selbstkosten dem Ertragswert entsprechen, welchen das Grundstück voraussichtlich dauernd behalten wird; ist dieser Ertragswert niedriger als die Selbstkosten, so ist die Beleihungsgrenze entsprechend herabzusetzen.

Es ist darauf zu achten, daß die Sicherheit des zu verbürgenden Darlehens durch etwaige Eintragungen in der zweiten Abteilung des Grundbuches nicht wesentlich beeinträchtigt wird.

4. Der Zinsfuß des zu verbürgenden Darlehens soll in der Regel entsprechend dem für mündelsichere Hypotheken üblichen Zinsfuße bemessen werden (vgl. Abschnitt I Ziffer 1).

Die Tilgung des zu verbürgenden Darlehens hat, wenn die im Range vorgehenden Hypothekendarlehen nicht dem Tilgungszwange unterworfen sind, mindestens $1^1/_2$% des ursprünglichen Betrages unter Hinzurechnung der ersparten Zinsen zu betragen.

Sind auch die dem zu verbürgenden Darlehen im Range vorgehenden Hypothekendarlehen dem Tilgungszwange unterworfen, so darf die Tilgung des verbürgten Darlehens so weit herabgesetzt werden, daß auf das verbürgte Darlehen und auf die im Range vorgehenden Hypothekendarlehen ein Tilgungsbetrag von insgesamt jährlich mindestens $^1/_2$% der ursprünglichen Beträge unter Hinzurechnung der ersparten Zinsen geleistet wird. Die Tilgung des zu verbürgenden Darlehens darf unter den Betrag von $^1/_2$% des ursprünglichen Betrages dieses Darlehens unter Zuwachs der ersparten Zinsen nicht herabgesetzt werden.

5. Der Darlehnsgeber soll sich verpflichten:

a) Zahlungen auf das Darlehen nur mit schriftlicher Einwilligung des Direktoriums der Preußischen Zentralgenossenschaftskasse und auf dessen Verlangen durch Vermittelung einer von diesem zu bestimmenden Stelle zu leisten;

b) die Preußische Zentralgenossenschaftskasse unverzüglich zu benachrichtigen, wenn die gemeinnützige Bauvereinigung fällige Zins- oder Tilgungsbeträge innerhalb eines Monats nach Fälligkeit nicht entrichtet hat;

c) der gemeinnützigen Bauvereinigung Zins- oder Tilgungsbeträge nur mit vorheriger schriftlicher Einwilligung der Preußischen Zentralgenossenschaftskasse zu stunden.

Es ist zu vereinbaren, daß die Befreiung des Staates von der Bürgschaft eintritt, sobald der Darlehnsgeber den hiernach von ihm übernommenen Verpflichtungen zuwiderhandelt.

6. Die gemeinnützige Bauvereinigung hat die nachstehend angegebenen Verpflichtungen zu übernehmen:

a) Die zu verbürgende Darlehnsforderung ist zugunsten des Gläubigers auf Kosten der gemeinnützigen Bauvereinigung in das Grundbuch einzutragen.

Als Sicherheit für alle aus der Bürgschaft entstehenden Ansprüche hat die gemeinnützige Bauvereinigung ferner dem Preußischen Staate eine Sicherungshypothek bis zu einem von dem Direktorium der Preußischen Zentralgenossenschaftskasse zu bestimmenden Höchstbetrage zu bestellen.

Die gemeinnützige Bauvereinigung hat sich zu verpflichten, die der zu verbürgenden Hypothek und der Sicherungshypothek im Range vorgehenden oder gleichstehenden Hypotheken auf Verlangen des Darlehnsgebers oder des Bürgen löschen zu lassen, wenn und soweit sie sich mit dem Eigentum in einer Person vereinigen und eine dieser Verpflichtung entsprechende Vormerkung in das Grundbuch eintragen zu lassen.

Endlich ist dem Preußischen Staat ein dingliches Vorkaufsrecht an den zu beleihenden Baugrundstücken für alle Verkaufsfälle einzuräumen.

b) Die gemeinnützige Bauvereinigung hat dem Direktorium der Preußischen Zentralgenossenschaftskasse den seinem Interesse an der Sicherheit des zu verbürgenden Darlehens entsprechenden Einfluß auf die Feststellung der Bauentwürfe und die Kostenanschläge, sowie auf die Ausführung der Bauten und deren Instandhaltung einzuräumen.

Wesentliche Änderungen eines Gebäudes, das für ein vom Staate verbürgtes Darlehen verpfändet ist, oder sein gänzlicher oder teilweiser Abbruch dürfen nur mit der vorher einzuholenden schriftlichen Einwilligung des Direktoriums der Preußischen Zentralgenossenschaftskasse vorgenommen werden.

Die gemeinnützige Bauvereinigung hat sich zu verpflichten, für den Fall, daß ein Gebäude, welches für ein vom Staate verbürgtes Darlehen verpfändet ist, durch einen Brand ganz oder teilweise zerstört wird, das Gebäude nach Bauplänen und Kostenanschlägen, auf die das Direktorium der Preußischen Zentralgenossenschaftskasse den mit Rücksicht auf die Sicherheit der Bürgschaft erforderlichen Einfluß zu nehmen hat, innerhalb einer von ihm festzusetzenden angemessenen Frist wieder herzustellen.

c) Die Gebäude, welche für die vom Staate verbürgten Darlehen verpfändet werden, sind nach ihrem vollen Bauwerte gegen Brandschaden — soweit zulässig schon während der Bauzeit — zu versichern und fortdauernd versichert zu halten. Dem Direktorium der Preußischen Zentralgenossenschaftskasse ist spätestens nach der Vollendung des Rohbaues der Nachweis zu erbringen, daß die Gebäude entsprechend versichert sind, und daß die Versicherungsanstalt bis zum Erlöschen der Bürgschaft verpflichtet ist, der Preußischen Zentralgenossenschaftskasse von jeder Veränderung des Versicherungsvertrages unverzüglich Mitteilung zu machen.

d) Die gemeinnützige Bauvereinigung hat sich zu verpflichten, Untervermietungen und die Aufnahme von Einmietern, Schlafgängern und anderen zur Hausgemeinschaft des Wohnungsinhabers nicht gehörenden Personen, sowie den Gast- und Schankwirtschaftsbetrieb und den gewerbsmäßigen Verkauf geistiger Getränke in allen Gebäuden, welche für die verbürgten Darlehen verpfändet werden, nur nach Maßgabe bestimmter Grundsätze zuzulassen, die von dem Direktorium der Preußischen Zentralgenossenschaftskasse zu genehmigen sind.

e) Die Mietpreise für die mit Hilfe der zu verbürgenden Hypothekendarlehen hergestellten Wohnungen und sonstigen Räume dürfen nicht niedriger festgesetzt werden, als es die Aufwendungen für die Verzinsung der Grunderwerbs- und Baukosten, für die Tilgung des Baukapitals, für die Abgaben und die Kosten der Verwaltung einschließlich der allgemeinen Verwaltungskosten der gemeinnützigen Bauvereinigung und der Instandhaltung sowie für die Bildung angemessener Rücklagen erfordern.

Dem Direktorium der Preußischen Zentralgenossenschaftskasse ist das Recht einzuräumen, die Erhöhung oder Herabsetzung der Mieten sämtlicher Wohnungen der gemeinnützigen Bauvereinigung zu verlangen, falls ihm dieses zur Sicherung einer ausreichenden Ertragsfähigkeit oder zur Sicherstellung der Gemeinnützigkeit des Unternehmens erforderlich erscheint, und zwar für den Beginn des übernächsten Kalendervierteljahres oder, ofern ein Vertrag entgegensteht, für den ersten danach zulässigen Termin. Vor Ausübung dieses Rechtes sollen in der Regel diejenigen Stellen gehört werden, welche bei Prüfung des Bürgschaftsantrages beteiligt waren (vgl. Abschnitt IV Ziffer 1 dieser Ausführungsanweisung).

f) Die gemeinnützige Bauvereinigung darf ohne Einwilligung des Direktoriums der Preußischen Zentralgenossenschaftskasse weder neue Grundstücke erwerben, noch neue Bauten herstellen oder wegen ihrer Herstellung bindende Abmachungen treffen. Von einer Versagung der Einwilligung soll nur insoweit Gebrauch gemacht werden, als dies im Interesse der Sicherheit der übernommenen Bürgschaft unerläßlich ist.

g) Dem Direktorium der Preußischen Zentralgenossenschaftskasse ist das Recht einzuräumen, jederzeit in eine Prüfung der Geschäftsgebarung der gemeinnützigen Bauvereinigung nach Maßgabe der hierüber in Abschnitt VI dieser Ausführungsanweisung getroffenen Bestimmungen einzutreten.

7. Die Feststellung des der gemeinnützigen Bauvereinigung einzuräumenden Kündigungsrechts bleibt der Vereinbarung der Beteiligten überlassen.

Für den Darlehnsgeber ist das Kündigungsrecht, entsprechend der Vorschrift im § 1 Satz 2 des Gesetzes, grundsätzlich für die Dauer von mindestens zehn Jahren nach der letzten Teilzahlung auszuschließen.

Das Direktorium der Preußischen Zentralgenossenschaftskasse ist zu ermächtigen, das Darlehen unter den folgenden Voraussetzungen mit dreimonatiger Kündigungsfrist zur Rückzahlung an den Darlehnsgeber zu kündigen:

a) Wenn nach seinem Ermessen der Charakter der Gemeinnützigkeit des Unternehmens nicht mehr hinreichend gewahrt ist,

b) wenn die Bestimmungen der Satzungen über den Zweck des Unternehmens, über die Gewinnverteilung und über die Verwendung des Vermögens im Falle der Auflösung ohne seine Einwilligung abgeändert werden,

c) wenn die Zahlung der Zinsen und Tilgungsbeträge nicht innerhalb der festgesetzten Frist erfolgt,

d) wenn die gemeinnützige Bauvereinigung den gemäß Abschnitt IV Ziffer 6 b, d, e und f bezeichneten oder den ihr gemäß Abschnitt IV Ziffer 6 g und Abschnitt VI auferlegten Verpflichtungen nicht nachkommt,

e) wenn seit der letzten Teilzahlung an die gemeinnützige Bauvereinigung zehn Jahre verstrichen sind.

Das Recht auf Kündigung soll in den vorstehenden unter Buchstaben a bis d aufgeführten Fällen erlöschen, wenn es nicht innerhalb 6 Monaten nach Feststellung des Kündigungsgrundes ausgeübt wird.

Von der vorstehend unter Buchstabe e vorgesehenen Kündigungsbefugnis soll nur Gebrauch gemacht werden, wenn ein wichtiger Grund vorliegt.

8. Es ist ferner zu vereinbaren, daß das Darlehen ohne Kündigung auf Verlangen des Direktoriums der Preußischen Zentralgenossenschaftskasse sofort zur Rückzahlung fällig wird,

a) wenn die verpfändeten Gebäude nicht gegen Feuerschaden entsprechend der unter Abschnitt IV Ziffer 6c bezeichneten Verpflichtung versichert werden, wenn die Feuerversicherung von der gemeinnützigen Bauvereinigung ohne Einwilligung des Direktoriums der Preußischen Zentralgenossenschaftskasse aufgehoben oder von der Feuerversicherungsanstalt wegen nicht rechtzeitiger Prämienzahlung gekündigt wird, oder wenn die Versicherungssumme herabgesetzt wird,

b) wenn die verpfändeten Grundstücke — abgesehen von dem im Abschnitt V dieser Ausführungsanweisung vorgesehenen Falle — veräußert oder der Zwangsversteigerung oder Zwangsverwaltung unterworfen werden,

c) wenn die gemeinnützige Bauvereinigung aufgelöst wird.

9. Die schriftliche Einwilligung des Direktoriums der Preußischen Zentralgenossenschaftskasse zu Zahlungen auf das verbürgte Darlehen (Abschnitt IV Ziffer 5a) soll spätestens drei Wochen vor dem gewünschten Zahlungstermine nachgesucht werden.

Die Einwilligung zur Auszahlung des Darlehens ist nicht eher zu erteilen, als bis die in dem Vertrage vorgesehenen Grundbucheintragungen bewirkt und dem Direktorium der Preußischen Zentralgenossenschaftskasse durch Vorlegung eines öffentlich beglaubigten Grundbuchauszuges nachgewiesen sind. Ist diese Voraussetzung erfüllt, so können schon während des Baues der gemeinnützigen Bauvereinigung, ohne daß ihr ein Rechtsanspruch hierauf zusteht, angemessene Teilzahlungen nach dem Fortschreiten des Baues geleistet werden.

Dem Antrag auf Erteilung der Einwilligung zu Teilzahlungen ist jedesmal die Bescheinigung eines Bausachverständigen über den jeweiligen Bauwert, den plan- und sachgemäßen Fortgang des Baues und die zweckentsprechende Verwendung der etwa schon gezahlten Darlehnsbeträge beizufügen.

Die Höhe der Selbstkosten des Baues ist nach der Fertigstellung auf Grund der Bauabrechnungen von einem Bausachverständigen zu bescheinigen. Ergibt sich aus dieser Bescheinigung, daß der eingetragene Darlehnsbetrag die vorgeschriebene Beleihungsgrenze überschreitet, so ist für den überschießenden Teil die Einwilligung zur Zahlung nicht zu erteilen. Sollte der überschießende Betrag bereits ausgezahlt sein, so ist er sofort, ohne daß es einer Kündigung bedarf, zurückzuzahlen.

Die Auswahl der Bausachverständigen bedarf der Zustimmung des Direktoriums der Preußischen Zentralgenossenschaftskasse, das auf Wunsch der gemeinnützigen Bauvereinigung eine geeignete Persönlichkeit zu bezeichnen hat.

10. Vergütungen und Gefahrentgelte sollen für die Übernahme der Staatsbürgschaft im allgemeinen nicht erhoben werden.

Es unterliegt jedoch dem Ermessen des Direktoriums der Preußischen Zentralgenossenschaftskasse, in solchen Fällen, in welchen nach seinem Ermessen mit der Übernahme der Staatsbürgschaft eine besondere Verlustgefahr verbunden ist, die Leistung von Gefahrentgelten zur Deckung etwaiger Verluste zu vereinbaren, die sowohl in die Form einmaliger Zahlungen, wie auch in die Form von laufenden, an die Preußische Zentralgenossenschaftskasse zu zahlenden Zinszuschlägen gebracht werden können.

Die Entrichtung von Zinszuschlägen oder sonstigen Zahlungen zugunsten der Preußischen Zentralgenossenschaftskasse kann auch für den Fall vereinbart werden, daß die gemeinnützige Bauvereinigung einen Grund zur vorzeitigen Kündigung gemäß Abschnitt IV Ziffer 7 Buchstaben c und d abgibt und das Direktorium der Preußischen Zentralgenossenschaftskasse von seinem Kündigungsrecht keinen Gebrauch macht, oder daß die gemeinnützige Bauvereinigung sonstige Mängel in ihrer Geschäftsführung auf Verlangen des Direktoriums der Preußischen Zentralgenossenschaftskasse nicht abstellt.

V. Erwerbshäuser.

1. Für den Fall, daß die gemeinnützige Bauvereinigung die Überlassung der von ihr erbauten Häuser an deren Bewohner zu Eigentum beabsichtigt, haben neben den sonstigen Bestimmungen dieser Ausführungsanweisung die nachstehenden Grundsätze Anwendung zu finden, deren Beobachtung durch Aufnahme in den Bürgschaftsvertrag sicherzustellen ist.

2. Als Anwärter auf den Erwerb von Häusern kommen nur Personen in Betracht, welche den minderbemittelten Bevölkerungskreisen angehören.

Der einzelne Hausanwärter kann nicht mehr als ein Haus

erwerben. Er soll in der Regel auch kein weiteres Haus besitzen.

Das Erwerbshaus darf höchstens zwei Familienwohnungen enthalten.

3. Die Übertragung des Eigentums an dem Hausgrundstück setzt in jedem Falle die Leistung einer angemessenen Anzahlung voraus.

4. Bei dem Verkauf des Hausgrundstücks an den Hausanwärter darf sich die gemeinnützige Bauvereinigung von ihrer persönlichen Schuld als Hypothekenschuldnerin für den auf das verkaufte Hausgrundstück entfallenden Anteil an der vom Staate verbürgten Darlehnshypothek nicht befreien. Sie hat vielmehr neben dem Erwerber als Gesamtschuldnerin zu haften.

Von der zu leistenden Anzahlung kann die gemeinnützige Bauvereinigung einen angemessenen Anteil, der in der Regel auf ein Zehntel des Kaufpreises zu bemessen sein wird, zur anteiligen Deckung ihrer eigenen Aufwendung für das Hausgrundstück behalten. Der überschießende Betrag ist zur außerordentlichen Tilgung auf das vom Staate verbürgte Darlehen zu verwenden.

5. Es ist Vorsorge zu treffen, daß die Erwerbshäuser dauernd in ihrem Bestande erhalten werden und eine dem Zwecke der Kleinwohnungsfürsorge entsprechende Verwendung finden, sowie daß dieser Zweck nicht durch eine spekulative Verwertung beeinträchtigt wird. In dem Veräußerungsvertrage sind daher entsprechende rechtliche Bindungen zugunsten der gemeinnützigen Bauvereinigung und des Preußischen Staates, vertreten durch das Direktorium der Preußischen Zentralgenossenschaftskasse, vorzusehen. Als solche Bindungen kommen in Betracht:

a) Die Feststellung entsprechender Beschränkungen hinsichtlich der Benutzung und Veränderung der Erwerbshäuser im Wege der Einräumung einer beschränkten persönlichen Dienstbarkeit;

b) die Vereinbarung einer angemessenen Veräußerungsabgabe, die durch eine Sicherungshypothek sicherzustellen ist, für den Fall einer Weiterveräußerung;

c) die Vereinbarung eines Wiederkaufsrechts für den Fall einer Weiterveräußerung oder einer Verletzung der dem Erwerber hinsichtlich der Verwendung des Grundstücks aufzuerlegenden Verpflichtungen, zu dessen Sicherung bei der Eigentumsübertragung an den Erwerber eine Vormerkung zur Erhaltung des Anspruchs auf Auflassung des Grundstücks im Grundbuche einzutragen ist.

Welche dieser Bindungen Anwendung zu finden haben, sowie in welcher Weise für den Fall der Vereinbarung eines Wiederkaufsrechtes der Wiederkaufspreis festzusetzen ist, bleibt der Regelung im Einzelfall überlassen.

6. Das gemäß Abschnitt IV Ziffer 6a dem Preußischen Staat einzuräumende dingliche Vorkaufsrecht hat gegenüber den Erwerbshäusern in Geltung zu verbleiben. Ob auch die gemeinnützige Bauvereinigung die Eintragung eines Vorkaufsrechts zu ihren Gunsten beansprucht, kann ihrem Ermessen überlassen werden. Macht die gemeinnützige Bauvereinigung von dem zu ihren Gunsten eingetragenen Vorkaufsrecht Gebrauch, so ist von der Anwendung des staatlichen Vorkaufsrechts abzusehen.

7. Für den Fall der Übertragung eines Hauses in der Form des Erbbaurechts finden die vorstehenden Grundsätze sinngemäße Anwendung.

VI. **Prüfung der Geschäftsgebarung.**

1. Die Übernahme der Staatsbürgschaft setzt eine sorgfältige Prüfung der gesamten Geschäftsgebarung der Darlehnsschuldnerin voraus. Die Prüfung hat nicht allein vor der Entschließung über die Übernahme der Bürgschaft, sondern auch — entsprechend der gemäß Abschnitt IV Ziffer 6g dieser Ausführungsanweisung von der gemeinnützigen Bauvereinigung zu übernehmenden Verpflichtung — fortlaufend während der Dauer des Bürgschaftsverhältnisses zu erfolgen.

Die Prüfung hat sich sowohl auf das Vorhandensein einer geordneten Buch- und Kassenführung und auf eine einwandfreie Bilanzaufstellung, wie auch darauf zu erstrecken, daß die Geschäfte der gemeinnützigen Bauvereinigung nach wirtschaftlich richtigen Grundsätzen und in Übereinstimmung mit den in den vorstehenden Abschnitten gegebenen Richtlinien geführt werden.

2. Für die Vornahme der erforderlichen Prüfungen wird das Direktorium der Preußischen Zentralgenossenschaftskasse

in der bewährten Tätigkeit der baugenossenschaftlichen Revisionsverbände und Verbandskassen eine sehr wertvolle Unterstützung finden, von der im weitesten Umfange Gebrauch zu machen ist. Das Direktorium der Preußischen Zentralgenossenschaftskasse hat demgemäß auf ein enges Zusammenarbeiten mit den Revisionsverbänden und Verbandskassen besonderes Gewicht zu legen.

Die Baugenossenschaften sind zu verpflichten, daß sie für die Dauer des Bürgschaftsverhältnisses einem Revisionsverbande angehören, dessen Auswahl der Genehmigung des Direktoriums der Preußischen Zentralgenossenschaftskasse bedarf.

Auf die gemeinnützigen Bauvereinigungen anderer Rechtsformen ist nach Möglichkeit dahin einzuwirken, daß sie sich ebenfalls einem der vorbezeichneten Revisionsverbände anschließen; für diesen Fall finden die Vorschriften des vorstehenden Absatzes sinngemäße Anwendung.

Alle an einen Revisionsverband angeschlossenen gemeinnützigen Bauvereinigungen sind zu verpflichten, ohne Aufforderung dem Direktorium der Preußischen Zentralgenossenschaftskasse Abschriften der Revisionsberichte unter Angabe des daraufhin Veranlaßten vorzulegen.

3. Außerdem hat sich das Direktorium der Preußischen Zentralgenossenschaftskasse das Recht vorzubehalten, die Prüfung der Geschäftsgebarung der gemeinnützigen Bauvereinigungen selbst vorzunehmen.

Die gemeinnützigen Bauvereinigungen sind zu diesem Zwecke zu verpflichten, Ausfertigungen der Bilanz und der Gewinn- und Verlustrechnung, der Geschäftsberichte und der Protokolle über die Generalversammlungen, sämtlich rechtsverbindlich unterschrieben, dem Direktorium der Preußischen Zentralgenossenschaftskasse alsbald unaufgefordert einzureichen und eine jede andere zur Beurteilung der Verhältnisse für erforderlich erachtete Auskunft zu erteilen. Das Direktorium der Preußischen Zentralgenossenschaftskasse hat sich ferner das Recht vorzubehalten, durch Beauftragte sämtliche Grundstücke und Gebäude der gemeinnützigen Bauvereinigung zu jeder angemessenen Tageszeit besichtigen und untersuchen und in die Bücher, den Schriftwechsel und die Belege der gemeinnützigen Bauvereinigung Einsicht nehmen zu lassen, sowie zu den Sitzungen des Vorstandes und des Aufsichtsrats und zu den Generalversammlungen Vertreter zu entsenden, die auf Verlangen jederzeit gehört werden müssen.

Die gemeinnützigen Bauvereinigungen sind ferner zu verpflichten, den baulichen Zustand sämtlicher Gebäude, welche für die vom Staate verbürgten Darlehen verpfändet sind, auf Verlangen des Direktoriums der Preußischen Zentralgenossenschaftskasse durch einen von ihm zu bezeichnenden Bausachverständigen untersuchen zu lassen und einen Bericht dieses Bausachverständigen über das Ergebnis seiner Prüfung vorzulegen.

Dem Direktorium der Preußischen Zentralgenossenschaftskasse ist das Recht vorzubehalten, die Wahrnehmung der ihm zustehenden Prüfungsbefugnisse ganz oder teilweise einer besonderen, für diesen Zweck einzusetzenden Stelle zu übertragen.

Bei Ausübung der Prüfungsbefugnisse seitens des Direktoriums der Preußischen Zentralgenossenschaftskasse ist mit der pflichtmäßigen Fürsorge für die finanziellen Interessen des Staates zugleich eine wohlwollende Beratung und Mithilfe nach Möglichkeit zu verbinden.

VII. Bürgschaftssicherung.

1. Der Preußischen Zentralgenossenschaftskasse wird gemäß § 3 des Gesetzes ein Betrag von 10 Millionen Mark aus Staatsmitteln als Bürgschaftssicherung zur Verfügung gestellt.

Die Bürgschaftssicherung ist als ein selbständiges Vermögen abgesondert von dem sonstigen eigenen Vermögen der Preußischen Zentralgenossenschaftskasse zu verwalten. Die Bestände der Bürgschaftssicherung sind entsprechend den für den Geschäftskreis der Preußischen Zentralgenossenschaftskasse maßgebenden Vorschriften nutzbar zu machen und können demgemäß in deren Betriebe freie Verwendung finden.

Aus den aufkommenden Zinsen der Bürgschaftssicherung wird ein vom Finanzminister allährlich festzusetzender Betrag den Verwaltungseinnahmen der Preußischen Zentralgenossenschaftskasse zur Deckung der ihr durch Ausführung des Bürgschaftssicherungsgesetzes erwachsenden besonderen Verwaltungskosten überwiesen. Der Restbetrag der aufkommenden Zinsen sowie die aus den Bürgschaftsverträgen entstehenden Einnahmen (vgl. Abschnitt IV Ziffer 1C) sind der Bürgschaftssicherung zuzuführen. Etwaige aus den Bürgschaftsverträgen erwachsende Verluste sind aus der Bürgschaftssicherung zu decken.

2. Alljährlich nach Abschluß des Geschäftsjahres hat das Direktorium der Preußischen Zentralgenossenschaftskasse eine Bilanz der Aktiva und Passiva, sowie eine Gewinn- und Verlustrechnung der Bürgschaftssicherung aufzustellen. In der Bilanz sind die Verpflichtungen aus den Bürgschaftsverträgen unter die Passiva und die Ansprüche aus den Bürgschaftsverträgen gegenüber den gemeinnützigen Bauvereinigungen unter die Aktiva, in beiden Fällen vor der Linie, einzusetzen. Im übrigen finden auf die Aufstellung der Bilanz und der Gewinn- und Verlustrechnung und deren weitere geschäftliche Behandlung die Vorschriften im § 15 der Geschäfts- und Dienstanweisung vom 21. Mai 1896 entsprechende Anwendung.

Mit der Einreichung der Bilanz und der Gewinn- und Verlustrechnung ist dem Finanzminister über die Verwaltung der Bürgschaftssicherung und ihre Erfolge, unter Erläuterung der einzelnen Posten der Bilanz und der Gewinn- und Verlustrechnung ein besonderer ausführlicher Bericht zu erstatten.

Für die Zwecke des gemäß § 5 des Gesetzes vom Finanzminister dem Landtage jährlich vorzulegenden Berichts sind die Bilanz und die Gewinn- und Verlustrechnung sowie die wesentlichsten Angaben des an den Finanzminister zu erstattenden Berichts in die Erläuterungen zum Haushalt der Verwaltungseinnahmen und -ausgaben der Preußischen Zentralgenossenschaftskasse aufzunehmen.

3. Nach § 4 des Gesetzes darf die Gesamthöhe der zu übernehmenden Bürgschaften das Fünfzehnfache der jeweils verfügbaren Bürgschaftssicherung nicht übersteigen.

Hiernach wird der Höchstbetrag der zu übernehmenden Bürgschaften bestimmt durch das Fünfzehnfache des Betrages, den die Bürgschaftssicherung unter Zurechnung der ihr zuzuführenden Zinsen und sonstigen Einnahmen sowie unter Abrechnung etwaiger Verluste jeweils erreicht. Maßgebend für die Berechnung des Betrages der Bürgschaftssicherung ist die letzte Jahresbilanz. Jedoch ist etwaigen im Laufe des Geschäftsjahres eintretenden Verlusten an der Bürgschaftssicherung nötigenfalls sogleich durch eine entsprechende Einschränkung der Bürgschaftsübernahme Rechnung zu tragen.

Berlin, den 8. Mai 1918.

Der Finanzminister.
Hergt.

Wohnungsgesetz.[1])

Artikel 1.

Baugelände.[2])

Da der Art. 1 des Preuß. Wohnungsgesetzes eine Abänderung des Gesetzes, betr. die Anlegung und Veränderung von Straßen und Plätzen in Städten und ländlichen Ortschaften, vom 2. Juli 1875 (kurz Baufluchtliniengesetz genannt) darstellt, ist dieses Gesetz in seinem heute geltenden Wortlaut hier eingesetzt; die durch das Wohnungsgesetz darin herbeigeführten Änderungen sind durch Sperrdruck hervorgehoben.

WohnGes. Art. 1 Nr. 1a.

§ 1.

(1) Für die Anlegung oder Veränderung von Straßen und Plätzen (auch Gartenanlagen, Spiel- und Erholungsplätzen)[3]) in Städten und ländlichen Ortschaften sind die Straßen- und Baufluchtlinien vom Gemeindevorstande im Einverständnisse mit der Gemeinde oder deren Vertretung, dem öffentlichen Bedürfnisse entsprechend unter Zustimmung der Ortspolizeibehörde festzusetzen.

WohnGes. Art. 1 Nr. 1b.

(2)[4]) Die Ortspolizeibehörde kann die Festsetzung von Fluchtlinien verlangen,[5]) wenn die von ihr wahrzunehmenden polizeilichen Rücksichten oder ein hervorgetretenes Bedürfnis nach Klein- oder Mittelwohnungen die Festsetzung fordern;[6]) im letzteren Falle bedarf sie jedoch der Einverständniserklärung der Kommunalaufsichtsbehörde.[7])[8])

(3) Zu einer Straße im Sinne dieses Gesetzes gehört der Straßendamm und der Bürgersteig.

WohnGes. Art. 1 Nr. 1c.

(4) Die Straßenfluchtlinien bilden regelmäßig zugleich die Baufluchtlinien, das heißt die Grenzen, über welche hinaus die Bebauung ausgeschlossen ist. Aus besonderen Gründen kann aber eine hinter die Straßenfluchtlinie zurückweichende Baufluchtlinie festgesetzt werden.[9][10])

1) Die Regierungsvorlage zum Wohnungsgesetz nebst Begründung s. Drucks. d. AbgH. Nr. 299 von 1916/17, Ausschußverhandlungen über den Gesetzentwurf s. Drucks. d. AbgH. Nr. 530 A von 1916/17 und Drucks. d. HH. Nr. 206 A von 1916/18.

2) Art. 1 erstrebt eine Verbilligung des Baugeländes durch Abänderung und Ergänzung des Preuß. Fluchtliniengesetzes vom 2. Juli 1875, das im übrigen bestehenbleibt. Vgl. auch AusfAnw. zum Wohnungsgesetz Art. 1 S. 77. Vgl. ferner Textausgabe mit Anmerkungen zum Baufluchtliniengesetz von 1875 Meyer, Straßen- und Baufluchtgesetz. Guttentagsche Sammlung Nr. 50).

Vor Erlaß des Fluchtliniengesetzes war die Anordnung von Fluchtlinien ausschließlich dem Ermessen der Polizei überlassen. Durch das Fluchtliniengesetz wurde es der Entschließung der Gemeinde überlassen, für die Anlegung oder Veränderung von Straßen und Plätzen die Straßen- und Baufluchtlinien festzusetzen. Damit ging die Herrschaft über den gesamten Städtebau an die Selbstverwaltung über. Die Ortspolizei hatte lediglich ihre Zustimmung zu erteilen, die sie auch nur versagen durfte, wenn eigentliche polizeiliche Rücksichten im engeren Sinne verletzt wurden. Das waren Rücksichten des Verkehrs, der Feuersicherheit, der öffentlichen Gesundheit und zur Verhütung der Verunstaltung der Straßen und Plätze. Demgegenüber werden hier im Art. 1 die Rechte der Polizei gegenüber der Selbstverwaltung wieder erweitert.

3) Die Einschaltung „auch Gartenanlagen, Spiel- und Erholungsplätze" ist neu; damit werden diese den Straßen und Plätzen gleichgestellt, so daß also jetzt auch die Anlage dieser Freiflächen in das Fluchtliniengesetz einbezogen ist.

Bei manchen neueren Stadterweiterungen ist auf die Freihaltung einer angemessenen Zahl öffentlicher Plätze nicht hinreichend Bedacht genommen. Durch die in Art. 1 Nr. 1a, 2, 3b, 7 Abs. 1 und 2 vorgeschriebene Ergänzung des Baufluchtliniengesetzes ist daher schärfer als bisher zum Ausdruck gebracht, daß auch die Fürsorge für eine ausgiebige Zahl und Größe freier Plätze zu den leitenden — erforderlichenfalls von der Ortspolizeibehörde im Einvernehmen mit der Kommunalaufsichtsbehörde zur Geltung zu bringenden — Gesichtspunkten bei Aufstellung der Bebauungspläne gehört.

Durch die Erwähnung der Gartenanlagen, Spiel- und Erholungsplätze soll hervorgehoben werden, daß die Ausweisung der Plätze sich nicht auf solche beschränkt, die zur Aufnahme des Wagen- und Fußgängerverkehrs im engeren Sinne nötig sind, sondern daß solche freien Flächen auch dann darunter fallen, wenn sie zwar noch der Polizei in verkehrspolizeilicher Hinsicht unterstehen, aber im übrigen vorwiegend auf sanitäre Entstehungsgründe zurückzuführen sind.

Vgl. hierzu auch Anm. 10.

4) Vgl. AusfAnw. zu Art. 1 Ziff. 1b des Wohnungsgesetzes S. 78.

5) Die Ortspolizeibehörde kann also nicht selbst Fluchtlinien festsetzen, sondern nur die Anregung dazu geben. Wollte die Gemeinde sich weigern, einer solchen Anregung Folge zu leisten, so kann lediglich der Kreisausschuß oder Bezirksausschuß einen Fluchtlinienplan festsetzen.

Fluchtlinien sind nur gedachte Linien, die auf dem Papier stehen, durch die Fluchtlinienfestsetzung entstehen noch keine Straßen, Fluchtlinien geben für niemanden Zwang nun auch wirklich zu bauen. Die eigentlichen Straßen entstehen erst durch Gemeindebeschluß, bzw. durch besondere Verträge. Die Fluchtlinienfeststellung gibt nur die Wirkung, daß nun die Gemeinde die Möglichkeit der Enteignung usw. hat, und daß über die Fluchtlinie hinaus nicht gebaut werden darf.

Das Recht der Polizei, die Festsetzung von Fluchtlinien zu verlangen, schließt ein doppeltes Recht in sich: ein Vetorecht und ein Initiativrecht. Die Polizei kann die Festsetzung verlangen, aber auch die Genehmigung versagen. (Vgl. hierzu auch Art. 1 Nr. 4). Es kann also auch eine Abänderung der Bebauungspläne, sowohl der vom Gemeindevorstand neu aufgestellten, als auch der bereits festgesetzten in der Richtung hin mit Erfolg herbeigeführt werden, daß sich die Aufteilung des Bodens mehr als bisher dem jeweils zu befriedigenden Wohnungsbedürfnis anpaßt. Der Entwurf 1904 ging weiter und normierte ein Recht der Ortspolizei, die Fertigstellung von Straßen zu verlangen. — Auch wurde lebhaft ein Baurecht der Anlieger gefordert; doch wurde dieser Forderung in Anbetracht der ohnehin starken Belastung der Gemeinden durch den Krieg nicht stattgeben, weil sonst Besitzer von weit draußen gelegenen Grundstücken die Gemeinde zur Anlage von teuren Straßenzügen und Kanalisation hätten zwingen können. Es bleibt also in dieser Beziehung bei dem bisherigen Recht, wonach das Fluchtliniengesetz ein Baurecht der Anlieger — Grundbesitzer — nur an völlig fertiggestellten Straßen kennt, dagegen kein Recht auf Aufstellung von Fluchtlinienplänen und auf Fertigstellung von Straßen.

6) Die Worte „oder ein hervorgetretenes Bedürfnis nach Klein- oder Mittelwohnungen" sind neu. Um bei geplanten Stadterweiterungen die Aufteilung des Bodens mehr als bisher den Wohnungsbedürfnissen der minderbemittelten Bevölkerungskreise anzupassen — Straßen von geringer Breite, geringe Blocktiefe, um Querbauten und Hinterhauswohnungen zu verhindern — sichert das Gesetz der Ortspolizeibehörde das Recht, die Festsetzung der Straßen- und Baufluchtlinien zu verlangen oder zu einer vorgesehenen die Zustimmung zu versagen. Während bisher eine solche Mitwirkung der Polizei beschränkt war auf Rücksichten des Verkehrs, der Feuersicherheit, der öffentlichen Gesundheit und zur Verhütung der Verunstaltung, ist diese jetzt auch ausgedehnt auf all die Fälle, in denen ein Bedürfnis nach Klein- und Mittelwohnungen hervor-

getreten ist. Der Regierungsentwurf war noch weiter gegangen und wollte der Ortspolizeibehörde die Befugnis einräumen, im Einverständnis mit der Kommunalaufsichtsbehörde die Festsetzung von Fluchtlinien überall dort zu verlangen oder zu beanstanden, wo ganz allgemein „die Rücksicht auf das Wohnungsbedürfnis" dies erfordert. Diese im Entwurf vorgesehene weitgehende Befugnis wurde von den Städten beanstandet und ist sie daraufhin nunmehr jetzt beschränkt auf den Fall, daß ein bereits hervorgetretenes, also statistisch nachweisbares Bedürfnis nach Klein- oder Mittelwohnungen die Fluchtlinienfestsetzung bzw. die Versagung der Zustimmung erfordert. Vgl. auch Anm. 2 S. 137.

Hierdurch werden die Reibungsflächen zwischen Gemeinde und Polizeiverwaltung zwar nicht völlig beseitigt, aber doch wesentlich vermindert, insbesondere nachdem die Staatsregierung in der Kommission des Herrenhauses die Übertragung der Bau- und Fluchtlinienpolizei auf die Städte — mit Einschluß von Berlin und Vororten — in Aussicht gestellt hat.

Durch die Bestimmung, daß die Polizei die Festsetzung von Fluchtlinien auch mit Rücksicht auf ein hervorgetretenes Bedürfnis nach Klein- und Mittelwohnungen verlangen kann, werden — wenn auch der Grundbegriff der Polizei damit nicht abgeändert wird — doch ihre Befugnisse in der Wohlfahrtspflege nach dem Vorbild zahlreicher anderer Gesetze erweitert auf Gebiete, die im allgemeinen aus dem Bereich der Polizei herausfallen.

Zur Begründung dieser Erweiterung der polizeilichen Befugnisse wurde bei der Beratung des Entwurfes von 1913 darauf hingewiesen, daß eine dem allgemeinen Volkswohl entsprechende Wohnungspolitik heute eine ganz andere Bedeutung habe als beim Erlaß des Fluchtliniengesetzes. Es sei deshalb angebracht, eine außerhalb der Gemeinde liegende Instanz bei Beurteilung des Wohnungsbedürfnisses mitwirken zu lassen. Es komme also der Staatsregierung nicht gerade auf die Mitwirkung der Polizei an, aber sie als unbeteiligter Faktor heranzuziehen, liege deshalb nahe, weil sie bei der Feststellung von Baufluchtlinien auch jetzt schon ohnehin in gewissem Umfang mitwirke.

Gegenüber diesem Eingriff in die Selbstverwaltung der Gemeinden durch die Erweiterung der Polizeirechte ist ferner darauf hinzuweisen, daß die Festsetzung von Baufluchtlinien gegen den Willen einer Gemeinde in Wirklichkeit auch deshalb von verminderter Bedeutung sein wird, weil, wenn später auf Grund dieses Fluchtlinienplanes eine Bebauung erfolgen soll, der Gemeinde das Bauverbot auf Grund des § 12 des Fluchtliniengesetzes zusteht. Dieses gibt der Gemeinde auch mit den im Wohnungsgesetz vorgesehenen Einschränkungen noch weitgehende Machtbefugnisse.

Bei Meinungsverschiedenheit zwischen Ortspolizei und Gemeindebehörde wegen der Vorlegung des Baufluchtlinienplanes findet (ebenso wie in dem anderen Falle, daß ein vorgelegter Plan von der Ortspolizei wegen nicht genügender Berücksichtigung des hervorgetretenen Bedürfnisses nach Klein- und Mittelwohnungen beanstandet wird) das im § 5 und 8 des Baufluchtliniengesetzes geordnete Rechtsmittelverfahren Anwendung.

7) Die Worte „im letzteren Falle bedarf sie jedoch der Einverständniserklärung der Kommunalaufsichtsbehörde" bedeuten eine Neuerung gegenüber dem bisher auf Grund des Baufluchtliniengesetzes geltenden Rechtes. Da die Rücksichten auf eine angemessene Regelung des Bedürfnisses nach Klein- und Mittelwohnungen weiter greifen als die Rücksichten auf Verkehr, Feuersicherheit, öffentliche Gesundheit und die Verhütung der Verunstaltung, schien es dem Gesetzgeber angezeigt, ein Eingreifen der Polizeibehörde auf dem Gebiete an die Voraussetzung zu knüpfen, daß sich die Kommunalaufsichtsbehörde mit dem Vorgehen einverstanden erklärt.

8) Die kommunale Aufsichtsbehörde, das ist für Stadtgemeinden der Regierungspräsident, Oberpräsident, nicht etwa die Landespolizeibehörde. Praktisch kommt es auf dasselbe heraus, da beide Instanzen dieselbe Stelle sind. Die Aufsicht über Landgemeinden steht in 1. Instanz dem Landrat zu. Bei Meinungsverschiedenheiten zwischen Polizei und Gemeinde findet Art. 1 Nr. 4 Anwendung.

9) Die Worte „hinter die Straßenfluchtlinie" sind gegenüber dem bisherigen Wortlaut des Baufluchtliniengesetzes neu. Daß

die Gebäude in der Baufluchtlinie errichtet werden müssen, wird nicht verlangt. Die Fluchtlinien geben nur die Grenzen an, bis zu denen die Grundstücke bebaut werden dürfen. Der Passus lautete bisher: „Aus besonderen Gründen kann aber eine von der Straßenfluchtlinie verschiedene, jedoch in der Regel höchstens 3 Meter von dieser zurückweichende Baufluchtlinie festgesetzt werden."

Als höchstzulässige Abweichung der Baufluchtlinie von der Straßenfluchtlinie waren also bisher 3 Meter festgesetzt. In historischen Städten ist manch alter, architektonisch bedeutsamer Hausgiebel dieser Bestimmung bei der „Befluchtung" der Straße zum Opfer gefallen. Diese Beschränkung auf 3 Meter ist nun gefallen, über die die Praxis sich übrigens auch schon vielfach hinweggesetzt hatte. Die nunmehr mögliche Trennung von Straßenflucht und Bauflucht gestattet jetzt eine mannigfaltigere raumkünstlerische Gestaltung durch Anlegung von Vorhöfen, Erkern, Schaffung von Durchblicken bei Wegebiegungen u. dgl. Namentlich in bergischem Gelände zwang der Grundsatz des alten Gesetzes dazu, die unteren Geschosse des Hauses in den Berg hineinzugraben, statt es zurückspringend mit vorgelagertem Vorgarten den Berg hinaufzubauen.

10) Auf eine Anfrage in der Kommissionsberatung, ob auch seitliche und rückwärtige Baufluchtlinien festgesetzt werden könnten, erklärte der Unterstaatssekretär aus dem Ministerium der öffentlichen Arbeiten folgendes:

> „Ich kann die Auffassung des Antragstellers bestätigen, daß weder über seitliche noch über rückwärtige Baulinien besondere Bestimmungen in den Gesetzentwurf aufgenommen zu werden brauchen, da diejenigen Zwecke, welche damit angestrebt werden, ohne weiteres auf Grund der Bestimmungen der Regierungsvorlage erreicht werden können und sollen. Es handelt sich dabei um die Offenhaltung und Zugänglichmachung von Innenhöfen, die zu Park- oder Spielplatzwecken dienen sollen. Dabei ist zu unterscheiden, ob die Gemeinde diese Innenflächen lediglich der Bebauung entziehen oder ob sie sie auch erwerben will. Für den ersteren Fall trifft der Art. 4 § 1 durch seine Vorschrift über

die Abstufung der Bebaubarkeit ausreichende Vorkehrungen. Die entsprechenden Bestimmungen sind im Wege von Sonderbauordnungen zu treffen; wenn diese Bauordnungen für die an den Straßen liegenden Grundstücke gleiche Bebauungstiefen oder gleiche Höchstbebauungstiefen anordnen, so wird damit der Zweck der sogenannten hinteren Baufluchtlinie praktisch erreicht. Will dagegen die Gemeinde die Innenfläche und den Zugang dazu im Wege der Enteignung nach Maßgabe des Baufluchtengesetzes erwerben, so wird sie den Zugang zu dem Innenplatz wie auch diesen selbst mit Fluchtlinien zu umziehen haben. Daß dies zulässig ist, kann nach der Fassung des Entwurfs, der die Ausweisung von Plätzen bewußt und ausdrücklich nicht auf sogenannte Verkehrsplätze beschränkt, sondern auch Gartenanlagen, Spiel- und Erholungsplätze darunter gleichfalls verstanden wissen will, nicht zweifelhaft sein. Ein solcher mit Fluchtlinien umzogener Innenplatz nebst Zugang unterscheidet sich daher hinsichtlich des Rechts der Fluchtlinienfestsetzung in keiner Weise von jedem andern Platz.

Auf eine Anfrage, ob auch der Eigentümer örtlich in bezug auf die Lage der freien Fläche beschränkt werden könne, gab der Unterstaatssekretär weiter folgende Erklärung ab:

„Es ist nicht zweifelhaft, daß wenn nach Art. 2 § 1 Ziff. 1 der Regierungsvorlage — jetzt Art. 4 — durch Bauordnungen die Abstufung der baulichen Ausnutzbarkeit der Grundstücke geregelt werden kann, nicht nur die Bebauung nach Hundertteilen des Baugrundstücks vorgeschrieben werden kann, sondern auch bauliche Beschränkungen anderer Art zulässig sind. Insbesondere entspricht es einer häufigen und unangefochtenen Rechtsübung, daß die Tiefe der Vorderhäuser oder die Bebauungstiefe überhaupt vorgeschrieben, daß Flügelbauten und Quergebäude ausgeschlossen werden und dergleichen mehr. Die Einführung rückwärtiger oder seitlicher Baulinien erscheint also auch aus dieser Erwägung heraus nicht erforderlich. Soweit daran etwa nach dem bisherigen Stande der Gesetzgebung noch Zweifel hätten gehegt werden können, sind diese jedenfalls durch die gegenwärtige Fassung des Regierungsentwurfes völlig beseitigt."

Ein anderes Kommissionsmitglied fragte, ob es möglich sei, Freiflächen für Erholungszwecke usw. zu enteignen, insbesondere auch Flächen, die innerhalb von Baublöcken lägen.

Ein Ministerialdirektor aus dem Ministerium der öffentlichen Arbeiten erklärte hierzu: das Fluchtliniengesetz vom 2. Juli 1875 stelle das Enteignungsrecht den Gemeinden nur für Straßen und Verkehrsplätze zur Verfügung. Es werde durch den vorliegenden Gesetzentwurf dahin erweitert, daß auch für Gartenflächen, Spiel- und Erholungsplätze die Enteignungsbefugnis gewährt werde. Das gelte — in Ermangelung einer einschränkenden Bestimmung — für alle Flächen dieser Art, gleichviel ob sie innerhalb oder außerhalb von Baublöcken liegen.

Da wo Baufluchtlinien nicht bestehen, kann die Polizei mit Rücksicht auf die Ordnung, Sicherheit und Leichtigkeit des Verkehrs vorschreiben, daß Gebäude eine gewisse Entfernung vom öffentlichen Wege innehalten müssen.

WohnGes. Art. 1 Nr. 2.

§ 2.

(1) Die Festsetzung von Fluchtlinien (§ 1) kann für einzelne Straßen, Straßenteile und Plätze (auch Gartenanlagen, Spiel- und Erholungsplätze)[1]) oder, nach dem voraussichtlichen Bedürfnisse der näheren Zukunft, durch Aufstellung von Bebauungsplänen für größere Grundflächen erfolgen.[2])

(2) Handelt es sich infolge von umfassenden Zerstörungen durch Brand oder andere Ereignisse um die Wiederbebauung ganzer Ortsteile, so ist die Gemeinde verpflichtet, schleunigst darüber zu beschließen, ob und

9*

inwiefern für den betreffenden Ortsteil ein neuer Bebauungsplan aufzustellen ist, und eintretendenfalls die unverzügliche Feststellung des neuen Bebauungsplanes zu bewirken.

1) Zu den hier neu eingeschalteten Worten „auch Gartenanlagen, Spiel- und Erholungsplätze" s. Bemerkung zu Nr. 1 Note 3 S. 125.

2) Bebauungspläne stellen also Fluchtlinienfeststellungen für größere Grundflächen dar. Sie werden von der Gemeindebehörde im Einvernehmen mit der Ortspolizei aufgestellt.

WohnGes. Art. 1 Nr. 3a.

§ 3.[1])

(1) Bei Festsetzung der Fluchtlinien ist **auf das Wohnungsbedürfnis**[2]) sowie die Förderung des Verkehrs, der Feuersicherheit und der öffentlichen Gesundheit Bedacht zu nehmen, auch darauf zu halten, daß eine Verunstaltung der Straßen und Plätze sowie **des Orts- und Landschaftsbildes** nicht eintritt.[3])

(2) Es ist deshalb für die Herstellung einer genügenden Breite der Straßen und einer guten Verbindung der neuen Bauanlagen mit den bereits bestehenden Sorge zu tragen.

WohnGes. Art. 1 Nr. 3b.

(3)[4]) Im Interesse des Wohnungsbedürfnisses ist ferner darauf Bedacht zu nehmen, daß in ausgiebiger Zahl und Größe Plätze (auch Gartenanlagen, Spiel- und Erholungsplätze) vorhanden sind, daß die Möglichkeit gegeben ist, an geeigneter Stelle Kirchen- und Schulbauten zu errichten,[5]) daß für Wohnzwecke Baublöcke von angemessener Tiefe

und Straßen von geringerer Breite[6]) entsprechend dem verschiedenartigen Wohnungsbedürfnisse geschaffen werden, und daß durch die Festsetzung Baugelände entsprechend dem Wohnungsbedürfnisse der Bebauung erschlossen wird.

1) Durch Nr. 3a werden nicht nur lediglich die Befugnisse der Polizei festgelegt, sondern auch die Befugnisse der Gemeinden mitumfaßt, d. h. also, nicht nur die Polizei, sondern auch die Gemeinden haben die Bestimmungen des Art. 1 Nr. 3a zu beachten. In der Kommission bemerkte der Vorsitzende, daß, wenn aus der Kommission kein Widerspruch erfolge, er feststellen werde, daß diese Auffassung von der Kommission geteilt werde. Ein Widerspruch erfolgte nicht. Aus dem Stillschweigen der Kgl. Staatsregierung wird geschlossen, daß sie gleichfalls mit dieser Auslegung einverstanden ist.

2) Die Worte „das Wohnungsbedürfnis" sind neu. Sie wurden bereits durch einen Beschluß der Kommission zum Entwurf von 1913 eingeschaltet. Sie entsprechen dem in Nr. 1b der Polizei gegebenen Recht und legen fest, daß auch die Gemeinde bei Festsetzung der Fluchtlinien nicht nur auf Förderung des Verkehrs, der Feuersicherheit und der öffentlichen Gesundheit, sondern vor allem auch auf das Wohnungsbedürfnis Bedacht zu nehmen habe, macht also die Berücksichtigung des Wohnungsbedürfnisses direkt und von vornherein der Gemeinde bei Feststellung der Fluchtlinien zur Pflicht.

Hier in Nr. 3 wird viermal Rücksichtsnahme auf das Wohnungsbedürfnis schlechthin gefordert, Gemeinde und Polizei sollen also bei Festsetzung der Fluchtlinien usw. darauf ganz allgemein Rücksicht nehmen. Diese Bestimmung enthält also nicht die in Nr. 1b und in Nr. 4 gegebene Beschränkung auf ein hervorgetretenes Bedürfnis nach Klein- und Mittelwohnungen. Diese Beschränkung gilt hauptsächlich für die Berechtigung der Polizei, gegen die Gemeinde vorzugehen.

Die rechtliche Folge dieser Einschaltung ist die, daß bei der öffentlichen Auslegung der Bebauungspläne künftig ein Einspruch darauf gegründet werden kann, daß dem Wohnungsbedürfnis nicht ausreichend Rechnung getragen sei; über die Begründetheit dieser Einwendung hat dann der Kreis- bzw. Bezirksausschuß zu entscheiden. Damit ist eine weitere Bürgschaft gegen die Aufstellung unzweckmäßiger Bebauungspläne gegeben. Dieses Recht, durch Einspruch auf eine Änderung von Bebauungsplänen aus Rücksicht auf das Wohnungsbedürfnis hinzuwirken, hat sowohl die Polizeibehörde als auch jeder Privatmann. Das Recht der Polizeibehörde geht nur insofern weiter, als sie auch außerhalb eines Berufungsverfahrens einem vorgelegten Plan die Genehmigung erteilen oder versagen kann, außerdem hat sie das Recht, bei einem hervorgetretenen Bedürfnis nach Klein- und Mittelwohnungen auf die Auslegung von Bebauungsplänen hinzuwirken.

Die Einschaltung des Wohnungsbedürfnisses in den § 3 des Fluchtliniengesetzes gibt aber einem Grundbesitzer, für dessen Terrain die Gemeinde einen Fluchtlinienplan aufzustellen sich weigert, nicht das Recht, bei dem Regierungspräsidenten, als der Kommunalaufsichtsbehörde, Beschwerde einzulegen und durch diesen die Aufstellung eines Fluchtlinienplanes zu erzwingen. Eine Einwirkung darauf, daß überhaupt Fluchtlinien festgesetzt werden, steht der Kommunalaufsichtsbehörde nicht zu. Die letztere soll die Polizeibehörde bei der Aufstellung von Bebauungsplänen beraten und nach 1b zustimmungsberechtigt sein zu der Entschließung der Polizeibehörde darüber, ob dem hervorgetretenen Bedürfnis nach Klein- und Mittelwohnungen Rechnung getragen sei oder nicht. Wenn die Ortspolizeibehörde im Einverständnis mit der Kommunalaufsichtsbehörde gegen den Willen der Kommune die Festsetzung von Fluchtlinien verlangt, so wird die Entscheidung nicht von der Kommunalaufsichtsbehörde, sondern vom Kreis- bzw. Bezirksausschuß getroffen (§ 5 Abs. 2 des Baufluchtliniengesetzes und § 146 des Zuständigkeitsgesetzes).

3) Diese Anordnung gegen Verunstaltung wurde durch das Herrenhaus noch erweitert bezüglich Rücksichtnahme auch auf das Orts- und Landschaftsbild, während vorher nur von Verunstaltung der Straßen und Plätze die Rede war. Bisher war nur gegen

gröbliche Verunstaltungen ein Vorgehen auf Grund des Verunstaltungsgesetzes vom 15. Juli 1917 möglich; das Wohnungsgesetz geht also weiter und ermöglicht einen schärferen Kampf gegen Verunstaltungen.

4) Vgl. AusfAnw. zu Art. 1 Ziff. 3b des Wohnungsgesetzes S. 80.

Diese ganze Bestimmung ist neu. Es wird hierdurch allgemein vorgesehen, daß im Interesse des Wohnungsbedürfnisses darauf Bedacht zu nehmen ist, daß in ausgiebiger Zahl und Größe Plätze usw. vorgesehen werden. (Vgl. hierzu auch Art. 1 Nr. 1 Note 3). Bezüglich der Schaffung und Erwerbung freier Plätze (als Spielplätze usw.) wurde festgestellt, daß nach den neuen Bestimmungen eine Gemeinde freie Plätze nicht nur außerhalb der Fluchtlinie, sondern auch innerhalb derselben, also innerhalb eines geschlossenen Baublocks erwerben könne, und daß auch eine Enteignung der durch seitliche und rückwärtige Fluchtlinien geschaffenen Hofflächen möglich werde. Vgl. Note 10 S. 129.

5) Das Herrenhaus hat dann ferner die Berücksichtigung der Kirchen- und Schulbauten neu in das Gesetz hereingearbeitet. Es war dort erst eine bez. der Errichtung kirchlicher Gebäude viel weitergehende Bestimmung vorgeschlagen; der beantragte Zusatz lautete: „Auch sind geeignete Plätze zur Errichtung kirchlicher Gebäude (Kirchen, Pfarr- und Gemeindehäuser) vorzusehen, die den beteiligten Kirchengemeinden oder Parochialverbänden unentgeltlich zu überlassen sind." Wegen des darin liegenden starken Eingriffs in das Privateigentum und wegen der finanziellen Konsequenzen wurde der weitergehende Antrag abgelehnt und nur die stark abgemilderte Vorschrift aufgenommen, daß bei der Fluchtlinienfestsetzung Bedacht zu nehmen ist auf die Möglichkeit der Errichtung von Kirchen- und Schulbauten an geeigneter Stelle.

6) Der weitere Hinweis, „daß für Wohnzwecke Baublöcke von angemessener Tiefe und Straßen von geringerer Breite" vorgesehen werden sollen, entspringt der Erkenntnis, daß in den Bebauungsplänen mancher Städte tiefe Baublöcke bei wenigen übermäßig breiten Verkehrsstraßen vorwiegen, wodurch die Errichtung

großer Massenmiethäuser mit Quergebäuden und Höfen begünstigt wird. Durch eine solche Bebauung wird eine unerwünschte Zahl von Hof- und Hinterwohnungen hervorgerufen und die vorhandene Neigung zum eigenen Kleinhausbesitz durch Schaffung ungeeigneter Häuser künstlich hintangehalten. Die Bestimmung gibt die Möglichkeit, eine Abänderung der Bebauungspläne, und zwar sowohl der vom Gemeindevorstand neu aufgestellten, als auch der bereits festgesetzten in der Richtung anzustreben, daß sich die Aufteilung des Bodens mehr als bisher dem Bedürfnis nach Kleinhäusern anpaßt: geringe Blocktiefe, damit Hinterwohnungen und tiefe Flügelbauten vermieden werden, Straßen von geringerer Breite, damit kleinere Grundstücke und Häuser geschaffen werden, die auch die minderbemittelten Volkskreise und der Mittelstand zu erwerben und zu besitzen in der Lage sind. (Für Industrieanlagen und Wohnhäuser der wohlhabenden Bevölkerung mit Gärten dagegen sind tiefe Baublocks notwendig.) Straßen von geringerer Breite sind für die minderbemittelten Kreise auch deshalb zu erstreben, weil die Anlieger durch ortsstatutarische Vorschrift zur Tragung der Straßenkosten verpflichtet werden können und daher breite Straßen das Bauland verteuern.

§ 4 (unverändert geblieben).

Jede Festsetzung von Fluchtlinien (§ 1) muß eine genaue Bezeichnung der davon betroffenen Grundstücke und Grundstücksteile und eine Bestimmung der Höhenlage sowie der beabsichtigten Entwässerung der betreffenden Straßen und Plätze enthalten.

WohnGes. Art. 1 Nr. 4a.

§ 5.[1])

(1) Die Zustimmung der Ortspolizeibehörde (§ 1) darf nur versagt werden, wenn die von ihr wahrzunehmenden polizeilichen Rücksichten oder ein hervorgetretenes Bedürfnis nach Klein- oder

Mittelwohnungen (§ 3 Abs. 3) die Versagung fordern. Soweit die Zustimmung wegen eines hervorgetretenen Bedürfnisses nach Klein- oder Mittelwohnungen versagt wird, bedarf es des Einverständnisses der Kommunalaufsichtsbehörde.[2])

(2) Will sich der Gemeindevorstand bei der Versagung nicht beruhigen, so beschließt auf sein Ansuchen der Kreisausschuß.[3])

WohnGes. Art. 1 Nr. 4b.

(3) Derselbe beschließt auf Ansuchen der Ortspolizeibehörde über die Bedürfnisfrage, wenn der Gemeindevorstand die von der Ortspolizeibehörde verlangte Festsetzung (§ 1 Abs. 2) ablehnt. Soweit ein solches Ansuchen auf ein hervorgetretenes Bedürfnis nach Klein- oder Mittelwohnungen gestützt wird, darf es nur im Einverständnisse mit der Kommunalaufsichtsbehörde ergehen.[4])

1) Vgl. AusfAnw. zu Art. 1 Ziff. 1b und 4 des Wohnungsgesetzes S. 78.

2) Auch hier sind die Worte „oder ein hervorgetretenes Bedürfnis nach Klein- oder Mittelwohnungen" neu. Ebenso der nachfolgende Satz, durch den festgelegt wird, daß die Ortspolizeibehörde unter den entsprechenden Voraussetzungen nicht bloß eine Feststellung der Fluchtlinien verlangen kann, sondern auch die Zustimmung zur Fluchtlinie versagen kann, d. h. sie hat auch ein negatives Recht. Siehe im übrigen Art. 1 Nr. 1b und die zugehörigen Anm. S. 123 ff. In beiden Fällen aber bedarf sie des Einverständnisses der Kommunalaufsichtsbehörde, d. i. Landrat resp. Regierungs- oder Oberpräsident. Auch ist ein Vorgehen der Polizei gegen die Gemeinde nur zulässig bei einem hervorgetretenen Bedürfnis nach Klein- und Mittelwohnungen.

3) Vgl. hierzu § 146 Abs. 2 des Zuständigkeitsgesetzes: „Die Wahrnehmung der in den §§ 5, 8, 9 des Gesetzes, betreffend die Anlegung und Veränderung von Straßen und Plätzen in Städten und ländlichen Ortschaften vom 2. Juli 1875 (kurz Baufluchtliniengesetz genannt) dem Kreisausschusse beigelegten Funktionen liegt für den Stadtkreis Berlin dem Minister der öffentlichen Arbeiten, für die übrigen Stadtkreise, sowie für die zu einem Landkreise gehörigen Städte mit mehr als 10 000 Einwohnern dem Bezirksausschusse ob."

4) Verweigert die Ortspolizei im Einverständnis mit der Kommunalaufsichtsbehörde — d. i. Landrat resp. Regierungs- oder Oberpräsident — die im § 1 des Fluchtliniengesetzes vorgesehene Zustimmung und will sich der Gemeindevorstand bei der Versagung nicht beruhigen so beschließt auf sein Ansuchen der Kreisausschuß nach § 5 Abs. 2 des Fluchtliniengesetzes. Ebenso beschließt der Kreisausschuß auf Ansuchen der Ortspolizei über die Bedürfnisfrage, wenn der Gemeindevorstand die von der Ortspolizei im Einverständnis mit der Kommunalaufsichtsbehörde verlangte Festsetzung ablehnt (§ 1 Abs. 2 des Fluchtliniengesetzes). Der Kreisausschuß kann also sowohl von der Gemeinde wie von der Ortspolizei um Entscheidung der Streitfrage angegangen werden.

Diese in Nr. 4 umgrenzten Befugnisse der Ortspolizeibehörde sind erst durch das Herrenhaus beschnitten worden auf „ein hervorgetretenes Bedürfnis nach Klein- oder Mittelwohnungen", während bis dahin der Entwurf ganz allgemein die Zuständigkeit auf „das Wohnungsbedürfnis" bezog.

§ 6 (unverändert geblieben).

Betrifft der Plan der beabsichtigten Festsetzungen (§ 4) eine Festung oder fallen in denselben öffentliche Flüsse, Chausseen, Eisenbahnen oder Bahnhöfe, so hat die Ortspolizeibehörde dafür zu sorgen, daß den beteiligten Behörden rechtzeitig zur Wahrung ihrer Interessen Gelegenheit gegeben wird.

§ 7 (unverändert geblieben).[1])

(1) Nach erfolgter Zustimmung der Ortspolizeibehörde, bezüglich des Kreisausschusses (§ 5), hat der Gemeindevorstand den Plan zu jedermanns Einsicht offenzulegen. Wie letzteres geschehen soll, wird in der ortsüblichen Art mit dem Bemerken bekanntgemacht, daß Einwendungen gegen den Plan innerhalb einer bestimmt zu bezeichnenden präklusivischen Frist von mindestens vier Wochen bei dem Gemeindevorstande anzubringen sind.

(2) Handelt es sich um Festsetzungen, welche nur einzelne Grundstücke betreffen, so genügt statt der Offenlegung und Bekanntmachung eine Mitteilung an die beteiligten Grundeigentümer.

1) Während Nichtbeachtung der in § 6 gegebenen Bestimmungen die Fluchtlinie nicht ungültig macht, sind die in § 7 enthaltenen Vorschriften über öffentliche Auslegung oder Mitteilung an die Beteiligten eine wesentliche Voraussetzung. Jedermann kann Einwendung dagegen erheben, aber nicht jedes Privatinteresse genügt zur Erzielung einer Abänderung; es muß vielmehr zwischen den hineinspielenden öffentlichen und privaten Interessen abgewogen werden.

§ 8 (unverändert geblieben).

Über die erhobenen Einwendungen (§ 7) hat, soweit dieselben nicht durch Verhandlung zwischen dem Gemeindevorstande und den Beschwerdeführern zur Erledigung gekommen, der Kreisausschuß[1]) zu beschließen. Sind Einwendungen nicht erhoben oder ist über dieselben endgültig (§ 16) beschlossen, so hat der Gemeindevorstand den Plan förmlich festzustellen, zu jedermanns

Einsicht offenzulegen und, wie dies geschehen soll, ortsüblich bekanntzumachen.

1) S. folg. Fußnote.

§ 9 (unverändert geblieben).

(1) Sind bei Festsetzung von Fluchtlinien mehrere Ortschaften beteiligt, so hat eine Verhandlung darüber zwischen den betreffenden Gemeindevorständen stattzufinden.

(2) Über die Punkte, hinsichtlich deren eine Einigung nicht zu erzielen ist, beschließt der Kreisausschuß.[1])

1) Gemäß § 146 Abs. 2 des Zuständigkeitsgesetzes hat für den Stadtkreis Berlin der Minister der öffentlichen Arbeiten darüber zu beschließen, für die übrigen Stadtkreise, sowie für die zu einem Landkreise gehörigen Städte mit mehr als 100000 Einwohnern der Bezirksausschuß. Die Beschlußbehörden beschließen endgültig und müssen die Gemeindebehörden dieser Entscheidung entsprechen. Der Rechtsweg ist für die Anfechtung einer Fluchtlinienfestsetzung ausgeschlossen. Die Aufhebung oder Abänderung einer Fluchtlinie gibt den Anliegern nicht ohne weiteres einen Entschädigungsanspruch.

§ 10 (unverändert geblieben).

(1) Jede, sowohl vor als nach Erlaß dieses Gesetzes getroffene Festsetzung von Fluchtlinien kann nur nach Maßgabe der vorstehenden Bestimmungen aufgehoben oder abgeändert werden.

(2) Zur Festsetzung neuer oder Abänderung schon bestehender Bebauungspläne in den Städten Berlin, Potsdam, Charlottenburg und deren nächster Umgebung bedarf es Königlicher Genehmigung.

WohnGes. Art. 1 Nr. 5.

§ 11.

Mit dem Tage, an welchem die im § 8 vorgeschriebene Offenlegung beginnt, tritt die Beschränkung des Grundeigentümers, daß Neubauten, Um- und Ausbauten über die Fluchtlinie hinaus versagt werden können, endgültig ein. Gleichzeitig erhält die Gemeinde das Recht, die durch die festgesetzten Straßenfluchtlinien für Straßen und Plätze (auch Gartenanlagen, Spiel- und Erholungsplätze) bestimmte Grundfläche dem Eigentümer zu entziehen.[1])

1) Diese Bestimmung will dem entgegenwirken, daß ohne besondere Genehmigung noch nach Offenlegung der Fluchtlinienpläne über die Fluchtlinie hinaus gebaut wird, weil sonst eine unnütze Erschwerung der Durchführung der Fluchtlinien eintritt. Auch hier ist wieder die besondere Hervorhebung von „Gartenanlagen, Spiel- und Erholungsplätzen" neu.

§ 12.

(1) Durch Ortsstatut kann festgestellt werden, daß an Straßen oder Straßenteilen, welche noch nicht gemäß der baupolizeilichen Bestimmungen des Orts für den öffentlichen Verkehr und den Anbau fertig hergestellt sind, Wohngebäude, die nach diesen Straßen einen Ausgang haben, nicht errichtet werden dürfen.

WohnGes. Art. 1 Nr. 6 a.

(2) Das Ortsstatut hat die näheren Bestimmungen innerhalb der Grenze vorstehender Vorschrift festzusetzen und bedarf der Bestätigung des Bezirksausschusses.[1]) Gegen den Beschluß des Bezirksausschusses ist innerhalb einer Ausschlußfrist von

zwei Wochen[2]) die Beschwerde bei dem Provinzialrate zulässig.

(3) Nach erfolgter Bestätigung ist das Statut in ortsüblicher Art bekanntzumachen.

WohnGes. Art. 1 Nr. 6b.

(4)[3]) Von dem Verbote kann Dispens erteilt werden, falls ein Bedürfnis für Klein-[4]) oder Mittelwohnungen besteht, begründete Aussicht vorhanden ist, daß der Eigentümer diesem Bedürfnisse durch den Bau entsprechender, gesunder und zweckmäßig eingerichteter Wohnungen[5]) Rechnung trägt, und falls kein überwiegendes berechtigtes Gemeindeinteresse[6]) entgegensteht. Weist die Gemeinde nach, daß geeignete Maßnahmen ergriffen sind, um dem Bedürfnis für Klein- oder Mittelwohnungen durch Errichtung von Häusern mit höchstens einem Obergeschoß über dem Erdgeschoß ausreichend Rechnung zu tragen, und ist die Gewähr gegeben, daß diese Maßnahmen auch zur Durchführung gelangen werden, so darf der Dispens zur Errichtung von Gebäuden mit mehr Stockwerken nicht erteilt werden.

(5) Ist durch Gemeindebeschluß bestimmt, daß erst nach Zahlung oder Sicherstellung der gemäß § 15 dieses Gesetzes[7]) oder gemäß § 9 des Kommunalabgabengesetzes vom 14. Juli 1893 (Gesetzsamml. S. 152) von der Gemeinde festgesetzten Beiträge Wohnge-

bäude errichtet werden dürfen, so darf der Dispens vor erfolgter Zahlung oder Sicherstellung nicht erteilt werden.[8])

(6) Über die Erteilung des Dispenses beschließt im Streitfalle der Bezirksausschuß.[9])

(7) Unter den gleichen Voraussetzungen kann der Bezirksausschuß beschließen, daß die Gemeinde, soweit sie eine öffentliche Wasserleitung, Ableitung der Schmutzwässer oder Beleuchtung als Gemeindeanstalt unterhält, den Eigentümern nach Maßgabe der allgemeinen örtlichen Bestimmungen[10])[11]) die Benutzung dieser Anstalt gewährt.

1) Gemäß § 153 des Landesverwaltungsgesetzes. Nach § 146 Abs. 2 des Zuständigkeitsgesetzes erfolgt die Bestätigung der Statuten für den Stadtkreis Berlin durch den Minister des Innern.

2) Gemäß § 51 des Landesverwaltungsgesetzes.

3) Vgl. hierzu auch AusfAnw. zu Art. 1 Ziff. 6b des Wohnungsgesetzes S. 82. Der § 12 Abs. 1 des Fluchtliniengesetzes enthält das sogenannte kommunale Bauverbot. Dieses bezieht sich nicht auf bestehende ältere, sogen. historische Straßen, sondern nur auf noch nicht endgültig fertiggestellte Straßen. Es bezweckt die Gemeindeinteressen zu schützen gegen die ihnen durch das sog. wilde Bauen erwachsenden Nachteile; es gibt der Gemeinde die Möglichkeit, zu verhindern, daß sie genötigt wird, früher als sie will, eine Straße, für die noch kein Bedürfnis besteht, auszubauen. Dieses kommunale Bauverbot kann durch Ortsstatut eingeführt werden und erst, wenn ein solches erlassen ist, kann von dem Bauverbot Gebrauch gemacht werden. In der Praxis dient der § 12 den Gemeinden zur Finanzierung der Straßenauflegung und des Straßenbaues. Bisher stand es lediglich bei der Gemeinde, ob sie Ausnahmen von dem durch Ortsstatut eingeführten Bauverbot zulassen wollte, und tatsächlich

mußte sie aus bautechnischen und noch mehr aus wirtschaftlichen Gründen oft Ausnahmen — Dispens — vom Bauverbot zulassen, denn es wäre widersinnig, wenn man zu einer neuen Straße erst dann die Bauerlaubnis erteilen wollte, wenn sie bis zum letzten Stein fertiggepflastert ist. Bei der Erteilung dieser Dispense war nun die Gemeinde bisher souverän: sie allein entschied unter Ausschluß des Rechtsweges über die Ausnahme. Gegen den Bescheid der Gemeindevertretung gab es keine Berufungsmöglichkeit. „Daß ein so weitgehendes Recht den Gemeinden zustand, ohne jede Abhilfemöglichkeit auch bei berechtigten Beschwerden, war ein ganz ungewöhnlicher, sonst wohl kaum in der preußischen Verwaltung wieder vorkommender Zustand." (Begr.) So konnte die Gemeinde das Bauen begünstigen oder erschweren, ganz nach ihrem Belieben und die Praxis hat das rein Negative des § 12 des Fluchtliniengesetzes zu positivem Wert umgewandelt: wenn durch Leistungen des Baulustigen den Gemeindeinteressen Genüge getan wurde, erteilte die Gemeinde die Ausnahmebewilligung vom Bauverbot — „der Weg zum Dispens ist mit Gold gepflastert" —. Da es also lediglich Sache der Gemeinde war, die Bedingungen für die Erteilung des Dispenses im Einzelfall aufzustellen, so hatte die Gemeinde die Zurückhaltung des Baulandes beliebig in der Hand: in manchen Gemeinden gab es Fluchtlinienpläne und Straßen und doch kein reifes Bauland. Sie konnte an allen noch nicht endgültig fertiggestellten Straßen jeden Bau, der ihr nicht genehm war, verhindern und häufig wurden Straßen mit Absicht nicht endgültig fertiggestellt, um der Gemeinde möglichst lange das Machtmittel des kommunalen Bauverbotes zu wahren. In diese Rechtsentwicklung greift das Wohnungsgesetz Art. 1 Nr. 6 ein.

Nr. 6 sieht vor, daß ein Dispens von dem durch Ortsstatut eingeführten Bauverbot seitens einer höheren Behörde — Bezirksausschuß — erteilt werden kann. Nr. 6 b (4) zählt die 3 Bedingungen auf, bei deren Vorliegen im Streitfall der Bezirksausschuß Dispens erteilen kann.

Diese Dispenserteilung seitens einer übergeordneten Stelle

ist von den Gemeinden stark angefeindet worden. Die jetzige Gestaltung des Art. 1 Nr. 6 ist im wesentlichen durch die Kommission zur Beratung des Entwurfes von 1913 erfolgt. Während die Regierungsvorlage von dem Verbot Dispens erteilen wollte, falls ein „Wohnungsbedürfnis" schlechthin bestehe, milderte die Kommission dies dahin, daß ein Bedürfnis für „Klein- oder Mittelwohnungen" vorhanden sein müsse. Also auch hier ist die Berechtigung zum Vorgehen gegen die Gemeinde beschränkt auf die Fälle des Bedürfnisses für Klein- und Mittelwohnungen. Und statt eines „berechtigten" Gemeindeinteresses, das nicht entgegenstehen dürfe, setzte die Kommission ein „überwiegendes berechtigtes Gemeindeinteresse". Eine weitere Milderung erfolgte schließlich durch den Entwurf von 1916, der aus der Mußvorschrift des Entwurfes von 1913 eine Kannvorschrift machte.

Aber auch gegen diese gemilderte Einschränkung des ortsstatutarischen Bauverbots erhoben die Städte lebhaften Widerspruch. Die dem Herrenhaus angehörenden Oberbürgermeister brachten dort ihre Bedenken entsprechend zur Geltung. Der heiße Kampf, der um diese Frage geführt wurde, brachte schließlich eine bemerkenswerte Lösung: danach kann einerseits von dem Bauverbot auch gegen den Willen der Gemeinde seitens des Bezirksausschusses Dispens erteilt werden, wenn ein Bedürfnis nach Klein- oder Mittelwohnungen besteht, begründete Aussicht vorhanden ist, daß der Eigentümer diesem Bedürfnis durch den Bau gesunder und zweckmäßig eingerichteter Wohnungen Rechnung tragen wird, und kein überwiegendes berechtigtes Gemeindeinteresse entgegensteht. Wenn aber andererseits die Gemeinde nachweist, daß geeignete Maßnahmen ergriffen sind, um dem Bedürfnis nach Klein- oder Mittelwohnungen durch Errichtung von Häusern mit höchstens einem Obergeschoß über dem Erdgeschoß ausreichend Rechnung zu tragen und die Gewähr gegeben ist, daß diese Maßnahmen auch zur Durchführung gelangen werden, so darf der Dispens zur Errichtung von Gebäuden mit mehr Stockwerken nicht erteilt werden.

Hierdurch soll den Gemeinden, die dem Wohnungsbedürfnis durch den Flachbau Rechnung zu tragen gewillt sind, ein Schutz dagegen gewährt werden, daß ihre Bestrebungen zur Förderung des Flachbaues durch Beseitigung des Hochbauverbots vereitelt werden. Voraussetzung ist allerdings nach der in der Kommission des Herrenhauses abgegebenen Erklärung des Handelsministers, daß auch wirklich eine Befriedigung des Wohnungsbedürfnisses erreicht wird und daß die für Klein- und Mittelwohnungen in Betracht kommenden Bewohner nicht in eine entfernte Gegend verwiesen werden, aus der sie wegen mangelnder Verkehrsmittel ihre Arbeitsstätte nicht erreichen können. Die Maßnahmen brauchen aber nicht von der Gemeinde selbst durchgeführt zu werden, sondern dies kann auch durch andere geschehen, wenn nur überhaupt dem Bedürfnis für Klein- oder Mittelwohnungen ausreichend Rechnung getragen wird.

Diese Regelung wird dazu führen, daß die Städte, um sich die wertvolle Freiheit in der Handhabung des ortsstatutarischen Bauverbots zu sichern, den Flachbau mehr als bisher begünstigen und fördern werden, ein Ergebnis, das vom Standpunkt einer gesunden Wohnungsreform nicht hoch genug veranschlagt werden kann. Andererseits werden damit die der gemeinnützigen wie der gewerblichen Bautätigkeit, soweit sie auf Herstellung von Klein- und Mittelwohnungen im Flachbau gerichtet ist, angeblich an manchen Orten aus der widerstrebenden Handhabung des Bauverbots erwachsenden Schwierigkeiten beseitigt.

Daß die Einziehung der gerechtfertigten anteiligen Straßenherstellungskosten durch die Gemeinde vom Baulustigen nicht durch die Erteilung des Dispenses vom Bauverbot verhindert werden darf, ist durch Einschiebung des folgenden Absatzes (Art. 1 Nr. 6 Abs. 5) ausdrücklich klargestellt worden.

4) Kleinwohnungen sind Wohnungen, die einschließlich Küche aus vier oder weniger zum dauernden Aufenthalt von Menschen bestimmten Räumen bestehen. (Vgl. Art. 7 Abs. 1.)

5) Als: entsprechende, gesunde und zweckmäßig eingerichtete Wohnungen sind solche zu betrachten, die architektonisch einwandfrei sind, die durchlüftbar sind und die in bezug auf Zweckmäßigkeit, Abgeschlossenheit und Vorhandensein des nötigen Zubehörs normalen Anforderungen entsprechen. Für Massenmiethäuser mit Seiten- und Hinterflügeln und ungenügend durchlüftbaren Wohnungen soll daher Dispens vom Bauverbot nicht verlangt werden können. „Solche Wohnungen, die gerade noch den baupolizeilichen Anforderungen genügen, können nicht ohne weiteres als solche angesehen werden, die der § 12 als ‚gesund und zweckmäßig eingerichtete‘ bezeichnet." (Begr.)

6) „Eine genauere Umgrenzung dessen, was unter überwiegendem berechtigtem Gemeindeinteresse zu verstehen ist, läßt sich bei der Vielgestaltigkeit der in Frage kommenden Verhältnisse im Gesetz selbst nicht geben." (Begr.)

Die Fernhaltung von Personen der minderbemittelten Bevölkerungsklassen mit Rücksicht auf die Schullasten wird als ein berechtigtes Gemeindeinteresse, daß die Versagung des Dispenses rechtfertigen könnte, nicht angesehen werden können. Andererseits wird dort, wo die Bodenpreise noch die Errichtung von kleinen Ein- und Zweifamilienhäusern gestatten, der Dispens dann versagt werden können, wenn der Eigentümer gleichwohl ungerechtfertigt hohe und große Häuser errichten will. Was im Einzelfall als überwiegendes berechtigtes Gemeindeinteresse anzuerkennen ist, wird noch durch Ausführungsbestimmungen klarzulegen sein. Rücksicht zu nehmen wäre dabei auf eine angemessene und nicht zu kostspielige Schulversorgung, auf die Menge, Lage und den Preis des an anbaufähigen Straßen bereits vorhandenen Baugeländes, auf die Möglichkeit einer angemessenen Wasserversorgung und Abwässerbeseitigung u. dgl. Auch wird das Verfahren vor dem Bezirksausschuß durch eine besondere Anweisung geregelt werden müssen, z. B. Geheimhaltung des städtebaulichen Materials der Gemeinde; denn sonst wird es z. B. unter Berufung auf ein Wohnungsbedürfnis dem Spekulanten leicht ermöglicht werden, ein Verfahren in Fluß zu bringen, in dessen Verlauf geheime kommunale Projekte ausgekundschaftet werden können, wenn das Verfahren öffentlich ist; er braucht nur ein solches Wohnungsbedürfnis zu konstruieren, dann muß die Gemeinde die wahren Gründe ihrer ablehnenden Haltung bekanntgeben und sich auf eine Erörterung der Frage, ob die vorliegenden Gemeindeinteressen berechtigt sind, einlassen.

7) § 15 dieses Gesetzes heißt des Fluchtliniengesetzes.

8) Während also das Fluchtliniengesetz auch in der jetzigen Fassung dem Anlieger von zu bauenden Straßen nur die Kosten für Freilegung, Einrichtung, Entwässerung und Beleuchtung, sowie für fünfjährige Unterhaltung auferlegt und dabei Straßenbreiten über 26 Meter beitragsfrei läßt, ermöglicht das Anbauverbot des § 12 im Wege des Anbauvertrages ihm viele weitere Kosten aufzuerlegen, für breitere Straßen, Plätze, Parks, Bahnunterführungen, Brücken, Entwässerungsanlagen, Vorortbahnen, Schulen usw. Alle diese Lasten ließen sich ohne den § 12 gar nicht oder nur über den sehr schwerfälligen und vielfach unbrauchbaren Weg des § 9 des Kommunalabgabengesetzes (Beiträge zu Veranstaltungen, die für den Grundbesitzer vom Vorteil sind) auf die Anlieger abwälzen. (Wortlaut des § 9 des Kommunalabgabengesetzes s. Anm. zu § 15 des Baufluchtliniengesetzes S. 165.)

Nach einer Feststellung des Regierungsvertreters bei den Beratungen habe sich die auf Grund des § 12 eingeführte Praxis bewährt, soweit die Ansprüche der Gemeinden sich in gerechtfertigten Grenzen halten, da sie auf der einen Seite den Gemeinden schnell zu ihrem Gelde verhelfe, andererseits auch den Bauunternehmern eine genaue Feststellung der auf sie entfallenden Kosten ermögliche.

Während das Abgeordnetenhaus sich mit einer Erklärung des Regierungsvertreters begnügt hatte, daß die in Nr. 6 des Wohnungsgesetzes begründete Einschränkung des kommunalen Bauverbotes nicht in Anwendung kommen dürfe, um die Einziehung der anteiligen Straßenbaukosten vom Baulustigen zu verhindern, hat das Herrenhaus die ausdrückliche Bestimmung in das Gesetz hereingearbeitet, daß der Dispens nicht erteilt werden darf, ehe die durch Gemeindebeschluß etwa festgesetzten Beiträge gezahlt oder sichergestellt sind. Diese Bestimmung, wonach die Erteilung des Dispenses von der vorgängigen Zahlung oder Sicherstellung der Anliegerbeiträge oder der sonstigen auf das Grundstück entfallenden Beiträge abhängig gemacht werden kann, liegt ebensowohl im Interesse der Wohnungsfürsorge wie der Gemeinden, da die Erfahrung gelehrt hat, daß die nachträgliche Erhebung solcher Beiträge oft weder beim Grundstückserwerb noch bei der Beleihung berücksichtigt wird und daher die wirtschaftliche Lage des Hausbesitzes und die Sicherheit des Realkredits zu gefährden geeignet ist, wenn es nicht gelingt, die nachträgliche Belastung auf die Mieter abzuwälzen, in jedem Falle ein sehr unerwünschtes Ergebnis.

Auf der anderen Seite ist durch in Nr. 6 des Wohnungsgesetzes gegebene Einschränkung des kommunalen Bauverbotes aber doch der Aufsichtsbehörde die Möglichkeit der Kontrolle darüber gegeben, ob die Ansprüche der Gemeinden an den Baulustigen wirklich billig und gerechtfertigt sind. Das Gesetz gibt der Aufsichts- bzw. der Beschlußbehörde die Möglichkeit, nachzuprüfen, ob den Vorschriften entsprechend und sachgemäß seitens der Gemeinde bei Einziehung und Bemessung der Anliegerkosten verfahren worden ist. Sie kann Änderungen vornehmen, wenn unsachlich vorgegangen wird.

9) Gegen den Beschluß des Bezirksausschusses kann, sowohl wenn der Dispens erteilt wird, wie wenn er abgelehnt wird, binnen 2 Wochen die Beschwerde an den Provinzialrat stattfinden, der endgültig entscheidet. (§ 121 Abs. 1 und 2 des Landesverwaltungsgesetzes. Für den Stadtkreis Berlin tritt der Oberpräsident an die Stelle des Bezirksausschusses, der Minister der öffentlichen Arbeiten an die Stelle des Provinzialrates (§ 43 Abs. 1 und 3 des Landesverwaltungsgesetzes.)

Das Gesetz versucht also die Lösung des Interessenkonflikts zwischen Grundstückbesitzer und Gemeinde lediglich auf dem Verwaltungswege, da auch die Entscheidung des Bezirksausschusses sich völlig auf verwaltungsmäßiges Ermessen der Aufsichtsinstanz aufbauen muß. Ein geordnetes Baurecht, das jede Willkür der Gemeinden und der Aufsichtsbehörden ausschließt, ist im Gesetz nicht gegeben. Die Kommission zum Entwurf von 1913 hatte ein solches beschränktes Baurecht, das den Anliegern einen Anspruch auf Bauerlaubnis gewährt, eingeschaltet nach dem Vorbild von

Sachsen und Baden. Dieses Baurecht sollte den Geländebesitzern die Möglichkeit geben, direkt oder indirekt die Gemeinden zum Ausbau von Wohnstraßen, für die bereits Fluchtlinien festgesetzt waren, zu zwingen. Der Entwurf von 1916, der sich sonst ziemlich streng an die Beschlüsse der Kommission von 1913 hielt, hat das Baurecht nicht mitübernommen wegen der im Kriege eingetretenen ohnehin starken Belastung der Gemeinden.

10) Der Zusatz „nach Maßgabe der allgemeinen örtlichen Bestimmungen" wurde erst auf Antrag der Kommission in 2. Lesung in das Gesetz aufgenommen. Durch diese Einschaltung soll klargestellt werden, daß die Eigentümer die Benutzung der entsprechenden Anstalt unter allen Umständen nur auf ihre Kosten verlangen können. Es kann z. B. sein, daß eine Gemeinde eine Wasserleitung eingerichtet hat, der Anschluß ist aber noch einige hundert Meter entfernt von der neuen Straße, an der gebaut werden soll; dann kann die Gemeinde nicht genötigt werden, den Anschluß herbeizuführen. Auch ist damit klargestellt, daß in den Fällen, wo die Gemeinde entsprechendes vorschreibt, der Anschluß an die Wasserleitung — deren Kosten bekanntlich nicht unter § 15 des Fluchtliniengesetzes fällt — nur gewährt wird, nachdem der Interessent den auf ihn entfallenden Anteil an den Herstellungskosten des Wasserleitungsnetzes — der in der Regel durch Ortsstatut auf einen bestimmten Betrag festgesetzt wird — bezahlt hat. Jeder Eigentümer kann also den Anschluß nur verlangen, soweit die ortsgesetzlichen Bestimmungen dies zulassen bzw. vorschreiben und unter den Bedingungen und Maßgaben, die sie vorschreiben.

11) Die Einfügung des Wortes „allgemeinen" erfolgte, um klarzustellen, daß die Gemeinde kein Recht habe, für den Fall des Art. 1 Nr. 6 Abs. 7 besondere Bestimmungen zu erlassen; das soll verhindert werden.

WohnGes. Art. 1 Nr. 7.

§ 13.

(1) Eine Entschädigung kann wegen der nach den Bestimmungen des § 12 eintretenden Beschränkung

der Baufreiheit überhaupt nicht, und wegen Entziehung oder Beschränkung des von der Festsetzung neuer Fluchtlinien betroffenen Grundeigentums nur in folgenden Fällen gefordert werden:[1])

1. wenn die zu Straßen und Plätzen (auch Gartenanlagen, Spiel- und Erholungsplätzen) bestimmten Grundflächen auf Verlangen der Gemeinde für die öffentliche Benutzung abgetreten werden;
2. wenn die Straßen- oder Baufluchtlinie vorhandene Gebäude trifft und das Grundstück bis zur neuen Fluchtlinie von Gebäuden freigelegt wird;
3. wenn die Straßenfluchtlinie einer neu anzulegenden Straße ein unbebautes, aber zur Bebauung geeignetes Grundstück trifft, welches zur Zeit der Feststellung dieser Fluchtlinie an einer bereits bestehenden und für den öffentlichen Verkehr und den Anbau fertiggestellten anderen Straße belegen ist, und die Bebauung in der Fluchtlinie der neuen Straße erfolgt.

(2) Die Entschädigung wird in allen Fällen wegen der zu Straßen und Plätzen (auch Gartenanlagen, Spiel- und Erholungsplätzen) bestimmten Grundfläche für Entziehung des Grundeigentums gewährt.[2]) Außerdem wird in denjenigen Fällen der Nr. 2, in welchen es sich um eine Beschränkung des Grundeigentums infolge der Festsetzung einer von der Straßenfluchtlinie verschiedenen Baufluchtlinie handelt, für die Beschränkung des bebaut gewesenen Teiles

des Grundeigentums (§ 12 des Gesetzes über Enteignung von Grundeigentum vom 11. Juni 1874) Entschädigung gewährt.

(3) In allen obengedachten Fällen kann der Eigentümer die Übernahme des ganzen Grundstücks verlangen, wenn dasselbe durch die Fluchtlinie entweder ganz oder soweit in Anspruch genommen wird, daß das Restgrundstück nach den baupolizeilichen Vorschriften des Ortes nicht mehr zur Bebauung geeignet ist.

(4) Bei den Vorschriften dieses Paragraphen ist unter der Bezeichnung Grundstück jeder im Zusammenhange stehende Grundbesitz des nämlichen Eigentümers begriffen.

1) Die Neufassung des § 13 des Fluchtliniengesetzes durch Nr. 7 stellt wiederum, wie auch vorher bereits Gartenanlagen, Spiel- und Erholungsplätze den Straßen und Plätzen gleich.

2) Die Enteignungsentschädigung für Grundflächen, die durch den Fluchtlinienplan für Straßen und Plätze bestimmt sind, richtet sich nach dem zur Zeit der Entschädigungsfeststellung bestehenden gemeinen Wert, ohne daß die Werterhöhung, welche das abzutretende Grundstück erst infolge der neuen Anlage erhält, bei der Bemessung der Entschädigung in Anschlag kommt.

WohnGes. Art. 1 Nr. 8.

§ 13a.[1])

(1) Mit dem Zeitpunkt, an dem für eine Straße, einen Straßenteil oder Platz die Fluchtlinien förmlich festgestellt sind, erhält die Gemeinde das Recht, ein an die Fluchtlinie der Straße, des Straßenteils oder des Platzes angrenzendes Grundstück, soweit es nach den baupolizeilichen Vorschriften des

Ortes nicht zur Bebauung geeignet ist, dem Eigentümer gegen Entschädigung zu entziehen.[2]) Bei Straßen, Straßenteilen oder Plätzen, für die Fluchtlinien nicht förmlich festgestellt sind, entsteht das Recht der Gemeinde mit dem Zeitpunkt, an dem die Straße, der Straßenteil oder der Platz gemäß den baupolizeilichen Vorschriften des Ortes für den öffentlichen Verkehr und für den Anbau fertig hergestellt ist.[3]) Will die Gemeinde dieses Recht ausüben, so hat sie dies unter genauer Bezeichnung der zu enteignenden Fläche dem Eigentümer mitzuteilen mit dem Hinweise, daß Einwendungen gegen die Entziehung binnen einer Ausschlußfrist von vier Wochen bei dem Gemeindevorstand anzubringen sind. Über Einwendungen beschließen die im § 8 dieses Gesetzes[4]) und im § 146 des Gesetzes über die Zuständigkeit der Verwaltungs- und Verwaltungsgerichtsbehörden vom 1. August 1883 (Gesetzsamml. S. 237) berufenen Behörden.[5])

(2) Sind die nach Abs. 1 entzogenen Grundflächen weder zusammen noch in Verbindung mit anderen der Gemeinde gehörigen Grundstücken zur Bebauung geeignet, so ist die Gemeinde verpflichtet, die entzogenen Grundflächen den Eigentümern der angrenzenden Grundstücke auf ihr Verlangen gegen Erstattung der Aufwendungen nebst Zinsen zu übereignen.[6]) Sie hat, wenn mehrere Grundstücke angrenzen und eine Vereinbarung mit

den Eigentümern nicht erzielt wird, einen Plan für die zweckmäßige Zuteilung der entzogenen Grundflächen sowie eine Kostenverteilung aufzustellen. Der Plan und die Kostenverteilung sind zur Einsicht der Beteiligten offenzulegen.[7]) Die Offenlegung ist ortsüblich bekanntzumachen mit dem Hinweise, daß Einwendungen binnen einer Ausschlußfrist von vier Wochen seit dem Tage der Bekanntmachung bei dem Gemeindevorstand anzubringen sind. Den aus dem Grundbuch ersichtlichen Eigentümern ist, soweit tunlich, besondere Mitteilung zu machen. Über die Einwendungen beschließen die in Abs. 1 bezeichneten Behörden.

(3) Die im Abs. 2 Satz 1 der Gemeinde auferlegte Verpflichtung erlischt gegenüber denjenigen Eigentümern, welche sich nicht binnen drei Monaten seit Aufforderung der Gemeinde zur Übernahme der Grundfläche verpflichten.[8])

(4) Der § 13 Abs. 4[9]) findet bei den Vorschriften dieses Paragraphen gleichfalls Anwendung.

(5) Die vorstehenden Bestimmungen finden auch Anwendung, wenn für eine Straße, einen Straßenteil oder Platz vor Inkrafttreten dieser Vorschrift die Fluchtlinien förmlich festgestellt sind.[10])

(6) Das gleiche gilt, wenn bei Straßen, Straßenteilen oder Plätzen, für die Fluchtlinien nicht förmlich festgestellt sind, die Straße, der Straßenteil oder der Platz vor

Inkrafttreten dieser Vorschrift gemäß den baupolizeilichen Vorschriften des Orts für den öffentlichen Verkehr und den Anbau fertig hergestellt ist.[11])

1) Vgl. hierzu auch AusfAnw. zu Art. 1 Ziff. 8 des Wohnungsgesetzes S. 84. — Diese neue Bestimmung bezweckt die schnellere Durchführung einer ordnungsmäßigen Bebauung städtebaulich erschlossener Grundstücke. Bei Festsetzung von Fluchtlinien läßt es sich nicht überall vermeiden, daß hinter der Fluchtlinie Restgrundstücke verbleiben, die wegen ihrer geringen Fläche oder der ungünstigen Gestaltung nicht mehr in ortsüblicher Weise bebaubar sind. Ferner sind, und zwar vorzugsweise in Gebieten mit stark zersplittertem Grundbesitz, vielfach an den Straßen belegene Grundstücke vorhanden, die aus denselben Gründen nicht bebaubar sind. Solche Sperrstücke, oft Reste früheren Eigentums, die vor anderen größeren Grundstücken liegen und sie von der Straße trennen, nennt man Baumasken, weil sie den Anblick des eigentlichen Grundstückes von der Straße her gewissermaßen verhüllen. Dadurch wird die Bebauung an der Straße behindert und damit zugleich die Einziehung der Anliegerbeiträge zum Nachteil der Gemeinden oftmals auf längere Zeit hinausgeschoben, da erfahrungsgemäß die Eigentümer solcher Prellstreifen, deren Hinterlieger ihr Gelände ohne Erwerb jener Grundstücke überhaupt nicht oder nur in unzweckmäßiger, vielfach das öffentliche Interesse schädigender Art bebauen können, ihre Lage durch Forderung unverhältnismäßig hoher Preise auszunutzen bestrebt sind. Der Ausbau der Straßen allein schafft dann noch kein brauchbares Baugelände. Diese Unzuträglichkeiten haben von jeher zu lebhaften Klagen Anlaß gegeben und sollen nunmehr durch die Einfügung des § 13a in das Baufluchtliniengesetz gemildert werden.

2) Um diese Behinderung oder Verzögerung des Bauens an der Straße da, wo das öffentliche Interesse es wünschenswert erscheinen läßt, zu beseitigen, wird den Gemeinden das Recht verliehen, die das Bauen an der Straße hindernden Grundstücke

dem Eigentümer gegen volle Entschädigung zu entziehen und erforderlichenfalls den angrenzenden Eigentümern zu überwiesen. In diesen Fällen wird die Bebaubarkeit regelmäßig dem ganzen verbliebenen oder vorhandenen Grundstücke fehlen. Doch kann ausnahmsweise infolge der besonderen Gestaltung die Sache auch so liegen, daß zwar der Hauptteil des Grundstücks bebaubar ist, daß aber ein Teil, z. B. ein seitwärts längs der Straßenflucht auslaufender Streifen, zu schmal ist, um bebaut werden zu können, während er zugleich dahinter liegende Grundstücke von der Straße abschneidet. Das Gesetz gibt deshalb der Gemeinde auch für solche Grundstücks**teile** das Recht der Entziehung.

Das Recht der Gemeinde zur Enteignung ist also hier an zwei Voraussetzungen geknüpft: 1. daß es ein an die Fluchtlinie der Straße oder des Platzes **angrenzendes** Grundstück ist, und 2. daß das Grundstück oder der Grundstücksteil nach den baupolizeilichen Vorschriften des Ortes in seiner jetzigen Form nicht zur Bebauung geeignet ist.

Für das der Gemeinde gegebene Recht gegenüber den Baumasken ist es gleichgültig, ob sie ein von vornherein so ungünstig gestaltetes Grundstück darstellten, oder erst durch die Straßenanlage als Rest eines Grundstückes ihre ungünstige Gestaltung erhielten.

Will der Eigentümer einer solchen Baumaske die Enteignung vermeiden, so hat er in der Zeit des Fluchtlinienfestsetzungsverfahrens die Möglichkeit, sich mit seinen Nachbarn wegen Überlassung seines Grundstücks an diese unmittelbar zu einigen oder umgekehrt durch Erwerb der erforderlichen Flächen der Nachbargrundstücke seinem Grundstücke diejenige Größe oder Gestalt zu verschaffen, deren es zur Bebaubarkeit bedarf.

Die Anordnung einer Frist, innerhalb deren die Gemeinde von dem Rechte der Entziehung Gebrauch machen muß, empfiehlt sich nicht, weil sich nicht übersehen läßt, wann und in welchem Zeitmaße der Anbau an der Straße soweit vorgeschritten ist, daß die Beseitigung des durch die Baumaske gebildeten Hindernisses geboten erscheint, und weil es unter Umständen erwünscht sein kann, den Eigentümern der beteiligten Grundstücke auch noch nach Fertigstellung der Straße ausreichende Zeit für eine Vereinbarung unter sich zu gewähren.

Zeitpunkt des Rechtes zur Enteignung. Die Gemeinde erhält das Recht der Enteignung schon mit dem Zeitpunkt, an dem für eine Straße, einen Straßenteil oder einen Platz die Fluchtlinien förmlich festgestellt sind. Dieser Zeitpunkt ist von der Kommission zum Entwurf 1913 gewählt worden, während die Regierungsvorlage erst mit dem Zeitpunkt, wo die Straße für den öffentlichen Verkehr und Anbau fertiggestellt sei, gewählt hatte.

Zur Begründung dieses Antrages, den Gemeinden schon direkt bei Festsetzung der Fluchtlinien das Recht zur Enteignung von Argerstreifen zu geben, wurde geltend gemacht, daß zu diesem Zeitpunkt der Erwerb sich für die Gemeinde weit billiger stelle, als wenn ihr das Enteignungsrecht erst nach Fertigstellung der Straße eingeräumt würde (s. auch folg. Note.)

3) Nur dann, wenn bei Straßen und Plätzen die Fluchtlinien noch nicht förmlich festgestellt sind, entsteht dies Recht erst mit dem Zeitpunkt, an dem die Straße oder der Platz für den öffentlichen Verkehr und für den Anbau fertiggestellt sind.

4) § 8 dieses Gesetzes heißt des Fluchtliniengesetzes.

5) Mit diesen Bestimmungen wird also das Verfahren in einem solchen Enteignungsfalle geregelt. Dieses ist durch die Mitteilung der Gemeinde an die Eigentümer von der Absicht der Entziehung einzuleiten. Daß hierbei die zu entziehende Fläche entsprechend der Vorschrift des § 24 des Gesetzes über die Enteignung von Grundeigentum vom 11. Juni 1874 (Gesetzsamml. S. 221) nach Lage, Größe usw. genau zu bezeichnen ist, erscheint schon aus dem Grunde erforderlich, weil eine Planfestsetzung im Hinblick auf die Einfachheit der vorliegenden Verhältnisse nicht zu erfolgen hat. Werden Einwendungen gegen die Entziehung erhoben, so sollen darüber die nach § 8 des Baufluchtliniengesetzes und § 146 Abs. 2 des Gesetzes über die Zuständigkeit der Verwaltungs- und Verwaltungsgerichtsbehörden vom 1. August 1883 (Gesetzsamml. S. 237) berufenen Behörden entscheiden.

6) Dem im Abs. 1 von Nr. 8 den Gemeinden gegebenen Enteignungsrecht entspricht eine in Abs. 2 festgelegte Abtretungspflicht den Eigentümern der die enteigneten Grundstücke begrenzenden Grundstücke gegenüber. Es soll dadurch verhindert werden, daß Prellstreifen auf dem Wege der Enteignung nur den Besitzer wechseln, indem sie aus der Hand des Privatbesitzers in den Besitz der Gemeinde übergehen, ohne daß dadurch wirklich bebaubare Grundstücke entstehen. Die Übereignung hat gegen Erstattung der Aufwendungen und der Zinsen zu erfolgen. Zu den Aufwendungen gehören nicht nur Kosten für den Grunderwerb, sondern auch die für sonstige notwendige und nützliche Veranstaltungen, wie Schaffung einer Umwehrung, Einebnung usw. Es entspricht der Billigkeit, daß auch die Zinsen zu erstatten sind.

7) Es ist der Gemeinde aber nicht nur eine Abtretungspflicht der Prellstreifen gegenüber den Anliegern übertragen, sondern sie ist auch darüber hinaus verpflichtet, sich um die zweckmäßigste Zuteilung der entzogenen Grundflächen zu bemühen durch Aufstellung eines Planes und einer Kostenverteilung.

Zu den angrenzenden Grundstücken gehören an sich nicht nur die rückwärtsliegenden, sondern auch die seitwärts an die entzogene Fläche grenzenden Grundstücke; indessen werden diese nur unter besonderen Umständen einen Anspruch auf Zuteilung haben.

8) Die Übereignungspflicht der Gemeinde ist durch die Kommission zum Entwurf vom Jahre 1913 von dem im Regierungsentwurf vorgesehenen 1 Jahre auf 3 Monate herabgesetzt worden, damit in diesen Fällen möglichst bald klare Rechtsverhältnisse geschaffen werden. Es sollen dadurch unerwünschte Verschleppungen vermieden und die Gemeinde in den Stand gesetzt werden, von einem bestimmten Zeitpunkt ab frei über die ihr gehörige Fläche zu verfügen.

9) Dieser Paragraph lautet: „Unter der Bezeichnung ‚Grundstück‘ ist jeder im Zusammenhang stehende Grundbesitz des nämlichen Eigentümers begriffen.“

10) Damit wird diesen Bestimmungen rückwirkende Kraft verliehen, so daß in Zukunft auch Prellstreifen enteignet werden können, die durch früher festgesetzte Fluchtlinien entstanden sind.

11) Auch für Straßen und Plätze, für die Fluchtlinien nicht festgestellt sind, für die also das Enteignungsrecht der Gemeinde erst beginnt mit der Fertigstellung für den öffentlichen Verkehr und den Anbau, gilt die rückwirkende Kraft. Es können also in Zukunft auch Prellstreifen an solchen Straßen und Plätzen enteignet werden, für die vor Inkrafttreten des Wohnungsgesetzes zwar kein Fluchtlinie festgesetzt war, die aber auch ohne solche tatsächlich fertiggestellt waren.

WohnGes. Art. 1 Nr. 9.

§ 14.

(1) Für die Feststellung der nach § 13 und § 13a Abs. 1 zu gewährenden Entschädigungen und die Vollziehung der Enteignung kommen die §§ 24 ff. des Gesetzes über Enteignung von Grundeigentum vom 11. Juni 1874 zur Anwendung.

(2) Streitigkeiten über Fälligkeit des Anspruchs auf Entschädigung gehören zur gerichtlichen Entscheidung.

(3) Die Entschädigungen sind, soweit nicht ein aus besonderen Rechtstiteln Verpflichteter dafür aufzukommen hat, von der Gemeinde aufzubringen, innerhalb deren Bezirk das betreffende Grundstück belegen ist.

WohnGes. Art. 1 Nr. 10.

§ 14a.

(1) Das Gesetz, betreffend die Umlegung von Grundstücken in Frankfurt a. M., vom 28. Juli 1902 (Gesetzsamml. S. 273)[1]) und das Gesetz wegen Abänderung des § 13 des vorbenannten Gesetzes (Gesetzsamml. S. 259)

können für den Bezirk einer Gemeinde durch Ortsstatut eingeführt werden.[2]) Das Ortsstatut bedarf der Bestätigung durch den Bezirksausschuß.

1) Wortlaut dieses Gesetzes (auch Lex Adickes genannt) s. im Anhang, S. 245.

2) Ein Enteignungsrecht ist den Gemeinden in dem vorauf gegangenen Art. 1 Nr. 8 gegeben, aber nur zur Beseitigung von kleineren Bausplissen, die nicht zur Bebauung geeignet sind. Dieses Enteignungsrecht wird daher nur für unbedeutendere Baulandregulierung in Frage kommen. Zudem ist dieses Verfahren kostspielig, da die Gemeinde, welche die Parzellen enteignet, den Eigentümer entschädigen muß. Nach den angestellten amtlichen Erhebungen und den bisher gemachten Erfahrungen hat der Mangel einer gesetzlichen Handhabe für die zwangsweise Durchführung von Grundstücksumlegungen größeren Stils häufig die Erschließung dringend notwendigen Baugeländes aufgehalten oder selbst verhindert. Hierdurch ist in vielen Fällen eine für die Entwicklung aufstrebender Gemeinden unzweckmäßige, in einzelnen Fällen sogar vom gesundheitlichen Standpunkt aus bedenkliche Bebauung entstanden. Es erschien daher dringend erwünscht, den Gemeinden die ihnen bislang fehlende Möglichkeit zu gewähren, sich das Recht zu zwangsweisem Vorgehen zwecks Herbeiführung von Grundstücksumlegungen zu verschaffen. Darum lag es nahe, daß durch das Wohnungsgesetz nach dem Muster der landwirtschaftlichen Um- oder Zusammenlegung auch eine Umlegung von Bauland ermöglicht werde, die eben erheblich billiger ist als die Enteignung. Das in Preußen durch die Landeskulturgesetzgebung auf Grund des Gesetzes vom 2. April 1872 den Generalkommissionen übertragene Umlegungsverfahren konnte nur für landwirtschaftlichen Grundbesitz in Betracht kommen. Es kann nur von den beteiligten Grundbesitzern, nicht auch von den Gemeinden beantragt werden; dennoch sind auch bei der Umlegung von reinem Bauland die Generalkommissionen hilfreich eingesprungen, oft unter einer etwas künst-

lichen Konstruierung eines allgemeinen Landeskulturinteresses, wenn auch nicht contra legem, so doch praeter legem.

So war die Rechtsgrundlage für das Vorgehen der Generalkommissionen zwecks Bereitstellung von Bauland eine ziemlich unsichere. Es ist daher verständlich, wenn das Gesetz eine Ausdehnung der Lex Adickes auf den Bereich der ganzen Monarchie ermöglicht. Bisher konnte den Gemeinden ein solches Recht der Baulandumlegung nur von Fall zu Fall durch besonderes Staatsgesetz gegeben werden. Dies war geschehen nach dem Vorbild von Frankfurt a. M. (Lex Adickes) in Cöln, Posen, Griesheim a. M. und Wiesbaden. Auch für die zerstörten ostpreußischen Ortschaften ist es mit einigen Änderungen durch Verordnung vom 11. Dez. 1915 eingeführt. Die bei der Beratung des Frankfurter Gesetzes von seiten des Hauses der Abgeordneten geäußerten Bedenken wegen der in die Eigentumsverhältnisse der Grundbesitzer eingreifenden Bestimmungen haben sich nach den inzwischen gemachten Erfahrungen nicht nur nicht bestätigt, sondern es hat sich herausgestellt, daß die Umlegungen den beteiligten Grundbesitzern vielfach Vorteile gebracht haben. Anderseits hatten sich die Anträge von Gemeinden, darunter auch Landgemeinden, auf Ausdehnung des Gesetzes gemehrt, so daß der bisher beschrittene Weg der Sondergesetzgebung für jeden einzelnen Fall auf die Dauer nicht mehr zweckmäßig erschien. Das Bedürfnis war also vorhanden, wenngleich das Gesetz zur vollen Erreichung seines Zweckes noch dringend der Vereinfachung bedarf. Der ursprüngliche Regierungsentwurf von 1913 hatte eine obligatorische Ausdehnung der Lex Adickes auf den Umfang der ganzen Monarchie vorgesehen. In der Kommission machten sich aber zahlreiche Stimmen gegen diese geplante obligatorische Ausdehnung für die ganze Monarchie geltend. Das Gesetz sei auf großstädtische Verhältnisse zugeschnitten, und ein Bedürfnis, es auf alle Städte und sogar auf das flache Land auszudehnen, sei nicht nachgewiesen. In der Tat greift die Lex Adickes tief in das Privateigentum des einzelnen ein; dort wo sie gilt, hat die Gemeinde volle Freiheit, ob sie ein Umlegungsverfahren eröffnen will. Darauf, ob auch nur ein einziger der betreffenden Grundbesitzer damit einverstanden ist, nimmt dies Gesetz keine Rücksicht, im Gegensatz zu der Gesetzgebung über die landwirtschaftliche Umlegung, die vorsieht, daß alle beteiligten Grundbesitzer einverstanden sein müssen; wenn ein Landeskulturinteresse vorliegt, genügt das Einverständnis der Mehrheit.

Durch die Kommission wurde darauf die obligatorische Einführung der Lex Adickes für die ganze Monarchie beseitigt und nur ihre fakultative Einführung ermöglicht durch Antrag der Gemeinde an den Oberpräsidenten unter Zustimmung des Provinzialrates. Durch das Herrenhaus wurde die Einführung erheblich erleichtert, indem sie nun einfach durch Ortsstatut möglich ist; das Abgeordnetenhaus hat dann seinerseits die schon vorher bestehende Tatsache, daß das Ortsstatut durch den Bezirksausschuß genehmigt werden muß, durch einen besonderen Zusatz noch ausdrücklich hervorgehoben. Dieses war insofern gerechtfertigt, als durch das bevorstehende Gesetz, betr. die Vereinfachung der Verwaltung, die Genehmigung des Ortsstatuts durch den Bezirksausschuß in Zukunft im allgemeinen in Wegfall kommen soll. Man wollte aber demgegenüber bei der Einführung der Lex Adickes die Aufsichtsbehörde nicht ganz ausgeschaltet sehen.

Voraussetzung der Umlegung auf Grund der Lex Adickes ist, daß ein Bebauungsplan endgültig festgestellt ist. Die Umlegung kann nur auf einzelne, überwiegend unbebaute Teile des Gemeindebezirkes — Umlegungsgebiet — erstreckt werden, und zwar nur aus Gründen des öffentlichen Wohles zur Erschließung von Baugelände, sowie zur Herbeiführung einer zweckmäßigen Gestaltung von Baugrundstücken. Nach § 13 der Lex Adickes in der Fassung vom 8. Juli 1907 ist für das zu Straßen und Plätzen über den Flächeninhalt der eingeworfenen öffentlichen Wege und Plätze hinaus erforderliche Gelände den Eigentümern Entschädigung in Geld zu gewähren, und zwar wenn die Umlegung auf Antrag des Magistrats zufolge Gemeindebeschluß erfolgt, soweit dieses Gelände 35 v. H., wenn die Umlegung auf Antrag der Mehrheit der Eigentümer erfolgt, soweit es 40 v. H. der von den Eigentümern eingeworfenen Grundfläche übersteigt. Die Entschädigung ist als Bruchteil des Gesamtwertes des zu den Straßen und Plätzen bestimmten Geländes zu berechnen.

Von besonderer Bedeutung ist die Lex Adickes für den Kleingrundbesitz. Für größeren Grundbesitz, insbesondere für Terraingesellschaften hat sie keine Bedeutung, da diese meist im Besitz ganzer Baublocks sind, und daher eine dem Baubedürfnis entsprechende Parzellierung selbst vornehmen können.

Das Umlegungsverfahren setzt sich zusammen aus einem vorbereitenden Verfahren und dem eigentlichen Umlegungsverfahren. Das erstere vollzieht sich vor dem Magistrat und dem Bezirksausschuß. Will der Magistrat die Umlegung beantragen oder liegt ein entsprechender Antrag der Eigentümer vor, so hat er ohne Verzug ein Verzeichnis aufzustellen, in dem die umzulegenden Grundstücke unter Benennung ihrer Eigentümer aufzuführen sind, worin ferner anzugeben ist, welcher Prozentsatz des eingeworfenen Geländes von den Beteiligten abgetreten und zu öffentlichen Straßen und Plätzen ausgeschieden werden soll. Dem Verzeichnis ist ein Plan anzuheften, aus welchem die Lage, Größe, etwaige Bebauung der umzulegenden Grundstücke ersichtlich ist. Verzeichnis und Plan hat der Magistrat zu jedermanns Einsicht offen zu legen. Die erhobenen Einwendungen hat der Magistrat tunlichst gütlich zu erledigen und sodann den Umlegungsantrag ohne Verzug dem Bezirksausschuß einzureichen. Dieser beschließt über das Vorhandensein der Voraussetzungen der Umlegungen und über die nicht erledigten Einwendungen. Stehen die gesetzlichen Voraussetzungen für die Einleitung des Umlegungsverfahrens endgültig fest, so verfügt der Regierungspräsident die Einleitung und ernennt zur Durchführung des Verfahrens eine Kommission. In dem Augenblick, wo der Magistrat im Einverständnis mit der Stadtverordnetenversammlung bei dem Regierungspräsidenten die Einsetzung der Umlegungskommission beantragt, scheidet die Gemeinde selbst aus dem Verfahren vollständig aus. Die Kommission, die der Regierungspräsident ernennt, wird stets neu zusammengesetzt. Magistratsmitglieder können nicht Mitglieder der Kommission sein.

§ 15.

(1) Durch Ortsstatut kann festgesetzt werden, daß bei der Anlegung einer neuen oder bei der Verlängerung einer schon bestehenden Straße, wenn solche zur Bebauung bestimmt ist, sowie bei dem Anbau an schon vorhandenen bisher unbebauten Straßen und Straßenteilen von dem Unternehmer der neuen Anlage oder von den angrenzenden Eigentümern — von letzteren, sobald sie Gebäude an der neuen Straße errichten — die Freilegung, erste Einrichtung, Entwässerung und Beleuchtungsvorrichtung der Straße in der dem Bedürfnisse entsprechenden Weise beschafft, sowie deren zeitweise, höchstens jedoch fünfjährige Unterhaltung, beziehungsweise ein verhältnismäßiger Beitrag oder der Ersatz der zu allen diesen Maßnahmen erforderlichen Kosten geleistet werde. Zu diesen Verpflichtungen können die angrenzenden Eigentümer nicht für mehr als die Hälfte der Straßenbreite, und wenn die Straße breiter als 26 Meter ist, nicht für mehr als 13 Meter der Straßenbreite herangezogen werden.

WohnGes. Art.. 1 Nr. 11.

(2) Bei Berechnung der Kosten sind die Kosten der gesamten Straßenanlage und beziehungsweise deren Unterhaltung zusammenzurechnen und den Eigentümern nach Verhältnis der Länge ihrer, die Straße berührenden Grenze zur Last zu legen.[1]) Wird die Straßengrenze eines Grundstücks, dessen Eigentümer zu Straßenkosten herangezogen ist, später dadurch verlängert, daß mit dem Grundstück eine Grundfläche wirtschaftlich

vereinigt wird, für welche die Straßenkosten noch nicht bezahlt sind, so sind dem Eigentümer die auf die Verlängerung entfallenden Straßenkosten nachträglich zur Last zu legen.[2])

(3) Das Ortsstatut hat die näheren Bestimmungen innerhalb der Grenze vorstehender Vorschrift festzusetzen. Bezüglich seiner Bestätigung, Anfechtbarkeit und Bekanntmachung gelten die im § 12 gegebenen Vorschriften.

(4) Für die Haupt- und Residenzstadt Berlin bewendet es bis zu dem Zustandekommen eines solchen Statuts bei den Bestimmungen des Regulativs vom 31. Dezember 1838.[3])

1) Vgl. die §§ 9 und 10 des Kommunalabgabengesetzes vom 14. Juli 1893 (Gesetzsamml. S. 152). Diese lauten:

§ 9 (Kommunalabgabengesetz).

(1) Die Gemeinden können behufs Deckung der Kosten für Herstellung und Unterhaltung von Veranstaltungen, welche durch das öffentliche Interesse erfordert werden, von denjenigen Grundeigentümern und Gewerbetreibenden, denen hierdurch besondere wirtschaftliche Vorteile erwachsen, Beiträge zu den Kosten der Veranstaltungen erheben. Die Beiträge sind nach den Vorteilen zu bemessen.

(2) Beiträge müssen in der Regel erhoben werden, wenn anderenfalls die Kosten, einschließlich der Ausgaben für die Verzinsung und Tilgung des aufgewendeten Kapitals, durch Steuern aufzubringen sein würden.

(3) Der Plan der Veranstaltung ist nebst einem Nachweise der Kosten offenzulegen. Der Beschluß der Gemeinde wegen Erhebung von Beiträgen ist unter der Angabe, wo und während welcher Zeit Plan nebst Kostennachweis zur

Einsicht offen liegen, in ortsüblicher Weise mit dem Bemerken bekanntzumachen, daß Einwendungen gegen den Beschluß binnen einer bestimmt zu bezeichnenden Frist von mindestens 4 Wochen bei dem Gemeindevorstande anzubringen seien. Handelt es sich um eine Veranstaltung, welche nur einzelne Grundeigentümer oder Gewerbetreibende betrifft, so genügt an Stelle der Bekanntmachung eine Mitteilung an die Beteiligten. Der Beschluß bedarf der Genehmigung.

(4) Zu diesem Behufe hat der Gemeindevorstand den Beschluß nebst den dazu gehörigen Vorverhandlungen und der Anzeige, ob und welche Einwendungen innerhalb der gestellten Frist erhoben sind, der zuständigen Behörde einzureichen.

(5) Der Beschluß der zuständigen Behörde ist in gleicher Weise zur Kenntnis der Beteiligten zu bringen, wie der Beschluß der Gemeinde bekanntgemacht worden ist.

(6) Gegen den Beschluß der zuständigen Behörde steht den Beteiligten die Beschwerde offen.

§ 10 (Kommunalabgabengesetz).

Die Vorschriften des Gesetzes, betreffend die Anlegung und Veränderung von Straßen und Plätzen in Städten und ländlichen Ortschaften, vom 2. Juli 1875 (Gesetzsamml. S. 561) bleiben mit der Maßgabe in Kraft, daß die im § 15 daselbst vorgesehenen Beiträge nach einem anderen, als dem dort angegebenen Maßstabe, insbesondere auch nach der bebauungsfähigen Fläche, bemessen werden dürfen.

2) Vgl. AusfAnw. zu Art. 1 Ziff. 8 und 11 des Wohnungsgesetzes S. 84. Es kommt hier die wirtschaftliche Vereinigung, nicht die grundbuchmäßige gemäß § 890 des BGB. in Betracht. Spätere Veränderungen und Verbesserungen der einmal fertiggestellten Straßen können den Anliegern nicht auferlegt werden. Gutsbezirke und Zweckverbände können Beiträge zu den Straßenherstellungskosten überhaupt nicht erheben.

3) Nach § 146 Abs. 2 des Zuständigkeitsgesetzes erfolgt die Bestätigung der Statuten für den Stadtkreis Berlin durch den Minister des Innern.

WohnGes. Art. 1 Nr. 12.

§ 15a.

(1) Durch Ortsstatut kann bestimmt werden, daß die im vorstehenden Paragraphen[1]) und im § 9 des Kommunalabgabengesetzes vom 14. Juli 1893[2]) (Gesetzsamml. S. 152) geregelten Beiträge[3]) sowie die im § 6 daselbst bezeichneten Gebühren für Gebäude an Straßen, die ihrer Lage und Ausstattung nach für Wohnungen der Minderbemittelten besonders geeignet erscheinen, und für den Ausbau mit Häusern mit höchstens einem Obergeschoß über dem Erdgeschosse bestimmt sind[4]) (Kleinwohnungsstraßen)[5]), ganz oder teilweise erlassen oder gestundet werden können, sofern die Gebäude hauptsächlich für Wohnungen der bezeichneten Art oder für gemeinnützige Einrichtungen zugunsten der Minderbemittelten (Kinderfürsorge, Fortbildung, Erholung und dergleichen) bestimmt sind.[6]) Wird die Zweckbestimmung der Gebäude später geändert, so können von dem jeweiligen Eigentümer des Grundstücks die Beiträge und Gebühren nachträglich verlangt werden, soweit sie erlassen oder noch gestundet sind.[7])

(2) Das Ortsstatut kann hinsichtlich der Straßen, der Gebäude und der Wohnungen

die Voraussetzungen näher festsetzen, unter denen die Vergünstigung eintritt.

1) Es handelt sich also um den im Fluchtliniengesetz vorstehenden Paragraphen. Der § 15 dieses Gesetzes besagt, daß durch Ortsstatut bei der Anlegung neuer Straßen von den Anliegern Beiträge zur Deckung der Straßenbaukosten erhoben werden können. Vgl. hierzu Art. 1 Nr. 6 Fußn. 8 S. 148 bez. der weitergehenden Lasten, die dem Anlieger auf Grund des § 12 des Fluchtliniengesetzes (kommunales Bauverbot) auferlegt werden können.

2) Ähnliches wie im § 15 des Fluchtliniengesetzes wird im § 9 des Kommunalabgabengesetzes bestimmt. Siehe Wortlaut des § 9 Anmerkung zu § 15 des Fluchtliniengesetzes S. 165.

3) Im Rahmen des vorliegenden Gesetzes handelt es sich also hier um Anliegerbeiträge. Man versteht darunter diejenigen Abgaben, welche die Besitzer angrenzender Grundstücke für die Anlegung neuer Straßen, d. h. für die Freilegung, Pflasterung, Entwässerung an die Gemeinde zu entrichten haben. Dazu gehören auch die Kosten für die Unterhaltung der Straße in den ersten 5 Jahren.

4) Diese Bestimmung soll einen Antrieb geben, daß sich die Bautätigkeit mehr dem Kleinwohnungsbau zuwendet. Ursprünglich war beabsichtigt, eine ähnliche Bestimmung in die Novelle zum Kommunalabgabengesetz hineinzubringen. Da diese Novelle aber nicht zustande gekommen ist, ist die Vorschrift in das Wohnungsgesetz aufgenommen worden. Bei den Verhandlungen im Herrenhaus machten sich Bedenken gegen die Bestimmung geltend, da der tatsächliche Nutzen, der aus einem solchen Ortsstatut für den einzelnen Mieter entspringe, außerordentlich gering sei. Demgegenüber hob ein Regierungsvertreter hervor, die Vorteile wären bei dem Bau kleiner Wohnungen durchaus nicht zu unterschätzen, sie würden bei einem kleinen Hause 125 bis 250 Mark betragen, das sei für kleine Leute immerhin ein ganz erheblicher Betrag. Eine solche Ermäßigung gäbe doch eine gewisse Anregung zum Bau von eigenen Häusern. Auch für Baugenossenschaften käme sie in Betracht;

wenn sie zehn kleinere Häuser errichteten, so könne die Ersparnis immerhin 4—5000 Mark ausmachen. Da die Gegenleistung darauf beruhe, daß die Wohnungen besonderen Ansprüchen Rechnung tragen müßten, so sei auch nicht zu befürchten, daß ein übermäßiger Gebrauch von der Bestimmung gemacht werde.

5) Das von den Gemeinden früher vielfach beobachtete Verfahren, nur breite und möglichst vollkommen befestigte Straßen zu bauen, die wegen der höheren Straßenkosten das Wohnen unnötig verteuern, hat neuerdings in erfreulichem Maße der Unterscheidung zwischen Hauptverkehrs-, Nebenverkehrs- und Wohnstraßen Platz gemacht; wie bereits früher hervorgehoben, ist im Wege der Entwicklung der Wohnstraßen ein Mittel gegeben, auf eine Ermäßigung der Straßenkostenbeiträge für die Wohnungen der Minderbemittelten hinzuwirken.

6) Die hier vorgesehene Vergünstigung soll für Straßen, die ihrer Lage und Ausstattung nach für Wohnungen der Minderbemittelten besonders geeignet erscheinen (Kleinwohnungsstraßen), Platz greifen können. Für welche Straßen im einzelnen die Vergünstigung gelten soll und welchen besonderen Anforderungen etwa die Häuser und Wohnungen, denen sie zugute kommen soll, entsprechen müssen, soll durch das Ortsstatut näher festgesetzt werden können. In Frage kommen namentlich Vorschriften über Zimmerzahl, Zubehör und Abgeschlossenheit der einzelnen Wohnungen, über die Höchstzahl der in einem Hause zugelassenen Wohnungen sowie über die Höhe der Häuser. Ebenso kann, damit das mit der Gewährung der Vergünstigung erstrebte Ziel in dem wünschenswerten Maße erreicht wird, durch das Ortsstatut bestimmt werden, daß die Gebäude für den im Entwurfe bezeichneten Zweck nicht für unbeschränkte Zeit, sondern nur für einen gewissen Zeitraum festgelegt zu werden brauchen, so daß beispielsweise für den Fall einer Änderung in den für die Gewährung der Vergünstigung maßgebenden Voraussetzungen die Heranziehung zu dem vollen Beitragssatze nicht mehr zulässig sein soll, wenn ein Wohngebäude zwanzig Jahre hindurch den einschlägigen Bestimmungen genügt hat.

Der Entwurf von 1904 sah ähnlich vor, daß bei dem Bau

kleiner Wohnungen Erleichterungen für die Zahlung von Anliegerbeiträgen zu gewähren seien. Der Entwurf von 1913 regelte diese Frage nicht. Erst in der Kommission wurde die vorstehende Bestimmung aufgenommen, davon ausgehend, daß besonders die Verpflichtung, die Anliegerbeiträge sofort nach Errichtung des Hauses zu zahlen, als besonders drückend und gerade den Bau kleiner Wohnungen verhindernd anzusehen sei.

Die Begünstigung kann verlangt werden, auch wenn der zu gleicher Erde belegene Teil des Gebäudes nicht zu den Wohnungen für Minderbemittelte, sondern zu Läden oder Werkstätten benutzt wird.

7) Manche Gemeinden haben, um auf eine vermehrte Herstellung gesunder und zweckmäßig eingerichteter Kleinwohnungen hinzuwirken, ohne Rücksicht auf die Person des Erbauers oder Besitzers des Hauses Ermäßigungen der Straßenkostenbeiträge für Häuser mit Kleinwohnungen eintreten lassen, die einen Nachlaß bis zum halben Betrag und die Nachzahlung dieser Summe für den Fall vorsehen, daß nachträglich die Voraussetzungen für die Ermäßigung fortfallen. Bei dem in zahlreichen Gemeinden dauernd beobachteten Mangel an guten kleinen Wohnungen will der Entwurf in Nr. 12 des Art. 1 einem allgemeinen Vorgehen der Gemeinden nach dieser Richtung hin, auch hinsichtlich der Baupolizeigebühren, dadurch die Wege bahnen, daß er die gegenwärtig entgegenstehenden rechtlichen Bedenken beseitigt. Die in der Ermäßigung oder Stundung der Straßenkostenbeiträge und sonstigen Beiträge sowie Gebühren liegende Vergünstigung soll wie für Gebäude, die hauptsächlich für Wohnungen der Minderbemittelten bestimmt sind, so auch für solche Gebäude gewährt werden können, die ganz oder hauptsächlich für gemeinnützige Einrichtungen zugunsten der Minderbemittelten, z. B. für Zwecke der Kinderfürsorge, Fortbildung, Erholung bestimmt sind. Die Voraussetzung wird auch dann erfüllt, wenn beide Zwecke zusammengenommen den hauptsächlichen Teil des Gebäudes in Anspruch nehmen. Durch den Ausdruck „Minderbemittelten“ soll außer Zweifel gestellt werden, daß die Wohnungen und gemeinnützigen Einrichtungen auch für besser

gestellte Lohnarbeiter, Werkmeister, geringer bezahlte Beamte und Personen in ähnlicher im Vergleich zu den Unbemittelten verhältnismäßig gehobener Lage bestimmt sein dürfen.

WohnGes. Art. 1 Nr. 13.

§ 16.

(1) Gegen die Beschlüsse des Kreisausschusses steht den Beteiligten in den Fällen der §§ 5, 8, 9 die Beschwerde bei dem Bezirksausschuß[1]) innerhalb einer Ausschlußfrist von zwei Wochen zu.[2])

(2) In den Fällen, in denen es sich um Wiederbebauung ganzer durch Brand oder andere Ereignisse zerstörter Ortsteile handelt, tritt an die Stelle dieser Präklusivfrist eine solche von zwei Wochen.[3])

1) Zwecks Übereinstimmung mit § 153 des Landesverwaltungsgesetzes jetzt statt „Bezirksrate" „Bezirksausschuß".

2) Zwecks Übereinstimmung mit § 51 des Landesverwaltungsgesetzes jetzt statt einer „Präklusivfrist von 21 Tagen".

3) Zwecks Übereinstimmung mit § 51 des Landesverwaltungsgesetzes jetzt statt „einer Woche" „zwei Wochen." Da durch die Änderung jetzt sowohl im Abs. 1 wie im Abs. 2 die Frist 2 Wochen beträgt, hat Abs. 2 keine Bedeutung mehr und hätte gestrichen werden müssen. Aber auch Abs. 1 ist gegenstandslos, weil der § 121 des Landesverwaltungsgesetzes die Beschwerde an den Bezirksausschuß ganz allgemein innerhalb 2 Wochen zuläßt. § 16 könnte somit ganz in Fortfall kommen.

Die §§ 17 und 18 des Baufluchtliniengesetzes sind durch § 146 Abs. 1 des Gesetzes über die Zuständigkeit der Verwaltungs- und Verwaltungsgerichtsbehörden vom 1. August 1883 (Gesetzsamml. S. 237) aufgehoben worden und gelten somit nicht mehr.

§ 19 (unverändert geblieben).

(1) Alle den Bestimmungen dieses Gesetzes entgegenstehenden allgemeinen und besonderen gesetzlichen Vorschriften werden hierdurch aufgehoben.

(2) Alle Bestimmungen der im Verwaltungswege erlassenen Bauverordnungen, sonstigen polizeilichen Anordnungen und Ortsstatuten, welche mit den Vorschriften dieses Gesetzes in Widerspruch stehen, treten außer Kraft.

WohnGes. Art. 1 Nr. 14.

§ 20.

Der Minister der öffentlichen Arbeiten wird mit der Ausführung dieses Gesetzes beauftragt.[1])

1) Gemäß Allerhöchstem Erlaß vom 7. August 1878 (Gesetzsamml. 1879 S. 25).

Artikel 2.

Enteignung mit Rücksicht auf das Wohnungsbedürfnis.[1])

Soweit zur Befriedigung des Bedürfnisses nach Mittel- und Kleinwohnungen oder für die Gesundung von Wohnvierteln, Häuserblocks und dergleichen der erforderliche Grund und Boden bis zum 31. Dezember 1926 im Enteignungswege in Anspruch genommen werden muß, wird die Zulässigkeit der Enteignung durch den Minister der öffentlichen Arbeiten ausgesprochen. Das Enteignungsverfahren erfolgt in solchen Fällen nach den Vorschriften der Verordnungen, betreffend ein vereinfachtes Enteignungsverfahren zur

Beschaffung von Arbeitsgelegenheit und zur Beschäftigung von Kriegsgefangenen, vom 11. September 1914 (Gesetzsamml. S. 159) und vom 27. März 1915 (Gesetzsamml. S. 57).[2])

1) In diesem Artikel, der durch das Herrenhaus noch in das Gesetz hereingearbeitet wurde, findet die Auffassung gesetzliche Anerkennung, daß ein vereinfachtes Enteignungsverfahren nicht nur zur Beschaffung von Arbeitsgelegenheit und zur Beschäftigung von Kriegsgefangenen, sondern auch mit Rücksicht auf das Wohnungsbedürfnis stattfinden kann.

Danach kann der Minister der öffentlichen Arbeiten die Zulässigkeit der Enteignung aussprechen, wenn zur Befriedigung des Bedürfnisses nach Mittel- und Kleinwohnungen oder für die Gesundung von Wohnvierteln, Häuserblocks u. dgl. der erforderliche Grund und Boden bis zum 31. Dezember 1926 in Anspruch genommen werden muß.

Es wird also hier in ganz anderem Umfange als bisher das Wohnbedürfnis als eine Angelegenheit des öffentlichen Interesses, das den scharfen Zugriff der Enteignung rechtfertigt, anerkannt. Es wird festgelegt, daß für die Übergangswirtschaft mit ihrer Wohnungsnot bis zur angekündigten Neuregelung des Enteignungsrechts ein beschleunigtes Enteignungsverfahren Platz greifen soll.

Das Enteignungsverfahren regelt sich in den in Betracht kommenden Fällen fortan nach den Vorschriften der Verordnungen über ein vereinfachtes Enteignungsverfahren zur Beschaffung von Arbeitsgelegenheit und zur Beschäftigung von Kriegsgefangenen vom 11. September 1914 und vom 27. März 1915. Allerdings ist dies nur ein Notbehelf und bedarf es noch gewisser Abänderungen des geltenden Enteignungsrechtes, wenn der Erwerb des erforderlichen Grund und Bodens zu angemessenen Preisen sichergestellt und der oft beklagten Festsetzung übermäßiger Entschädigungen zum Nachteil der öffentlichen oder gemeinnützigen Unternehmungen vorgebeugt werden soll.

Im Prinzip herrschte in der Herrenhauskommission Übereinstimmung über den Wert der Enteignung zur besseren Befriedigung des Wohnungsbedüfnisses und über die Notwendigkeit, ein beschleunigtes Enteignungsverfahren zu ermöglichen. Meinungsverschiedenheiten bestanden nur hinsichtlich der Fassung. Ursprünglich waren dem Artikel noch die Worte angeführt: „gegebenenfalls nach den an deren Stelle tretenden Vorschriften", um ev. Verbesserungen der Verordnungen auch dem Wohnungsbedürfnis zugute kommen zu lassen. Da seitens der Staatsregierung die Erklärung abgegeben wurde, wenn die Kriegsnotverordnungen eine Änderung erfahren sollten, so werde man die Verbesserungen auch auf das Wohnungsgesetz ausdehnen, wurden die Schlußworte gestrichen.

2) Die beiden Kriegsverordnungen sind hierunter beigefügt. Es regeln die §§ 2 bis 7 der erstgenannten Verordnung vom 11. September 1914 das vereinfachte Enteignungsverfahren, während § 8 außerdem dem Regierungspräsidenten die Befugnis gibt, den Unternehmer auch schon vor Einleitung des Enteignungsverfahrens und im Hinblick auf dieses in den Besitz eines Grundstückes einzuweisen.

Zu beachten ist, daß die Verordnungen bei ihrer Anwendung auf das Wohnungsbedürfnis gewisse durch Art. 2 des Wohnungsgesetzes gegebenen Abänderungen erfahren: es braucht sich eben nicht um Beschaffung von Arbeitsgelegenheit oder Beschäftigung von Kriegsgefangenen zu handeln, sondern es soll sich hier um die Befriedigung des Bedürfnisses nach Mittel- und Kleinwohnungen oder um die Gesundung von Wohnvierteln, Häuserblocks u. dgl. handeln und wird dann die Zulässigkeit der Enteignung vom Minister der öffentlichen Arbeiten ausgesprochen. Auch ist die in den Verordnungen selbst gesetzte Geltungsdauer abgeändert; die Anwendung der Verordnungen im Interesse des Wohnungsbedürfnisses ist durch das Wohnungsgesetz für statthaft erklärt bis zum 31. Dezember 1926. Diese Verordnungen lassen an sich das Erfordernis einer Königlichen Verordnung vor Einleitung einer Enteignung unberührt. Es werden nur die bisher schon zulässigen Ausnahmen, daß die Enteignung auch ohne besondere

Königliche Verordnung vorgenommen werden darf, noch vermehrt um die Fälle, wo die Enteignung stattfindet zur Beschaffung von Arbeitsgelegenheit oder zur Beschäftigung von Kriegsgefangenen; das Wohnungsgesetz fügt nun noch die weitere Ausnahme hinzu, daß die Enteignung statt durch Königliche Verordnung durch den Minister der öffentlichen Arbeiten ausgesprochen werden darf zum Zweck der Beschaffung des erforderlichen Grund und Bodens zur Befriedigung des Bedürfnisses nach Mittel- und Kleinwohnungen oder für die Gesundung von Wohnvierteln, Häuserblocks u. dgl.

Die bisher schon geltenden Ausnahmen, die Enteignung ohne Königliche Verordnung zuließen, waren: a) zur Erweiterung öffentlicher Wege außerhalb der Ortslage, wo der Bezirksausschuß die Zulässigkeit der Enteignung ausspricht: § 3 EnteignG., § 150 ZustG.; b) zur Entnahme von Wegebaumaterialien, wo der Kreisausschuß entscheidet: § 53 EnteignG., § 151 ZustG.; c) zur Errichtung trigonometrischer Marksteine, wo der Landrat die abzutretenden Bodenflächen bezeichnet, § 1 G. vom 7. Oktober 1865 (GS. S. 1033); d) zur Enteignung künftigen Straßenlandes bei Festsetzung von Fluchtlinien in Ortschaften, wo ein Gemeindebeschluß unter Zustimmung der Ortspolizeibehörde genügt: §§ 1, 8, 11 Satz 2 FluchtlG.

1. Verordnung, betr. ein vereinfachtes Enteignungsverfahren zur Beschaffung von Arbeitsgelegenheit und zur Beschäftigung von Kriegsgefangenen v. 11. September 1914 (PrGS. S. 159).

§ 1. Für Arbeiten, die zur Beschaffung von Arbeitsgelegenheit und zur Beschäftigung von Kriegsgefangenen bestimmt sind, kann das Staatsministerium durch einen in der Gesetzsammlung bekanntzumachenden Erlaß anordnen, daß ein vereinfachtes Enteignungsverfahren stattfindet.

Soweit eine solche Anordnung ergeht, sind die Vorschriften des Gesetzes über die Enteignung von Grundeigentum vom 11. Juni 1874 (GS. S. 221) in Verbindung mit dem XXII. Titel des Gesetzes über die Zuständigkeit der Verwaltungs- und Verwaltungsgerichtsbehördenn vom 1. August 1883 (GS. S. 237) mit den nachstehenden Änderungen anzuwenden.

§ 2. An die Stelle des Bezirksausschusses tritt der Regierungspräsident.

§ 3. Der Regierungspräsident hat einen Auszug aus dem von dem zuständigen Minister genehmigten Plane in jedem Gemeinde- und Gutsbezirke während einer Woche zu jedermanns Einsicht offenlegen zu lassen. Während dieser Zeit kann jeder Beteiligte Einwendungen gegen den Plan erheben. Zeit und Ort der Offenlegung sowie die Stelle, bei der die Einwendungen schriftlich oder mündlich zu Protokoll erhoben werden können, sind in ortsüblicher Weise bekanntzumachen.

§ 4. Nach Ablauf der Frist (§ 3) ist, nötigenfalls an Ort und Stelle, unter Zuziehung eines oder mehrerer Sachverständigen über den Plan und die dagegen erhobenen Einwendungen sowie über die Höhe der Entschädigungssumme zu verhandeln.

§ 5. Der Regierungspräsident erläßt einen Beschluß, durch den der Plan und die Entschädigung festgestellt und die Enteignung ausgesprochen wird. Die Entschädigung kann nach Einheitssätzen festgestellt werden.

Der Beschluß ist dem Unternehmer, dem Eigentümer des Grundstückes und den sonstigen Beteiligten zuzustellen.

§ 6. Das Eigentum des enteigneten Grundstücks geht auf den Unternehmer erst nach Zahlung oder Hinterlegung der Entschädigungssumme über.

§ 7. Den im § 5 Abs. 2 bezeichneten Personen steht gegen den Beschluß, soweit er die Entschädigung betrifft, binnen sechs Monaten nach der Zustellung die Beschreitung des Rechtswegs, soweit er die Planfeststellung betrifft, binnen zwei Wochen nach der Zustellung die Beschwerde an den Minister der öffentlichen Arbeiten zu.

§ 8. Der Regierungspräsident kann den Unternehmer vorläufig in den Besitz eines Grundstückes einweisen, das für das Unternehmen voraussichtlich gebraucht wird. Dem Besitzer des Grundstückes ist der hierdurch entstandene, nötigenfalls im Rechtswege festzustellende Schaden zu vergüten. Ist der Eigentümer im

Besitz des Grundstückes, so ist die ihm für die Enteignung zu gewährende Entschädigung vom Tage der Besitzänderung an zu verzinsen; erleidet er einen weiteren Schaden, so ist ihm auch dieser zu ersetzen.

In dem Beschlusse, durch den der Unternehmer in den Besitz eingewiesen wird, ist die Entschädigung (Abs. 1) festzustellen. Sie ist dem Besitzer alsbald zu zahlen; wird die Zahlung schuldhaft verzögert, so ist auf Antrag des Besitzers der Beschluß aufzuheben.

Der Beschluß ist dem Eigentümer und dem Besitzer zuzustellen oder zu Protokoll zu verkünden. Ihnen steht binnen einer Woche nach der Zustellung oder Verkündung die Beschwerde an den Minister der öffentlichen Arbeiten zu. Die Beschwerde hat keine aufschiebende Wirkung.

§ 9. Die zur Ausführung dieser Verordnung notwendigen Bestimmungen erläßt der Minister der öffentlichen Arbeiten.

§ 10. Diese Verordnung tritt mit ihrer Verkündung in Kraft. – Sie tritt mit dem 31. März 1915 außer Kraft. Ist an diesem Tage der Auszug offengelegt (§ 3) oder der Unternehmer in den Besitz eingewiesen (§ 8), so ist das Verfahren nach den Vorschriften der Verordnung zu Ende zu führen.

2. Verordnung über Änderung der Verordnung, betr. ein vereinfachtes Enteignungsverfahren zur Beschaffung von Arbeitsgelegenheit und zur Beschäftigung von Kriegsgefangenen, vom 11. September 1914. Vom 24. März 1915 (PrGS. S. 57).

Artikel 1: Die Verordnung, betreffend ein vereinfachtes Enteignungsverfahren zur Beschaffung von Arbeitsgelegenheit und zur Beschäftigung von Kriegsgefangenen, vom 11. September 1914 wird in folgender Weise geändert:

1. Hinter § 4 ist einzufügen: „§ 4a. Einem Kriegsteilnehmer (§ 2 des Gesetzes vom 4. August 1914, RGBl. S. 328), der ohne Vertreter ist, kann der Regierungspräsident einen geeigneten Vertreter bestellen, der die Rechte und Verpflichtungen des Kriegsteilnehmers im Enteignungsverfahren wahrzunehmen hat. Die Bestellung des Vertreters soll dem Kriegsteilnehmer unverzüglich

mitgeteilt werden. Der Kriegsteilnehmer kann dem Vertreter die Vertretungsbefugnis entziehen, soweit er einen anderen Vertreter bestellt.

Soweit durch die Bestellung eines Vertreters besondere Kosten entstehen, sind sie vom Unternehmer zu tragen. — Die Verordnung tritt mit dem 30. September 1915 außer Kraft.

Artikel 2: 2. Der erste Satz des § 10 Abs. 2 wird durch folgende Vorschrift ersetzt: Diese Verordnung tritt mit dem Tage der Verkündung in Kraft.

Eine weitere Notverordnung vom 25. Sept. 1915 (PrGS. 1915 S. 141, 1916 S. 9) bringt eine weitere Verlängerung der Geltungsdauer: „Die Verordnung tritt sechs Monate nach dem Tage der Beendigung des Kriegszustandes, der durch Kaiserliche Verordnung bekanntgegeben wird, außer Kraft.“

Diese Geltungsdauer ist dann für Enteignungen im Interesse des Wohnungsbedürfnisses durch das Wohnungsgesetz festgelegt worden auf den 31. Dez. 1926.

Artikel 3.

Eingemeindung und Umgemeindung.[1])

§ 1.

In § 2 Nr. 5 der Landgemeindeordnung für die sieben östlichen Provinzen der Preußischen Monarchie vom 3. Juli 1891 (Gesetzsamml. S. 233) wird unter d folgende Vorschrift eingestellt:

d) wenn die Rücksicht auf das Wohnungsbedürfnis die Eingemeindung oder Umgemeindung erheischt.[2])

§ 2.

Soweit andere Gemeindeverfassungsgesetze eine Eingemeindung oder Umgemeindung davon abhängig machen, daß das öffentliche Interesse die Eingemeindung oder Umgemeindung erfordert, findet die Vorschrift im § 1 entsprechende Anwendung.[3])

1) Auch dieser Artikel ist vom Herrenhaus neu in das Gesetz hereingearbeitet worden. Zur Begründung wurde ausgeführt: Das größte Übel für jede gesunde Wohnungs- und Baupolitik einer Stadt sei es, wenn sie zu enge Grenzen habe, so daß innerhalb ihres Bereiches ihr kein Land mehr zur Verfügung stehe. Außerhalb ihres Weichbildes Wohnungspolitik zu treiben, würde sie wenig geneigt sein. Wenn die Regierung von der Engherzigkeit der Gemeinden gesprochen habe, die die Mitwirkung der Polizei bei Festsetzung der Baufluchtlinien empfehlenswert mache, so träfen diese Vorwürfe immer solche Gemeinden, die zu enge Grenzen hätten, die keine wirtschaftliche Einheit darstellten, sondern lediglich einen Ausschnitt aus einer größeren wirtschaftlichen Einheit. Durch eine einzige gesetzliche Bestimmung könne natürlich diese Frage nicht in ein anderes Fahrwasser gelenkt werden. Immerhin müsse auch das Wohnungsbedürfnis einen Grund zur Eingemeindung abgeben können. In dem Gesetz der Landgemeindeordnung für die sieben östlichen Provinzen sei bisher als einziger Grund zur zwangsweisen Eingemeindung nur ein erheblicher Widerstreit der kommunalen Interessen angeführt. Dieser Grund sei zu eng. Auch das Wohnungsbedürfnis müsse einen Grund zur Eingemeindung abgeben können, damit nicht reine Luxusgemeinden entstünden. Hätte man die Wichtigkeit des Wohnungsbedürfnisses schon damals erkannt, so wäre die Bestimmung gleich in das Gesetz aufgenommen worden.

2) Nach § 2 der Landgemeindeordnung für die sieben östlichen Provinzen vom 3. Juli 1891 — und eine ähnliche Bestimmung findet sich auch in anderen Gemeindeverfassungsgesetzen — kann die Abtrennung einzelner Teile von einem Gemeinde- oder Gutsbezirke und deren Vereinigung mit einem anderen Gemeinde- oder Gutsbezirk, durch Beschluß des Kreisausschusses erfolgen, wenn die beteiligten Gemeinden und Gutsbesitzer sowie die Besitzer der betreffenden Grundstücke einwilligen, oder wenn beim

Widerspruche Beteiligter das öffentliche Interesse es erheischt. Ebenso können Landgemeinden und Gutsbezirke mit anderen Gemeinde- oder Gutsbezirken nach Anhörung der beteiligten Gemeinden und Gutsbesitzer, sowie des Kreisausschusses mit königlicher Genehmigung vereinigt werden, wenn die Beteiligten hiermit einverstanden sind. Wenn ein Einverständnis der Beteiligten nicht zu erzielen ist, so ist die Zustimmung derselben, falls das öffentliche Interesse dies erheischt, im Beschlußverfahren durch den Kreisausschuß zu ersetzen.

§ 2 Nr. 5 der östl. LGO. stellt genau fest, wann Zwangseingemeindung oder -Umgemeindung im öffentlichen Interesse vorgenommen werden kann. Hier ist nun als vierter Punkt die Vorschrift des Art. 3 § 1 des Preuß. Wohnungsgesetzes eingefügt:

d) „wenn die Rücksicht auf das Wohnungsbedürfnis die Eingemeindung oder Umgemeindung erheischt."

Dadurch ist den Gemeinden, die zu enge Grenzen haben und denen innerhalb ihres Bereichs kein Land mehr zur Verfügung steht, die Möglichkeit gegeben, eine gesunde Wohnungs- und Baupolitik zu treiben. Die entsprechende Vorschrift hat nunmehr im Zusammenhang folgenden Wortlaut:

Landgemeindeordnung für die sieben östlichen Provinzen der Monarchie. Vom 3. Juli 1891 (GS. S. 233).

Auszug.

§ 2.

Die zur Zeit des Inkrafttretens dieses Gesetzes vorhandenen Landgemeinden und Gutsbezirke bleiben in ihrer bisherigen Begrenzung unter den nachfolgenden Maßgaben bestehen:

1. Grundstücke, welche noch keinem Gemeinde- oder Gutsbezirke angehören, sind, sofern nicht ihre Eingemeindung in einen Stadtbezirk geeignet erscheint, nach Vernehmung der Beteiligten durch Beschluß des Kreisausschusses mit einer Landgemeinde oder einem Gutsbezirke zu vereinigen.

Aus solchen Grundstücken kann, soweit dies nach ihrem Umfange und ihrer Leistungsfähigkeit angezeigt erscheint, mit Königlicher Genehmigung ein besonderer Gemeinde- oder Gutsbezirk gebildet werden.

2. Landgemeinden und Gutsbezirke, welche ihre öffentlich-rechtlichen Verpflichtungen zu erfüllen außerstande sind, können durch Königliche Anordnung aufgelöst werden. Die Regelung der kommunalen Verhältnisse der Grundstücke derselben erfolgt nach Maßgabe der Vorschriften in Nr. 1.

3. Landgemeinden und Gutsbezirke können mit anderen Gemeinde- oder Gutsbezirken nach Anhörung der beteiligten Gemeinden und Gutsbesitzer sowie des Kreisausschusses mit Königlicher Genehmigung vereinigt werden, wenn die Beteiligten hiermit einverstanden sind. Wenn ein Einverständnis der Beteiligten nicht zu erzielen ist, so ist die Zustimmung derselben, sofern das öffentliche Interesse dies erheischt, im Beschlußverfahren durch den Kriesausschuß zu ersetzen. Gegen den auf Beschwerde ergehenden Beschluß des Bezirksausschusses steht den Beteiligten und nach Maßgabe des § 123 des Gesetzes über die allgemeine Landesverwaltung vom 30. Juli 1883 (GS. S. 195) dem Vorsitzenden des Bezirksausschusses die weitere Beschwerde an den Provinzialrat zu. Erachtet der Oberpräsident das öffentliche Interesse durch den Beschluß des Provinzialrats für gefährdet, so steht demselben in der gleichen Weise (§ 123 aaO.) die Beschwerde an das Staatsministerium offen. Der mit Gründen zu versehende Beschluß des Staatsministeriums ist dem Oberpräsidenten behufs Zustellung an die Beteiligten zuzufertigen. Unter den gleichen Voraussetzungen und in der gleichen Weise können Gutsbezirke in Landgemeinden und Landgemeinden in Gutsbezirke durch Königlichen Erlaß umgewandelt werden.

Wird eine leistungsunfähige Gemeinde einem leistungsfähigen Gutsbezirk zugelegt, so bleibt letzterer als solcher bestehen, sofern der Gutsbesitzer dies beantragt.

4. Die Abtrennung einzelner Teile von einem Gemeinde- oder Gutsbezirke und deren Vereinigung mit einem anderen Gemeinde- oder Gutsbezirke kann, wenn die beteiligten Gemeinden und Gutsbesitzer sowie die Besitzer der betreffenden Grundstücke einwilligen, oder wenn beim Widerspruche Beteiligter das öffentliche Interesse es erheischt, durch Beschluß des Kreisausschusses erfolgen. Gegen den auf Beschwerde ergehenden Beschluß des Bezirksausschusses steht den Beteiligten und dem Vorsitzenden des Bezirksausschusses die weitere Beschwerde an den Provinzialrat, und gegen den Beschluß des Provinzialrats dem Oberpräsidenten die fernere Beschwerde an das Staatsministerium nach Maßgabe der Nr. 3 offen. Soll aus den abgetrennten Grundstücken ein neuer Gemeinde- oder Gutsbezirk gebildet werden, so ist die Königliche Genehmigung erforderlich.

5. Ein öffentliches Interesse im Sinne der Nr. 3 und 4 ist nur dann als vorliegend anzusehen,

a) wenn Landgemeinden oder Gutsbezirke ihre öffentlichrechtlichen Verpflichtungen zu erfüllen außerstande sind.

Bei Beurteilung dieser Frage sind Zuwendungen, welche Gemeinden und Gutsbezirken vom Staate oder größeren Kommunalverbänden zustehen, nicht als bestimmend zu erachten,

b) wenn die Zersplitterung eines Gutsbezirks oder die Bildung von Kolonien in einem Gutsbezirke die Abtrennung einzelner Teile desselben oder dessen Umwandlung in eine Landgemeinde oder dessen Zuschlagung zu einer oder mehreren Landgemeinden notwendig macht,

c) wenn infolge örtlich verbundener Lage mehrerer Landgemeinden oder von Gutsbezirken oder Teilen derselben mit Landgemeinden ein erheblicher Widerstreit der kommunalen Interessen entstanden ist, dessen Ausgleichung auch durch Bildung von Verbänden im Sinne der §§ 128ff. nicht zu erreichen ist.

d) wenn die Rücksicht auf das Wohnungsbedürfnis die Eingemeindung oder Umgemeindung erheischt.

6. Die vorstehenden Bedingungen finden in den Fällen, in welchen es sich um die Vereinigung einer Landgemeinde oder eines Gutsbezirks mit einer Stadtgemeinde, um die Abtrennung einzelner Teile von einem Stadtbezirke und deren Vereinigung mit einem Landgemeinde- oder Gutsbezirke, sowie um die Abtrennung einzelner Teile von einem Landgemeinde- oder Gutsbezirke und deren Vereinigung mit einem Stadtbezirke handelt, sinngemäße Anwendung mit der Maßgabe, daß an die Stelle der Beschlußfassung des Kreisausschusses nach erfordertem Gutachten des Kreistages die Beschlußfassung des Bezirksausschusses tritt.

7. In den vorstehend bezeichneten, der Königlichen Genehmigung unterliegenden Fällen ist vor deren Erwirkung der Beschluß des Kreisausschusses, des Bezirksausschusses oder des Provinzialrats, sowie das Gutachten des Kreistages den Beteiligten mitzuteilen.

8. Jede Bezirksveränderung ist durch das Regierungsamtsblatt zu veröffentlichen.

3) § 2 ermöglicht die Anwendung dieser Vorschrift auch auf die Städte. In Zukunft kann also das Wohnungsbedürfnis einen Grund zur zwangsweisen Eingemeindung abgeben, den auch eine Stadt sich dienstbar machen kann. Es wird nur darauf ankommen, bei den zuständigen Beschlußbehörden durchzusetzen, daß ein die Ein- oder Umgemeindung rechtfertigendes öffentliches Interesse auch in den Fällen anerkannt wird, in denen zwar noch irgendwelches Bauland vorhanden ist, aber nicht zu einem für im Flachbau zu errichtende Klein- und Mittelwohnungen in Betracht kommenden Preis erhältlich ist.

Artikel 4.

Baupolizeiliche Vorschriften.[1])

§ 1.[2])

Durch die Bauordnungen[3]) kann insbesondere geregelt werden:

1.[4]) die Abstufung der baulichen Ausnutzbarkeit der Grundstücke,[5]) ebenso daß, wo Fluchtlinien nicht festgestellt sind, nur offene Bauweise mit Gebäuden von nicht mehr als einem Obergeschoß über dem Erdgeschosse zulässig ist;[6])

2.[7]) die Ausscheidung besonderer Ortsteile, Straßen und Plätze, für welche die Errichtung von Anlagen nicht zugelassen ist, die beim Betriebe durch Verbreitung übler Dünste, durch starken Rauch oder ungewöhnliches Geräusch Gefahren, Nachteile oder Belästigungen für die Nachbarschaft oder das Publikum überhaupt herbeizuführen geeignet sind;[8])

3.[9]) die Ausscheidung besonderer Ortsteile, Straßen und Plätze, in denen nur die Errichtung von Wohngebäuden mit Nebenanlagen oder nur die Errichtung von gewerblichen Anlagen mit Nebengebäuden zugelassen ist;[10])

4. der Verputz und Anstrich oder die Ausfugung der vornehmlich Wohnzwecken dienenden Gebäude[11]) und aller von Straßen, Plätzen oder anderen öffentlichen Verkehrsflächen aus sichtbaren Bauten[12]) sowie die einheitliche Gestaltung des Straßenbildes,[13]) und zwar unter Berücksichtigung des Denkmal- und Heimatschutzes;[14])

5. die Vorlage von Bauzeichnungen für alle Außenflächen von Wohngebäuden;[15])

6.[16]) unter welchen Bedingungen Gartenhäuschen (Lauben) nicht als Wohnhäuser (Wohngebäude) im Sinne des § 13 ff. des Gesetzes, betreffend die Gründung neuer Ansiedlungen in den Provinzen Ostpreußen, Westpreußen, Brandenburg, Pommern, Posen, Schlesien, Sachsen und Westfalen, vom 10. August 1904 (Gesetzsamml. S. 227), des § 1 des Gesetzes, betreffend die Gründung neuer Ansiedlungen im Herzogtume Lauenburg, vom 4. November 1874 (Amtl. Wochenblatt für das Herzogtum Lauenburg S. 291 ff.) und des § 12 des Gesetzes, betreffend die Anlegung und Veränderung von Straßen und Plätzen in Städten und ländlichen Ortschaften, vom 2. Juli 1875 (Gesetzsamml. S. 561) anzusehen sind.[17])

1) Während die Art. 1, 2 und 3 in ihren Bestimmungen eine Verbilligung des Baugeländes bezwecken, erstrebt Art 4 eine Verbilligung, Verbesserung und Erleichterung des Bauens von Kleinwohnungen. Während das sich auf das Baugelände beziehende Recht der Fluchtlinienfestsetzung Sache der Gemeinde, also der Selbstverwaltung, ist — wenn auch unter Mitwirkung der Polizei — steht das Recht der Regelung des Ausbaues der Straße und des eigentlichen Bauens der Polizei zu, die dieses Amt auch dort, wo städtische Polizei ist, stets als ein staatliches ausübt, unter der Aufsicht der übergeordneten staatlichen Organe.

Die Gründe, die für die Regierung zur Vorlage des Artikel 4 maßgebend waren, fassen die Motive zum Entwurf dahin zusammen, daß als ein besonders wirksames Mittel zur Erreichung einer den neuzeitlichen Anschauungen entsprechenden Wohnungsbeschaffung und Ortschaftsanlage sich baupolizeiliche Beschränkungen der Ausnutzbarkeit des Grund und Bodens hinsichtlich der bebaubaren Fläche und der Stockwerkzahl erwiesen haben. Abgesehen von dem Einflusse der Lage und der besonderen Verwendbarkeit des Grundstücks für bestimmte Zwecke würden die Bodenpreise in erster Linie durch die nach den bestehenden Baunormen zugelassene Ausnutzbarkeit bestimmt. „Beschränkungen der gedachten Art fördern zugleich eine weiträumige flache Bauweise, die im gesundheitlichen Interesse besonders wünschenswert erscheint, in ihren weiteren und letzten Ausstrahlungen sich der ländlichen Wohnweise nähert und der Volksernährung und Geburtenzunahme förderlich ist. Gegenwärtig lassen die meisten Bauordnungen noch eine durch die örtlichen Verhältnisse nicht gerechtfertigte Höhe der Gebäude und eine zu weit gehende Bebaubarkeit der Grundstücke hinsichtlich der Fläche auch in den Stadtgebieten zu, wo nichts zu einer derartigen Ausnutzung des Grund und Bodens nötigt.

Demgegenüber will nun das Gesetz mehr als bisher für Abstufung der Bauvorschriften, besonders in schnell wachsenden Gemeinden, aber auch anderwärts, Vorsorge treffen. Auf diese Weise soll die erforderliche Ergänzung zu den Verkehrserleichterungen nach den Außenbezirken geschaffen und die Möglichkeit gewahrt werden, billigere Wohnungen zu bauen, vor allem aber auch das in gesundheitlicher wie sozialer Hinsicht zu fördernde kleine Wohnhaus und Einzelhaus in der Bauordnung zu berücksichtigen.

Die Errichtung von Wohnhäusern außerhalb einer im Zusammenhang gebauten Ortschaft ist durch das Ansiedlungsgesetz vom Jahre 1876 von einer besonderen Genehmigung abhängig gemacht. Für die Rheinprovinz gibt es kein Ansiedlungsgesetz, aber die Polizei kann eingreifen zwecks Wahrung der öffentlichen Interessen.

2) Vgl. hierzu auch AusfAnw. zu Art. 1 Ziff. 3b (Art. 4 § 1) des Wohnungsgesetzes S. 80. Durch § 1 soll einwandfrei festgestellt werden, was alles durch baupolizeiliche Vorschriften festgestellt werden kann. In manchen Punkten hatten sich Zweifel ergeben, ob die durch die Bauordnung getroffenen Anordnungen nicht die Zuständigkeit der Polizeibehörde über-

schritten. Um diese Zweifel zu beseitigen, will § 1 diese Frage durch eine allgemeine Vorschrift regeln. „Eine erschöpfende Aufzählung aller derjenigen Rücksichten, deren Wahrung die Polizeibehörde bei der Regelung der aufgeführten Gegenstände im Auge zu behalten hat, war bei der Mannigfaltigkeit und der Veränderlichkeit der tatsächlichen Verhältnisse und der fortschreitenden Kenntnis ihrer Bedeutung für die Frage des Wohnens des einzelnen und des Zusammenwohnens größerer Menschenmengen nicht möglich." (Begr.) Deshalb sagt das Gesetz durch die Bauordnung kann „insbesondere" geregelt werden ... Zu bemerken ist, daß der ganze § 1 nur eine Kann-Vorschrift und keine Muß-Vorschrift darstellt, daß es also der Polizeibehörde freigestellt ist, die hier erwähnten Punkte in die Bauordnung aufzunehmen.

3) Die Bauordnung bedeutet Beschränkung der freien Verfügungsgewalt des einzelnen hinsichtlich der baulichen Ausnutzbarkeit eines Grundstücks. Der Ausdruck „Bauordnungen" entspricht der im Art. 5 gebrauchten abgekürzten Bezeichnung „Wohnungsordnungen". Sowohl die Bauordnungen als auch die Wohnungsordnungen sind als Polizeiverordnungen unter den für diese gegebenen Vorschriften zu erlassen.

4) Vgl. hierzu auch AusfAnw. zum Wohnungsgesetz Art. 4 § 1 Ziff. 1 S. 85.

5) Hierdurch soll die Möglichkeit gegeben werden, durch Abstufung der Bauvorschriften für das Stadtinnere, die Außenbezirke und die Umgebung der Gemeinde Vorsorge zu treffen, daß nicht der Bau von Mietkasernen ohne zwingende Notwendigkeit aus dem Stadtinnern auf die neuen Stadtteile übertragen wird. Es soll mehr als bisher das kleine Wohnhaus und das Einzelhaus in der Bauordnung Berücksichtigung finde.

Nach einer ausdrücklichen Erklärung der Staatsregierung bei den Kommissionsberatungen zum Entwurf von 1913 fallen sowohl Vorschriften über seitliche Baulinien — Bauwiche — als auch über hintere oder rückwärtige Baulinien unter den Begriff der „Abstufung der baulichen Ausnutzbarkeit"; es bestanden bisher Zweifel, inwieweit darauf bezügliche Vorschriften rechtlich zulässig seien.

Auch noch eine Reihe anderer sehr wichtiger Abstufungen fällt unter den Begriff der „Abstufung der baulichen Ausnutzbarkeit", wie z. B. Einschränkung bezüglich der Höhe des Gebäudes, Vorschriften über die Weitläufigkeit der Gebäude, Beschränkung der bebaubaren Fläche u. a. (Vgl. auch Anm. 10 zu Art. 1 Nr. 1.) In Art. 1 Nr. 1 wird mit Hilfe der Fluchtlinienfestsetzung eine Auflockerung der Städte erstrebt, während hier das gleiche Ziel mit einem anderen Mittel, nämlich mit der Bauordnung erstrebt wird.)

Die Aufstellung von Staffelbauordnungen — Bauklassen — gehört jetzt ohne Zweifel in den Zuständigkeitsbereich der Polizei, so daß also eine Abstufung der Bebauungsintensität nach Straßenklassen normiert werden kann.

6) Der Zusatz, daß die Bauordnung bestimmen kann, daß, wo Fluchtlinien nicht festgestellt sind, nur offene Bauweise zulässig ist, stammt aus den Herrenhausberatungen. Ein weitergehender Antrag wollte sogar in allen Fällen, wo keine Baufluchtlinien festgesetzt sind, nur die offene Bauweise zulassen, während es hier im Gesetz der Bauordnung überlassen bleibt, eine solche Bestimmung zu erlassen.

Von seiten des Ministeriums der öffentlichen Arbeiten wurde darauf hingewiesen, daß dieser weitergehende Antrag ein Eingriff in die Selbstverwaltung sei, der weit hinausgehe über das, was man bisher immer bekämpft habe. Die Vorschrift nötige auch die Landgemeinden mit Baukräften zu arbeiten, die ihnen bisher nicht zur Verfügung gestanden hätten. Man könne sie nicht zwingen, Fluchtlinien festzusetzen, oder Ortsstatute zu erlassen. Es gebe, besonders in gebirgigen Gegenden und Flußtälern, z. B. an der Mosel und am Rhein, kleine Städte und Dörfer, wo das Bauen Haus an Haus seit Jahrhunderten üblich und nicht zu umgehen sei. Der Grundgedanke aber, daß im allgemeinen der Flachbau die erste Stufe der Bebauung sei und erst später eine engere Bauweise Platz greifen solle, sei zweifellos gesund. Es ist darum der Bauordnung anheim gestellt, eine entsprechende Anordnung zu treffen, daß wo Fluchtlinien nicht festgestellt sind, nur offene, flache Bauweise zulässig ist.

7) Vgl. hierzu auch AusfAnw. zu Wohnungsgesetz Art. 4 § 1 Ziff. 2 und 3 S. 86.

8) Hiermit werden noch weiter greifende Ziele der Siedlungspolitik erstrebt, indem für ganze Stadtteile mehr als bisher der Wohnzweck gegenüber industriellen Zwecken usw. in den Vordergrund geschoben werden kann. Nach der bisherigen Rechtslage war es schwer, gegen gewerbliche Einrichtungen anzukommen, die zwar keine direkten Gefahren für die umliegenden Bewohner und keine erheblichen Verkehrshindernisse darstellten, wohl aber Belästigungen. Jetzt kann für bestimmte Straßen, Plätze und Ortsteile die Errichtung von Anlagen, die erhebliche Belästigungen für die Nachbarschaft oder das Publikum herbeizuführen geeignet sind, verhindert werden. Erst dadurch wird den durch § 1 Nr. 1 zulässigen Staffelbauordnungen volle Wirksamkeit verliehen, indem nunmehr mit Nachdruck die Scheidung in Wohn- und Industrieviertel durchgeführt werden kann. Nicht zulässig ist die Ausscheidung vom Anlagen aus ganzen Orten oder großen Landbezirken, die nicht unter den Begriff von Ortsteilen fallen.

9) Vgl. hierzu AusfAnw. zum Wohnungsgesetz Art. 4 § 1 Ziff. 2 u. 3 S. 86.

10) Schon in Ziff. 2 des § 1 dieses Artikels wurde der jetzt bestehende Rechtszustand erheblich verschärft, insofern nach bisher geltendem Rechte nur solche Anlagen in gewissen Ortsteilen verboten werden konnten, die erhebliche Gefahren, insbesondere gesundheitlicher Art für das Publikum oder die Nachbarschaft herbeiführten, oder die in verkehrspolizeilicher Hinsicht zu Bedenken Anlaß gaben. Darüber hinaus können jetzt auch solche Anlagen verboten werden, die Nachteile oder Belästigungen für die Nachbarschaft oder das Publikum herbeiführen. Abs. 3 des § 1 in Art. 4 geht nun noch etwas weiter. Er will für gewisse Ortsteile gewerbliche Anlagen völlig ausschließen und andererseits gewisse Ortsteile nur für solche Errichtungen freigeben. Einzelne Betriebsarten wie Fleischer- und Bäckergeschäfte können auch in den Wohnvierteln zugelassen werden.

Gegen diese Verschärfung wurden bei der Beratung Einwendungen erhoben. Vom sozialen Standpunkt sei es nicht ganz unbedenklich, wenn man in einem Wohnungsgesetz den Grundsatz aufstelle, gewisse Ortsteile sollten nur Wohnungen vorbehalten werden. Das führte dazu, daß in gewissen Ortsteilen nur Luxusbauten, Villen aufgeführt werden könnten, und daß andererseits in den industriellen Ortsteilen Arbeiterwohnungen gänzlich ausgeschlossen seien. Ob das wünschenswert sei, sei doch recht zweifelhaft. Man werde den Arbeitern den Weg zur Arbeitsstätte dadurch sehr erschweren und ihnen weite Wege zumuten. Es entspräche auch nicht dem richtigen sozialen Empfinden, wenn man die Fabriken verhindere, in nächster Umgebung Wohnungen für die Arbeiter zu schaffen.

Demgegenüber wurde betont, daß auch hier keine Muß-Vorschrift, sondern eine Kann-Vorschrift vorliege, da es freigestellt sei, eine solche Bestimmung durch die Bauordnung zu treffen oder nicht. Es sei damit die Möglichkeit gegeben, überall die örtlichen Verhältnisse zu berücksichtigen, im übrigen sei eine solche Trennung in der Praxis schon vorgekommen. So wurde der Antrag auf Einfügung dieses Passus angenommen.

11) Wie der Ausdruck „der vornehmlich Wohnzwecken dienenden Gebäude" ergibt, soll sich die Befugnis, allgemein und ohne Rücksicht auf die Lage an Straßen und Plätzen den Verputz, Anstrich oder die Ausfugung zu regeln, nicht auf Wohngebäude in der weiteren Fassung des Begriffs beziehen, wie ihn die Rechtsprechung bei § 12 des Gesetzes betreffend die Anlegung und Veränderung von Straßen und Plätzen in Städten und ländlichen Ortschaften vom 2. Juli 1875 (Gesetzsamml. S. 561) ausgedehnt hat. Dort sind darunter auch Gebäude verstanden, die — wie große Fabrikgebäude — wesentlich gewerblichen Zwecken dienen, sofern darin überhaupt nur ein oder mehrere Räume zum Wohnen — z. B. eines Pförtners — bestimmt sind. Hier dagegen sind nur diejenigen Gebäude gemeint, welche ganz oder überwiegend oder doch zu einem erheblichen Teile zu Wohnzwecken dienen, also eigentliche Wohngebäude. Ob diese Gebäude von der Straße aus sichtbar sind oder nicht, macht keinen Unterschied. Dagegen begreift der folgende Ausdruck „aller von Straßen, Plätzen oder

anderen öffentlichen Verkehrsflächen aus sichtbaren Bauten" die Bauten im weitesten Sinne des Wortes ein. (Begr.) Bezüglich der **Wohnbauten** im engeren Sinne kann also durch die Bauordnung Verputz, Anstrich und Ausfugung unter allen Umständen geregelt werden, bezüglich anderer Bauten nur soweit sie von Straßen usw. **sichtbar** sind.

12) Auch für solche baupolizeiliche Vorschriften soll damit ein sicherer Rechtsboden geschaffen werden. In diesem Absatz ist gegenüber dem Entwurf von 1913 durch die Kommission eine Einschränkung insofern vorgenommen worden, als sich die Vorschrift nunmehr nur noch bezieht auf die von öffentlichen Straßen und Plätzen aus „sichtbaren" Bauten, nicht mehr auf alle daran liegenden Bauten; andererseits wurde einer Erweiterung dadurch vorgenommen, daß hinter „Straßen und Plätze" eingeschaltet wurde, „**oder anderen öffentlichen Verkehrsflächen** aus sichtbaren Bauten" Der Ausdruck Verkehrsflächen sollte nach den Ausführungen in der Kommission es ermöglichen, für eine ordnungsmäßige Ausgestaltung der z. B. von der Eisenbahn, der Hochbahn, den Kanälen, Schiffahrtsstraßen und den dem öffentlichen Verkehr dienenden Wasserflächen sichtbaren Bauten Sorge zu tragen. Es sei wünschenswert, der Baupolizeibehörde in dieser Beziehung ein Eingreifen zu ermöglichen und dafür Sorge zu tragen, daß die von den genannten Verkehrsflächen aus sichtbaren Gebäudeteile in gewissen Zeitabschnitten wenigstens getünscht würden, damit der unerfreuliche Anblick beseitigt würde, der sich jetzt vielfach in den Großstädten den die Bahn benutzenden Reisenden darbiete. Eine derartige Bestimmung würde dahin führen, daß es sich zu einer allgemeinen Sitte herausbilde, auf einen ordentlichen Verputz und Anstrich der Gebäude so zu achten, wie das heute schon durchweg z. B. in der Schweiz, in Tirol und im Bergischen Land geschehe. Auch in den Kommissionsberatungen zum Entwurf von 1916 wurde von einem Vertreter der Staatsregierung ausdrücklich festgestellt, daß die Worte „andere öffentliche Verkehrsflächen" einen Sammelausdruck insbesondere für Eisenbahnen aller Art darstellen sollten. Der hier gewählte Ausdruck „**aller** von Straßen, Plätzen oder anderen öffentlichen Verkehrsflächen" aus sichtbaren Bauten begreift im Gegensatz zur Ausdrucksform im ersten Teil dieses Absatzes die Bauten im weitesten Sinne des Wortes ein (s. hierzu auch die vorhergehende Anm. 11).

13) Auch die Worte „sowie die einheitliche Gestaltung des Straßenbildes" wurden durch die Kommission zum Entwurf von 1913 eingeschaltet. Zur Begründung des Antrages, die einheitliche Gestaltung des Straßenbildes durch die Bauordnung vorschreiben zu lassen, wurde von den Antragstellern ausgeführt, daß es im Interesse der ästhetischen Wirkung des Stadtbildes in hohem Maße wünschenswert sei, die Möglichkeit zu gewähren, daß einzelnen Straßenzügen und insbesondere Platzanlagen ein einheitliches Gepräge gegeben werde. Das Verunstaltungsgesetz genüge in dieser Beziehung nicht, da nach der Rechtsprechung mit den Bestimmungen dieses Gesetzes nur wirklich grobe Verunstaltungen verhindert werden könnten.

14) Die besondere Hervorhebung der Berücksichtigung des Denkmal- und Heimatschutzes wurde unter allseitiger Zustimmung vom Herrenhaus noch eingefügt. Während sie aber in dieser Kann-Vorschrift nur bedingte Bedeutung hat, ist im Artikel 9 § 2 die Berücksichtigung zur Pflicht gemacht.

15) Diese Bestimmung entspringt einem dringenden Wunsche sämtlicher Architekten und Baumeister, die beim Städtebau tätig sind.

16) Vgl. hierzu auch AusfAnw. zum Wohnungsgesetz Art. 4 § 1 Ziff. 6 S. 86.

17) Bisher galten nach einer Entscheidung des Oberverwaltungsgerichts die Bestimmungen des Ansiedlungsgesetzes. Das Wohnungsgesetz will mit der obigen Bestimmung die Möglichkeit geben, durch Bauordnungen die Voraussetzungen festzustellen, unter denen Lauben, Gartenhäuschen nicht als Wohngebäude im Sinne des Ansiedlungsgesetzes anzusehen sind. Die hier der Polizeibehörde gewährte Möglichkeit, gegenüber Laubenkolonisten von den sonst für Ansiedlungen geltenden Erschwernissen abzusehen, erscheint sehr wertvoll, um den in engen Großstadtwohnungen lebenden Bewohnern Erfrischung zu bieten, sie von nutzlosen oder gar schädlichen Vergnügungen abzulenken und ihnen die Freude an der Natur und

am Besitz zu wecken und zu erhalten. Bestand daher von vornherein kein Zweifel über die Nützlichkeit dieser Einrichtung, so verbot sich doch eine schematische gesetzliche Ausnahmevorschrift für sie einerseits wegen der wichtigen Gemeindeinteressen (Straßenanlage, Armenrecht), die davon in Mitleidenschaft gezogen werden können. Es liegt auf der Hand, daß für Sicherheit und Ordnung auch in den Laubenkolonien gesorgt sein muß, und daß diese nicht zu Schlupfwinkeln für bedenkliche Bevölkerungskreise werden dürfen. Auch die durch das Ansiedlungsgesetz sowie das Feld- und Forstpolizeigesetz geschützten berechtigten Interessen dürfen nicht verletzt werden. Deshalb konnte eine gesetzliche Regelung der Zulassung des zeitweisen Bewohnens der Lauben nur in der Richtung erfolgen, daß sie dem Ermessen der Polizeibehörden einen angemessenen Spielraum gewährt. Dabei ist grundsätzlich jedenfalls daran festzuhalten, daß die Laubenbewohner stets eine feste Wohnung haben müssen, auch während der Dauer der Benutzung der Lauben. (Begr.)

Es ist jedoch zu erwägen, ob besonders für die Zeit der Wohnungsnot nach dem Kriege für die Laubenkolonisten unter bestimmten Voraussetzungen nicht von diesem in der Begründung erwähnten Verlangen, daß sie noch eine weitere feste Wohnung haben müssen, abgesehen werden kann. Für die Rheinprovinz gibt es kein Ansiedlungsgesetz, wohl aber fallen alle Ansiedlungen unter die Befugnisse der Polizei zur Wahrung der Verkehrs-, Feuersicherheit und öffentlichen Gesundheitsinteressen. Auch können Gartenhäuschen usw. unter das kommunale Bauverbot fallen, wenn die Bauordnung nicht gemäß Art. 4 § 1 Abs. 6 des Wohnungsgesetzes besondere Erleichterungen für diese vorsieht.

§ 2.

(1) Insofern die bauliche Entwicklung es erfordert, haben die Bauordnungen für die Ausführung der Wohngebäude, besonders hinsichtlich der Standfestigkeit, Tragfähigkeit, Feuersicherheit, Verkehrssicherheit und Raumhöhen unterschiedliche Vorschriften zu geben,

je nachdem sich diese auf Gebäude größeren oder kleineren Umfanges beziehen.[1])

(2) Geben Bauverordnungen für größere Bezirke gleichzeitig Bestimmungen für größere und kleinere Gemeinden, so haben sie hinsichtlich der Höhe der Gebäude, der bebaubaren Flächen und der Geschoßzahl unterschiedliche Bestimmungen zu treffen, welche die besonderen Verhältnisse der Gemeinden berücksichtigen.[2])

(3) Für Stadtkreise sollen die Bauordnungen in der Regel als Ortspolizeiverordnungen erlassen werden.[3])

1) Dieser Paragraph bezweckt für Kleinwohnungen Erleichterungen zu schaffen gegenüber den bisherigen Bestimmungen, die im wesentlichen auf die mehrstöckigen Gebäude zugeschnitten sind. Im Abs. 1 wird eine Instruktion für den Inhalt der Bauordnung gegeben: sie soll „unterschiedliche Vorschriften für die Ausführung der Wohngebäude besonders hinsichtlich der Standfestigkeit, Tragfähigkeit, Feuersicherheit, Verkehrssicherheit und Raumhöhen" vorsehen, je nachdem es sich um größere oder kleinere Wohnungen handelt. Es handelt sich hier um die Brandmauern — Umfassungsmauern —, Treppenhäuser, Treppenbreite, Gebäudehöhe, lichte Höhe der Wohnräume, Ausnutzung der Dachgeschosse, Entfernung des Hauses von der Nachbargrenze usw. — Der Minister der öffentlichen Arbeiten hat unter dem 26. März 1917 einen besonderen Runderlaß herausgegeben zur Förderung von Kleinhäusern, in dem er neue Leitsätze aufstellt und besondere Anweisungen gibt über Geländeerschließung für den Kleinhausbau und Erleichterung der baupolizeilichen Forderungen.

§ 4 dieses Artikels gibt noch weitere Erleichterungen für den Kleinhausbau durch Vorschriften über vereinfachten Straßenbau.

2) Abs. 2 des § 2 betrifft den Fall, daß eine Bauordnung für einen größeren Bezirk, der größere und kleinere Gemeinden umfaßt, erlassen wird. Dann sollen, je nachdem es sich um größere oder kleinere Gemeinden handelt, auch für diese unterschiedliche

Vorschriften bezüglich Höhe der Gebäude und Geschoßzahl gegeben werden.

3) Dieser Abs. 3 des § 2 ist vom Herrenhaus eingefügt worden. Zur Begründung wurde ausgeführt, daß es in Preußen über 9000 Behörden gäbe, die Baupolizeiverordnungen erlassen könnten, der Regierungspräsident für einen ganzen Regierungsbezirk, der Oberpräsident für eine ganze Provinz. Eine solche Verordnung könne unter Umständen für kleine Gemeinden geeignet sein, für mittlere schon weniger und für die großen Städte gar nicht. Umgekehrt sei häufig die Folge von Provinzialbauordnungen, daß die hohe städtische Bebauung auf kleine Landstädte übertragen werde, indem in der Bauordnung Häuser bis zu 18 Meter Höhe vorgesehen wären und nun eine vollständige Schematisierung im Regierungsbezirke eintrete. Eine Bauordnung müsse immer den örtlichen Verhältnissen besonders angepaßt sein. Wenn sich irgend etwas zu einer örtlichen Behandlung eigne, so sei das die Bauordnung, die die heimische Bauweise aufrechterhalten müsse. Die Sache wäre auch gar nicht bedenklich, da der Ortspolizeiverwalter den Anordnungen des Regierungspräsidenten unterworfen sei, und jede Baupolizeiverordnung dem Regierungspräsidenten zur Genehmigung vorzulegen habe. Der Antrag schränke also nicht die Machtbefugnisse des Regierungspräsidenten und des Landrates ein; wenn ein Magistrat sich weigere, eine Bauordnung zu erlassen, so bestände immer die Möglichkeit, die Zustimmung des Magistrats durch eine Zustimmung des Bezirksausschusses zu ergänzen.

Von seiten des Ministers der öffentlichen Arbeiten wurde darauf hingewiesen, wie manche Städte miteinander in so enger Beziehung ständen, daß für diese der Erlaß einer einheitlichen Bauordnung geboten sei. Es wurde aber dann hierzu die ausdrückliche Erklärung abgegeben, daß man sich bei dem Erlaß einheitlicher Bauordnungen auf solche Fälle beschränken werde, in denen dies durch besondere Umstände geboten sein, wie das ja auch in der Fassung des Gesetzestextes zum Ausdruck komme, der vorsehe, daß „in der Regel" die Bauordnungen für Stadtkreise als „Orts"polizeiverordnung erlassen werden sollen.

§ 3.

Durch die Bauordnungen sollen Bestimmungen eingeführt werden, durch die überall dort, wo die offene Bauweise üblich und wirtschaftlich durchführbar ist, die Errichtung von Wohnhäusern mit freistehenden Brandgiebeln verhindert wird.[1])

1) Diese Vorschrift will eine Verunstaltung des Landschaftsbildes durch die freistehenden Brandgiebel alleinstehender Häuser verhindern.

§ 4.

(1) Sofern die Verhältnisse es erfordern, sollen durch Polizeiverordnungen für die Herstellung und Unterhaltung der Ortsstraßen abgestufte Vorschriften je nach deren Bestimmung (Hauptverkehrsstraßen, Nebenverkehrsstraßen, Wohnstraßen, Wohnwege usw.) gegeben werden.[1])

(2) Durch Polizeiverordnung kann auch im Wohnungsinteresse für Wohnstraßen, Wohnwege und andere Ortsstraßen, die dem Zugang zu Wohngebäuden dienen, der Fuhrwerksverkehr beschränkt werden.[2])

1) Damit die nach Art. 1 Nr. 3 erstrebte Straßenscheidung ihren Zweck erreicht und für die Wohnstraßen eine billigere Herstellung gewährleistet wird, sieht § 4 des Art. 4 vor, daß dort, wo eine Scheidung zwischen Verkehrs- und Wohnstraßen eintritt, durch Polizeiverordnung abgestufte Vorschriften für die Herstellung und Unterhaltung der Ortsstraßen je nach ihrer Bestimmung erlassen werden sollen. Ohne eine solche Bestimmung würde die Errichtung kleinerer billigerer Häuser überall dort verhindert werden, wo für die Straßen allgemein ein kostspieliger Straßenbau vorgeschrieben ist, und, wie namentlich in manchen Gemeindevertretungen von

Vororten größerer Städte, eine Abneigung gegen einfache Wohnstraßen besteht. (Begr.)

Es wurde ferner in der Kommission hervorgehoben, daß es wünschenswert sei, in dem Wohnungsgesetz die Gemeinden nicht nur auf die Abstufung nach Verkehrsstraßen und Wohnstraßen hinzuweisen, sondern ausdrücklich Hauptverkehrsstraßen, Nebenverkehrsstraßen, Wohnstraßen und Wohnwege in dem Gesetz zu erwähnen. Auf die Wohnwege sei besonders in Ortschaften mit offener Bebauung Wert zu legen, da bei solchen Wohnwegen an Pflasterkosten und Anliegerbeitrag erheblich gespart werde; durch diese Unterscheidung werden insbesondere die Ortschaften in der Nähe von Großstädten darauf hingewiesen, daß es für sie nicht nötig ist, große, breite Straßen wie in der Großstadt anzulegen; dies wird die Straßenkosten verringern, die Preise für das Bauland ermäßigen und so die Ansiedlungstätigkeit beleben. Dieser Paragraph bildet das Gegenstück zum § 2 dieses Artikels, der abgestufte Vorschriften für die Ausführung der Wohngebäude zuläßt. Also sowohl für diese wie für die Ausführung der Straßen sind Erleichterungen im Interesse des Kleinhauses zulässig.

Es empfiehlt sich aber auch, daß nicht nur bei den polizeilichen Vorschriften, sondern auch bei den den Gemeinden überlassenen Bestimmungen auf eine Förderung des Kleinhauses Rücksicht genommen wird, so z. B. bei der Anforderung an Kanalanschlüsse, bei der Abstufung der Gebühren für Wassergeld, usw. Dies haben bereits in vorbildlicher Weise eine Reihe von Städten getan.

2) Bisher hatte die Polizei nur ein Recht, im öffentlichen Verkehrsinteresse den Fuhrwerksverkehr zu beschränken. Mit dieser Bestimmung ist ihr das Recht gegeben, die Beschränkung auch im Wohnungsinteresse, im Interesse der Annehmlichkeit für die Wohnungen herbeizuführen.

§ 5.

Der Abs. 4 des § 145 des Gesetzes über die Zuständigkeit der Verwaltungs- und Verwaltungs-

gerichtsbehörden vom 1. August 1883 (Gesetzsamml. S. 237) erhält folgende Fassung:

Gegen die Beschlüsse des Bezirksausschusses in erster Instanz und des gemäß Abs. 1 entscheidenden Regierungspräsidenten findet binnen 2 Wochen die Beschwerde an den Oberpräsidenten statt, der endgültig entscheidet.[1])

1) Der § 145 des Zuständigkeitsgesetzes vom 1. August 1883 (Gesetzsamml. S. 237) lautet jetzt:

„Über Dispense von Bestimmungen der Baupolizeiverordnungen beschließt nach Maßgabe dieser Ordnungen der Kreisausschuß, in Stadtkreisen und in den zu einem Landkreise gehörigen Städten von mehr als 10000 Einwohnern der Bezirksausschuß, soweit die Angelegenheit nicht nach diesen Ordnungen zur Zuständigkeit anderer Organe gehört. Verfügungen der letzteren unterliegen der Anfechtung nur im Wege der Beschwerde an die Aufsichtsbehörde.

Der Bezirksausschuß tritt in betreff der Zuständigkeit zur Erteilung von Dispensen in allen Fällen an die Stelle der Bezirksregierung.

Zur Einlegung der Beschwerde gegen den Beschluß ist auch die zur Erteilung der Bauerlaubnis zuständige Behörde befugt, welcher der Beschluß zuzustellen ist.

Gegen die Beschlüsse des Bezirksausschusses in erster Instanz und des gemäß Abs. 1 entscheidenden Regierungspräsidenten findet binnen zwei Wochen die Beschwerde an den Oberpräsidenten statt, der endgültig entscheidet."

§ 5 überträgt also die endgültige Entscheidung von dem bisher zuständigen Minister der öffentlichen Arbeiten auf den Oberpräsidenten. Infolge der früheren Vorschriften gelangten jährlich eine große Zahl, durchschnittlich etwa 250 Dispens-(Befreiungs-)Beschwerden an den genannten Minister, deren Entscheidung sich fast stets ausschließlich nur auf die Berichte der Regierungspräsidenten — gelegentlich auch auf Begleitberichte der Oberpräsidenten — stützen konnte. Da die Gesuche ferner lediglich auf die Befreiung von sonst zwingenden Vorschriften gerichtet waren, die Befreiung aber nur da zugelassen werden soll, wo die buchstabenmäßige Anwendung des Gesetzes mit unverhältnismäßigen Härten verbunden ist, während andererseits insbesondere die Möglichkeit, das Baugrundstück dadurch gewinnbringender auszunutzen, grundsätzlich als Veranlassung zu Befreiungen nicht anerkannt wird, so ergibt sich, daß bei diesen Befreiungsbeschwerden im allgemeinen nur die Tatumstände und kaum jemals schwierige Rechts- oder bautechnische Fragen grundsätzlicher Bedeutung den Gegenstand der Beurteilung bildeten. Es lag also weder die Notwendigkeit noch auch nur — etwa zur Aufrechterhaltung und Durchführung einheitlicher baupolizeilicher Grundsätze — eine wesentliche Veranlassung vor, die Zentralinstanz mit diesen Beschwerden zu befassen. Die Sicherheit gerechter Beurteilung derartiger Beschwerden ist bei den Oberpräsidenten ebenso gewährleistet, zumal sie leichter als der Minister sich örtlich werden unterrichten können. Baupolizeiliche Aufsichtsbeschwerden können natürlich nach wie vor an die Zentralinstanz zur letzten Entscheidung gebracht werden, ebenso wie der Beschwerdeweg für baupolizeiliche Verfügungen, der bis zum Oberverwaltungsgericht führen kann (§ 12 des Landesverwaltungs-Gesetzes vom 30. Juli 1883), der bisherige bleibt. (Begr.)

Artikel 5.

Benutzung der Gebäude.[1])

I. Allgemeine Vorschriften über die Benutzung der Gebäude zum Wohnen und Schlafen (Wohnungsordnungen.)[2])

§ 1.[3])

(1) Die Benutzung der Gebäude zum Wohnen und Schlafen[4]) kann durch allgemeine Vorschriften (Woh-

nungsordnungen) im Wege der Polizeiverordnung geregelt werden. In der Regel sollen die Wohnungsordnungen als Orts- oder Kreispolizeiverordnungen erlassen werden.[5])

(2) Für Gemeinden und Gutsbezirke mit mehr als 10000 Einwohnern sind solche Wohnungsordnungen zu erlassen.[6])

(3) Ist in Gemeinden, für die von Ortspolizeibehörden Wohnungsordnungen erlassen werden sollen, die Polizei unter mehrere Behörden geteilt, so gilt als Ortspolizeibehörde diejenige Behörde, welcher die Baupolizei übertragen ist.[7])

1) Art. 5, der sich mit der Benutzung der Gebäude befaßt, gibt in seinem ersten Teil allgemeine Vorschriften über die Benutzung der Gebäude zum Wohnen und Schlafen. Dieser Teil will es rechtlich außer Frage stellen, daß diesbezügliche allgemeine Vorschriften — sogenannte Wohnungsordnungen — im Wege einer Polizeiverordnung erlassen werden können. Bisher war es zweifelhaft, ob dies statthaft sei, und mehr noch war es zweifelhaft, was nach dem geltenden Polizeirecht Inhalt einer Wohnungsordnung sein könne. Art. 5 will auch hierfür eine sichere Rechtsgrundlage schaffen. Insbesondere gilt dies von Vorschriften, durch die im gesundheitlichen, sittlichen und sozialen Interesse eine gewisse Trennung der Familien vorgeschrieben wird sowie hinsichtlich der Beschaffenheit, Einrichtung, Ausstattung oder Unterhaltung der Wohn- und Schlafräume gewisse Anforderungen gestellt werden, und von denjenigen Vorschriften, welche zur Durchführung der getroffenen Bestimmungen den Beteiligten hinsichtlich der erforderlichen Anzeigen, Aushänge und dergleichen Verpflichtungen auferlegen. Durch das Wohnungsgesetz ist nunmehr außer Zweifel gestellt, daß solche Bestimmungen, auch soweit sie in das Gebiet der sogenannten Wohlfahrtspolizei fallen und nicht nur den Schutz gegen drohende, auf keine andere Weise zu beseitigende Gefahren

bezwecken, im Wege der Polizeiverordnung erlassen werden können. Soweit durch die Vorschriften der Wohnungsordnungen in das Vertragsverhältnis der Parteien eingegriffen und insbesondere vorgesehen wird, daß Mieterwohnungen gewissen Mindestanforderungen hinsichtlich ihrer baulichen Beschaffenheit und Instandhaltung entsprechen müssen, rechtfertigt sich nach den Motiven des Gesetzentwurfs die Ergänzung des Privatrechts durch öffentlich-rechtliche Bestimmungen durch die von der Erfahrung bestätigte Erwägung, daß auf diesem Gebiete die Selbsthilfe der an Zahl bei weitem überwiegenden Mieter von kleinen Wohnungen gegenüber den Vermietern in der Regel versagt. — In seinem 2. Teil gibt der Art. 5 besondere Vorschriften über Unterbringung von Arbeitern. Während so Art. 5 den gesetzlichen Rahmen gibt für die Benutzung der Gebäude zum Wohnen und Schlafen — Wohnungsordnung — gibt Art. 6 Vorschriften für die Kontrolle darüber, daß diese Vorschriften auch tatsächlich dauernd beobachtet werden — Wohnungsaufsicht. — Die Wohnungsordnung gibt also vor allem gleichzeitig die rechtliche Grundlage für die Wohnungsaufsicht. Art. 5 und 6 haben also einen gewissen inneren Zusammenhang, zu dem dann auch noch Art. 7 gehört, der gemeinsame Vorschriften für die Wohnungsordnungen und die Wohnungsaufsicht gibt.

2) Der Ausdruck: Wohnungsordnung entspricht der im Art. 4 gebrauchten Bezeichnung: Bauordnung. Die Bauordnung wendet sich an den Erbauer, die Wohnungsordnung an den Benutzer des Hauses. Auch die Wohnungsordnung ist als Polizeiverordnung unter den für diese gegebenen Vorschriften von der Polizeiverwaltung zu erlassen, während die Wohnungsaufsicht (Art. 6) von der Gemeindeverwaltung durchgeführt wird. Gemäß Art. 7 sind in der Regel nur kleinere Wohnungen der Wohnungsordnung unterworfen.

3) Vgl. hierzu auch AusfAnw. zum Wohnungsgesetz Art. 5 Abschn. I § 1 S. 87.

4) Die Wohnungsordnungen nach § 1 beziehen sich nur auf die Benutzung der Gebäude zum Wohnen und Schlafen von

Menschen; Arbeitsräume und ähnliche Räume, die ihrer Bestimmung nach nicht zum Wohnen und Schlafen dienen sollen, werden von dieser Vorschrift nicht mitbetroffen. Für Arbeitsräume greifen vielmehr §§ 120a ff. der Reichsgewerbeordnung ein.

5) Der Satz, daß Wohnungsordnungen ähnlich wie Bauordnungen (Art. 4 § 2 Abs. 3) in der Regel von den Orts- oder Kreispolizeiverwaltungen erlassen werden sollen, ist vom Wohnungsausschuß hinzugefügt worden und hat die Bedeutung, daß die Wohnungsordnung zwar „in der Regel" von der Orts- oder Kreispolizeibehörde erlassen wird, daß aber die Einwirkung des übergeordneten Regierungspräsidenten nicht ausgeschaltet wird. Der Handelsminister gab hierzu folgende Erklärung ab:

Daß die Wohnungsordnungen regelmäßig in erster Linie im Wege der Orts- oder Kreispolizeiverordnung zu erlassen sein werden, entspreche durchaus auch den Wünschen der Königlichen Staatsregierung; denn in der Regel könne nur durch Orts- oder Kreispolizeiverordnungen der Verschiedenartigkeit der örtlichen Verhältnisse in den einzelnen Ortschaften und Gegenden genügend Rechnung getragen werden. Die Staatsregierung müsse aber Gewicht darauf legen, daß auch dem Regierungspräsidenten — wenn auch erst in zweiter Reihe — die gleiche Befugnis, Wohnungsordnungen für mehrere Kreise seines Bezirks im Wege der Polizeiverordnung zu erlassen, gewahrt bleibe. Denn erstens würde es grundsätzlich nicht erträglich sein, daß der Regierungspräsident, der für seinen Bezirk der berufene Vertreter der Polizeihoheit des Staates sei, auf dem Gebiete der Regelung des Wohnungswesens der Befugnis zum Erlaß von Polizeiverordnungen, also eines wesentlichen Teils der Befugnisse einer jeden Polizeibehörde, völlig entkleidet werde. Dazu komme aber, daß es in gewissen Grenzen auch aus praktischen Gründen geboten sei, die Regelung des Wohnungswesens nicht ausnahmslos den Orts- und Kreisbehörden zu überlassen. Das Abmieter- und Schlafgängerwesen werde häufig am zweckmäßigsten für den Umfang des ganzen Regierungsbezirks oder doch einheitlich für mehrere Kreise, also durch Polizeiverordnung des Regierungspräsidenten zu regeln sein. Ferner empfehle sich z. B., für mehrere benachbarte, ein einheitliches Wirtschaftsgebiet bildende Industriekreise oder auch für größere Städte und ihre in den angrenzenden Landkreisen gelegenen Vororte unter Umständen eine einheitliche Regelung durch Polizeiverordnung des Regierungspräsidenten. Auch mit Rücksicht darauf, daß die Grenzen zwischen dem, was in die Bauordnungen, und dem, was in die Wohnungsordnungen aufzunehmen ist, nicht überall mit Sicherheit zu ziehen sei, erscheine es geboten, die Zuständigkeit des Regierungspräsidenten auf beiden Gebieten zu wahren, damit nicht etwa Bestimmungen der Baupolizeiverordnung eines Regierungspräsidenten deshalb angefochten werden könnten, weil sie in den Bereich der Wohnungsordnungen gehörten.

Da es sich hier um eine Sollvorschrift handelt, ist die Frage, ob Bestimmungen, die ein Regierungspräsident durch eine Wohnungsordnung erlassen hat, nicht auch auf dem Wege der Kreis- oder Ortspolizeiverordnungen hätten getroffen werden können auf die Rechtsgültigkeit der erlassenen Wohnungsordnung ohne Einfluß und der Nachprüfung durch die Gerichte und Verwaltungsgerichte entzogen.

Auch Wohnungsordnungen für einen mehrere Orte umfassenden Amtsbezirk sind zulässig.

6) Obligatorisch ist also der Erlaß einer Wohnungsordnung nur für Gemeinden und Gutsbezirke mit mehr als 10000 Einwohnern.

7) Der Regierungsentwurf von 1913 sah vor, daß in solchen Gemeinden, wo die Polizei unter mehrere Behörden geteilt, der Minister des Innern die zum Erlaß der Wohnungsordnung zuständige Behörde bestimmen soll. Die jetzige Fassung, daß als Ortspolizei diejenige Behörde gelten solle, der die Baupolizei übertragen sei, entspricht einem Beschlusse der Kommission. Zur Begründung dieses Beschlusses wurde darauf hingewiesen, daß es erwünscht sei, daß die Behörde, welche über die Herstellung der Wohnung Bestimmung zu treffen habe, auch über die Art ihrer

Benutzung befinde. Trotzdem die Staatsregierung eine Ablehnung des Antrages erbat, wurde der Antrag mit großer Mehrheit angenommen und gelangte so in den Entwurf von 1916. Baupolizei und Wohnungspolizei liegen somit jetzt in einer Hand.

Ein aus der Durchführung der Wohnungsordnung dem Hausbesitzer etwa entstehender Schaden braucht diesem nicht ersetzt zu werden. Ein im Abgeordnetenhause gestellter Antrag, der Gemeinde eine Entschädigungspflicht aufzuerlegen, fand keinen Beifall, da man die Zuversicht hatte, daß nicht zu schroff gegen die Hausbesitzer vorgegangen werde, ihnen sogar geeignetenfalls aus Gemeindemitteln ein billiges Darlehn oder eine sonstige Unterstützung zur Linderung der durch eine neue Wohnungsordnung erwachsenen Nachteile freiwillig gegeben werden würde. Bezüglich der Wirkung neuer Wohnungsordnungen auf vorher bereits bezogene Wohnungen s. Note 2 S. 205 und Art. 7 § 2 S. 230.

§ 2.

(1) Durch die Wohnungsordnungen ist vorzuschreiben, daß als Wohn- oder Schlafräume (auch Küchen) nur solche Räume benutzt werden dürfen, welche zum dauernden Aufenthalte von Menschen baupolizeilich genehmigt sind.

(2) Ausnahmen sind nur zulässig für Gebäude, die zur Zeit des Inkrafttretens des Wohnungsgesetzes bereits bewohnt waren.[1][2]

1) Vgl. AusfAnw. zu Art. 5 (7, 9) § 2 des Wohnungsgesetzes S. 90. Durch §§ 2 und 3 wird festgestellt, was Inhalt der Wohnungsordnung sein kann und sein muß; es wird außer Zweifel gestellt, daß Bestimmungen, wie sie die §§ 2 und 3 vorsehen, die zum Teil in das Gebiet der gemeindlichen Wohlfahrtspflege hinübergreifen, im Wege der Polizeiverordnung erlassen werden können.

§ 2 bildet die Ergänzung zu der baupolizeilichen Genehmigung. Als Wohn- oder Schlafräume (auch Küchen) dürfen also — sofern es sich nicht um Gebäude handelt, die zur Zeit des Inkrafttretens des Gesetzes bereits bewohnt waren — nur solche Räume benutzt werden, welche zum dauernden Aufenthalt von Menschen baupolizeilich genehmigt sind. Zur Verhütung von Zweifeln darüber, ob Räume zu dem angegebenen Zwecke genehmigt sind, empfiehlt es sich, in der Bauzeichnung stets die Zweckbestimmung jedes Raumes anzugeben. Eine Genehmigung zum dauernden Aufenthalte von Menschen liegt auch dann vor, wenn die Räume nach dem Wortlaute der Baugenehmigung etwa ausdrücklich als „Wohnräume" oder als „Schlafräume" genehmigt worden sind. Enthält die Bauordnung Vorschriften über „Wohn- und Schlafräume" und daneben solche über Räume, die im übrigen zum dauernden Aufenthalt von Menschen dienen sollen, so ist nicht etwa aus § 2 Abs. 1 zu folgern, daß auch die Räume der zweiten Art bewohnt werden dürfen; nur ein sonstiger Aufenthalt ist hier gestattet, z. B. zum Arbeiten. Der Entwurf ging in der Milde seiner Bestimmungen im § 2 sogar so weit, daß er auch diese Bestimmung nicht einmal als zwingende Vorschrift aufstellte. Erst durch den Wohnungsausschuß zum Entwurf von 1916 ist aus der „Kann"-Vorschrift eine „Muß"-Vorschrift geworden.

2) Hinzugefügt wurden durch den Ausschuß die Worte: „Ausnahmen sind nur zulässig für Gebäude, die zur Zeit des Inkrafttretens des Wohnungsgesetzes bereits bewohnt waren." Unter diesen Ausnahmen sind zu verstehen sowohl allgemeine Ausnahmebestimmungen in den Wohnungsordnungen, als auch besondere Ausnahmebewilligungen für einzelne Fälle, die in den Wohnungsordnungen vorbehalten und der Bewilligung durch bestimmte Stellen überlassen werden. Durch Art. 7 § 2 (S. 230) wird für Mietwohnungen die Zulässigkeit der Ausnahmen noch weiter eingeschränkt.

Für neuere Wohnhäuser ist eine Ausnahmebewilligung also grundsätzlich nicht zulässig. Immerhin ist bei vorübergehender Wohnungsnot oder in sonstigen Fällen eines besonderen Notstandes

Abhilfe dadurch möglich, daß die Wohnungsordnung zeitweilig aufgehoben wird (AbgH. S. 68, 69).

Art. 7 § 1 gibt genauere Anweisung als dieser Art. 5, welche Wohnungen den Wohnungsordnungen unterliegen.

Durch die in den Wohnungsordnungen gegebenen festen Normen über die verlangte Beschaffenheit und Größe der Wohnungen wird den Bauunternehmern eine Grundlage gegeben, bezüglich des Bedarfs an kleinen guten Wohnungen, denn die Wohnungsordnung will verhindern, daß wachsende Bevölkerung nur einfach ein engeres Zusammenrücken der Menschen in den vorhandenen Gebäuden bedingt.

§ 3.

(1) Die Wohnungsordnungen können ferner insbesondere Vorschriften treffen über:[1])

1. eine den gesundheitlichen Anforderungen entsprechende bauliche Beschaffenheit und Instandhaltung der Wohn- und Schlafräume (auch Küchen), der Hausflure, Treppen, Höfe und sonstigen der gemeinsamen Benutzung der Hausbewohner dienenden Teile des Hauses;[2])
2. eine den Anforderungen des Familienlebens entsprechende Trennung der von verschiedenen Haushaltungen benutzten Wohn- und Schlafräume (auch Küchen) voneinander;[3])
3. die Zahl und die Beschaffenheit der erforderlichen Kochstellen, Wasserentnahmestellen, Ausgüsse, Aborte, wobei in städtischen Verhältnissen in der Regel zu fordern ist, daß ein Abort von höchstens zwei Familien benutzt werden darf;[4])
4. die im gesundheitlichen und sittlichen Interesse zulässige Belegung der Wohn- und Schlafräume (auch Küchen);[5])

5. die Einrichtung, Ausstattung und Unterhaltung der von Dienst- oder Arbeitgebern ihren Dienstboten, Gewerbegehilfen (Gesellen, Gehilfen, Lehrlingen), Handlungsgehilfen, Handlungslehrlingen oder sonstigen Angestellten oder Arbeitern zugewiesenen Schlafräume;[6])
6. die Bedingungen, unter denen die Aufnahme nicht zur Familie gehöriger Personen gegen Entgelt als Zimmermieter (Zimmerherren), Einlieger (Einlogierer, Miet-, Kost- und Quartiergänger) oder Schlafgänger (Schläfer, Schlafleute, Schlafsteller, Schlafgäste, Schlafburschen und -mädchen) statthaft ist;[7])
7. die zur Durchführung der getroffenen Bestimmungen den Beteiligten, namentlich hinsichtlich der Anzeigen, Aushänge usw. obliegenden Verpflichtungen.[8])

(2) Für Städte über 10000 Einwohner sollen die Wohnungsordnungen die vorstehenden Bestimmungen enthalten.[9])

1) Vgl. auch AusfAnw. zu Art. 5 (7, 9) § 3 des Wohnungsgesetzes S. 90. Es werden hier noch eine Reihe von besonderen Gegenständen der Wohnungsordnung namentlich aufgeführt, bei denen erfahrungsgemäß sich besonders häufig erhebliche Mißstände zeigen. Es kann bei vielen der Gegenstände zweifelhaft sein, ob sie durch die Bauordnung oder die Wohnungsordnung zu regeln sind, da die Mißstände entstehen können durch bautechnische, oder durch wohnungstechnische Mängel, also durch Mängel in der baulichen Anlage des Hauses oder durch Mängel der Instandhaltung und Benutzung. Deshalb bestimmt das Gesetz, daß die Wohnungsordnung auch über eine den gesundheitlichen Anforderungen entsprechende bauliche Beschaffen-

heit und Instandhaltung der Wohn- und Schlafräume usw. Vorschriften treffen kann. § 3 Nr. 1.

Durch Vorschriften der in § 3 bezeichneten Art werden gewisse Untergrenzen für die Größe und sonstige Beschaffenheit der Wohnungen gezogen, insbesondere wird dadurch dem heute unbeschränkt zulässigen Unterteilen der ursprünglich für eine Familie bestimmten Wohnungen mit seinen verderblichen Wirkungen für das Familienleben und die Gesundheit und Sittlichkeit der Bewohner, sowie der unbeschränkten Aufnahme fremder, nicht zur Familie gehöriger Personen in die Haushaltungen entgegengetreten.

2) Ziff. 1: Es kann gefordert werden, daß Dach und Fenster dicht sind, daß die Tapeten nicht zerrissen und sich nicht von den Wänden loslösen. Es können auch besondere Vorschriften über eine einwandfreie Behandlung und Benutzung der Wohnung durch die Bewohner getroffen werden. Nach § 535 BGB. ist der Vermieter verpflichtet, dem Mieter den Gebrauch der vermieteten Sache während der Mietszeit zu gewähren. Er hat nach § 536 die vermieteten Räume in einem zu dem vertragsmäßigen Gebrauche geeigneten Zustande zu überlassen und sie während der Mietszeit in diesem Zustande zu erhalten. Nach § 537 sind die Räume für die Zeit, während deren die Tauglichkeit aufgehoben ist, von der Entrichtung des Mietzinses befreit, für die Zeit, während deren die Tauglichkeit gemindert ist, nur zur Entrichtung eines nach den §§ 472, 473 zu bemessenden Teiles des Mietzinses verpflichtet.

Das gleiche gilt, wenn eine zugesicherte Eigenschaft fehlt oder später wegfällt. Bei der Vermietung eines Grundstückes steht die Zusicherung einer bestimmten Größe der Zusicherung einer Eigenschaft gleich.

Kommt der Vermieter mit der Beseitigung des Mangels in Verzug, so kann ihn der Mieter selbst beseitigen und Ersatz verlangen (§ 538).

Ist eine Wohnung oder ein anderer zum Aufenthalt von Menschen bestimmter Raum so beschaffen, daß die Benutzung mit einer erheblichen Gefährdung der Gesundheit verbunden ist, so kann der Mieter ohne Innehaltung einer Frist kündigen, auch wenn er die gefahrbringende Beschaffenheit bei dem Abschlusse des Vertrages gekannt oder auf die Geltendmachung der ihm wegen dieser Beschaffenheit zustehenden Rechte verzichtet hat (§ 544). Zeigt sich im Laufe der Miete ein Mangel, oder wird eine Vorkehrung zum Schutze der Mietsräume gegen eine vorher nicht vorhergesehene Gefahr erforderlich, so hat der Mieter dem Vermieter unverzüglich Anzeige zu machen.

3) Ziff. 2: Es kann vorgeschrieben werden, daß die einzelnen Wohnungen einen durch keine fremden Wohn- oder Schlafräume oder Küchen führenden verschließbaren Zugang haben und daß die Räume von innen verschließbar sein müssen.

4) Ziff. 3: Die gemeinschaftliche Benutzung der Kochstellen, Ausgüsse, Aborte usw. führt zu Streitigkeiten, fördert die Unreinlichkeit und gewisse ansteckende Krankheiten, insbesondere typhöse.

5) Ziff. 4: Die Vorschrift unter Ziff. 4 begreift Bestimmungen über das erforderliche Mindestmaß an Luftraum und Bodenfläche und über die zulässige Bewohnerzahl, die sowohl für den einzelnen Raum als auch mit Beziehung auf die Gesamtheit der Wohnung getroffen werden können. Ein Antrag, wonach für jede in einem Raum schlafende über 10 Jahre alte Person mindestens 4 Quadratmeter, für jedes Kind unter 10 Jahren mindestens 2 Quadratmeter Bodenfläche zur Verfügung stehen müssen, ist von der Kommission des Abgeordnetenhauses abgelehnt worden.

6) Ziff. 5: Bestimmungen über die Schlafräume von Dienstboten, Gewerbegehilfen, Handlungsgehilfen, Handlungslehrlingen oder sonstigen Angestellten, wie sie die Ziff. 5 vorsieht, erscheinen nach den Motiven des Entwurfs um deswillen besonders angezeigt, weil eine sehr große Zahl von Personen beim Dienst- oder Arbeitgeber wohnt und sich, wie auch die Erhebungen der Kommission für Arbeiterstatistik hinsichtlich der Bäckereiarbeiter und der Gast- und Schankwirtschaftsangestellten sowie die Jahresberichte der Königlich Preußischen Regierungs- und Gewerberäte ergeben haben, in der Unterbringung dieser Personen vielfach erhebliche Mißstände finden. In manchen Fällen hat das Fehlen

einer Regelung der Wohnungsverhältnisse der beim Arbeitgeber untergebrachten Gewerbegehilfen bereits Anlaß oder Vorwand zu Streiks gebildet. Nach § 618 BGB. hat der Dienstberechtigte, wenn er den Dienstpflichtigen in die häusliche Gemeinschaft aufnimmt, in Ansehung des Wohn- und Schlafraumes diejenigen Einrichtungen zu treffen, welche mit Rücksicht auf die Gesundheit, Sittlichkeit und Religion des Verpflichteten erforderlich sind. Vgl. auch §§ 615, 619, 626 BGB.

7) Ziff. 6: Zu Ziff. 6 bemerkt die Begründung des Entwurfs, daß bei den erheblichen Gefahren, mit denen nach den bisherigen Erfahrungen namentlich die Aufnahme von Einliegern und Schlafgängern für die Wohnungsgeber wie für die von ihnen aufgenommenen Personen verbunden ist, auf eine polizeiliche Regelung der Bedingungen, unter denen die Aufnahme gestattet ist, besonderes Gewicht zu legen sein wird. Durch die Vorschrift in Nr. 6 soll auch hier für die Regelung, wie sie bereits vielfach erfolgt ist, eine einwandfreie rechtliche Grundlage geschaffen werden. Die Ausführungsbestimmungen zu diesem Punkt geben hierzu nähere Anweisungen (s. S. 92).

8) Durch die Wohnungsordnung können noch weitere als die im Art. 5 genannten Bestimmungen getroffen werden.

9) Nach dem letzten Absatz des § 3, den das Herrenhaus neu eingefügt hat, *sollen* die Wohnungsordnungen *für Städte über 10000 Einwohner* die in § 3 unter Ziff. 1—7 genannten Bestimmungen enthalten. Anträge, die die „Kann"-Vorschrift *allgemein* in eine „Soll"-Vorschrift abgeändert wissen wollten, sind abgelehnt worden, nachdem die Regierung erklärt hatte, daß die Bestimmungen doch nicht überall, namentlich nicht auf dem Lande sämtlich notwendig seien. Die Mißstände des Wohnungswesens seien auch nicht überall gleich. Wenn man in einer Gemeinde durch eine Wohnungsordnung Mißstände beseitigen wolle, liege kein Grund vor, nun auch alle anderen Punkte mit zu regeln. Man könne dem pflichtmäßigen Ermessen der Stellen, die die Bestimmungen zu erlassen hätten, Vertrauen schenken. Ferner könne dort,

wo ein Bedürfnis bestehe, auch bei kleineren Gemeinden von Aufsichts wegen der Erlaß von Wohnungsordnungen erzwungen werden.

II. Besondere Vorschriften über die Unterbringung von Arbeitern.[1])

§ 4.

(1) Durch Polizeiverordnungen, durch welche die Unterbringung von Arbeitern geregelt wird, müssen[2]) Mindestanforderungen hinsichtlich der Beschaffenheit, Einrichtung, Ausstattung und Unterhaltung der Unterkunftsräume und ihres Zubehörs festgesetzt sowie die zur Durchführung der Bestimmungen erforderlichen Vorschriften, insbesondere hinsichtlich der Anzeigen, Aushänge usw., vorgesehen werden.

(2) Die gemeinschaftlichen Wohnräume für Arbeiter (Arbeiterkasernen) müssen so eingerichtet sein, daß in der Regel für jede Familie ein besonderer abschließbarer Raum vorhanden ist, der den allgemeinen Ansprüchen an Gesundheit und Sittlichket entspricht.[3])

(3) Für lediges Arbeitspersonal[4]) müssen Räume zur Verfügung stehen, die die Trennung der Geschlechter ermöglichen.[5])

1) Vgl. hierzu auch AusfAnw. zum Wohnungsgesetz Art. 5 (7, 9) Art. 5 Abschn. II, § 4 S. 94. Die Vorschrift des § 4 bezieht sich auf Polizeiverordnungen, welche die vorübergehende und die dauernde Unterbringung von Arbeitern — auch in kleiner Zahl — regeln sollen. Durch § 4 soll für die Polizeiverordnungen, welche die Unterbringung von Arbeitern z. B. in Ziegeleien, Zuckerfabriken, Baubetrieben oder in der Landwirtschaft regeln, eine einwandfreie rechtliche Grundlage ge-

schaffen werden. Vorschriften über die Unterbringung von Arbeitern in Massenquartieren — Arbeiterkasernen — bestanden jetzt schon auf Grund eines Ministerialerlasses in allen Provinzen. Der Grund, warum gleichwohl Bestimmungen in das Wohnungsgesetz aufgenommen sind, mit dem diese Materie nur sehr wenig zu tun hat, lag darin, daß eine Entscheidung des Kammergerichtes die bestehenden Verordnungen, soweit sie sich auf das Zubehör der Unterkunftsräume und auf die Anbringung von Aushängen über die für den Raum zulässige Personenzahl beziehen, für rechtsungültig erklärt hat.

2) Diese Muß-Vorschrift ist seitens der Kommission an die Stelle der Kann-Vorschrift des Entwurfs getreten.

3) Dieser Abs. 2 ist durch die Kommission hinzugefügt worden. Verschiedene Untersuchungen haben den Beweis geliefert, daß die Arbeiterkasernen noch vielfach den Anforderungen an Gesundheit und Sittlichkeit nicht entsprechen, besonders auch auf dem Lande. Die Betriebsräume unterstehen den §§ 120a ff. der Reichsgewerbeordnung, auch wenn sie zugleich zugleich als Schlaf- und sonstige Aufenthaltsräume dienen, wie dies häufig für Kutscher, Viehwärter usw. nicht zu umgehen ist.

4) Darunter fallen auch Geschiedene und Verwitwete.

5) Auch dieser Abs. 3 wurde erst durch Kommissionsbeschluß hinzugefügt. Weitergehende Anträge dagegen, u. a. auch die Aufnahme besonderer Vorschriften zum Schutze der Heimarbeiter, sind abgelehnt worden.

Artikel 6.

Wohnungsaufsicht.[1])

I. Örtliche Wohnungsaufsicht.[2])

§ 1.

(1) Die Aufsicht über das Wohnungswesen ist eine Gemeindeangelegenheit. Sie liegt, unbeschadet der

allgemeinen gesetzlichen Befugnisse der Ortspolizeibehörden, dem Gemeindevorstand ob.[3]) Er hat sich von den Zuständen im Wohnungswesen fortlaufend Kenntnis zu verschaffen, auf die Fernhaltung und Beseitigung von Mißständen sowie auf die Verbesserung der Wohnungsverhältnisse, namentlich der Minderbemittelten, hinzuwirken und die Befolgung der Vorschriften der Wohnungsordnung zu überwachen.[4])

(2) Für Gemeinden mit mehr als 100000 Einwohnern ist zur Durchführung der Wohnungsaufsicht ein Wohnungsamt zu errichten.[5]) Zur Durchführung der Wohnungsaufsicht sind ein oder mehrere für diesen Dienstzweig geeignete Personen einzustellen.[6]) Für Gemeinden von mehr als 50000 bis 100000 Einwohnern kann durch Anordnung der Aufsichtsbehörde die Errichtung eines den vorstehenden Bestimmungen entsprechenden Wohnungsamts vorgeschrieben werden.[7]) Für Gemeinden von mehr als 10000 bis 50000 Einwohnern kann durch Anordnung der Aufsichtsbehörde die Anstellung besonderer sachkundiger beamteter (besoldeter oder ehrenamtlich tätiger) Wohnungsaufseher vorgeschrieben werden. Mehrere Gemeinden können sich mit Genehmigung der staatlichen Aufsichtsbehörde zur Errichtung eines gemeinsamen Wohnungsamts für ihre Bezirke vereinigen. Unter der gleichen Voraussetzung kann auch ein weiterer Kommunalverband für seinen Bezirk oder Teile seines Bezirkes ein gemeinsames Wohnungsamt errichten.[8])

(3) Dem Wohnungsamte können von der Gemeinde, sofern sich mehrere Gemeinden zur Errichtung eines gemeinsamen Wohnungsamts vereinigt haben,

durch übereinstimmende Beschlüsse der beteiligten Gemeinden und, sofern die Errichtung durch einen weiteren Kommunalverband erfolgt, durch Beschluß des letzteren andere verwandte Aufgaben übertragen werden. Sofern nicht für die Nachweisung kleinerer Wohnungen durch andere Einrichtungen in ausreichender Weise gesorgt ist, sind in Gemeinden mit mehr als 10000 Einwohnern gemeindliche Wohnungsnachweise zu errichten.[9]) Zugleich ist durch Polizeiverordnung den Vermietern solcher Wohnungen die Pflicht zur Anmeldung verfügbarer Wohnungen und zur Abmeldung vermieteter Wohnungen aufzuerlegen.

1) Hat Art. 5 durch die Wohnungsordnung den gesetzlichen Rahmen festgelegt über die Benutzung der Gebäude zum Wohnen und Schlafen, dann handelt Art. 6 in erster Linie von der Überwachung der Befolgung der Wohnungsordnung; diese geschieht durch die Wohnungsaufsicht; zur Wohnungsaufsicht an sich wird jede Gemeinde verpflichtet, mithin auch solche unter 10000 Einwohnern, die also keine Wohnungsordnungen zu erlassen brauchen. — Gleichzeitig handelt der Artikel von der Organisation des Wohnungsamtes, wozu alle Gemeinden mit mehr als 100000 Einwohnern verpflichtet werden. — Der Art. 6 zerfällt ähnlich wie Art. 5 in zwei Abschnitte. Der erste Teil handelt von der „örtlichen Wohnungsaufsicht", also von der begrenzten Wohnungsaufsicht im Gemeindebezirk; der zweite Teil handelt von der Aufsicht, die der Regierungspräsident über die Tätigkeit der Gemeinde- und Ortspolizeibehörden ausübt: von den „Bezirks-Wohnungsaufsichtsbeamten". Über der örtlichen Wohnungsaufsicht steht also die Bezirkswohnungsaufsicht des Regierungspräsidenten, dem hierfür, soweit sich dazu ein Bedürfnis ergibt, Wohnungsaufsichtsbeamte beizugeben sind.

2) Vgl. hierzu auch AusfAnw. zum Wohnungsgesetz Art. 6 Abschn. I § 1 S. 95. Durch Art. 6 § 1 werden, unbe-

schadet der allgemein gesetzlichen Befugnisse der Ortspolizeibehörden, die Gemeindevorstände zur fortlaufenden Aufsicht über das Wohnungswesen verpflichtet. Dabei soll ihnen, soweit nach Art. 5 § 1 und 3 polizeiliche Wohnungsordnungen erlassen sind oder erlassen werden müßten, mit dem gleichen Vorbehalt auch die Aufsicht über die Befolgung der Bestimmungen dieser Wohnungsordnungen übertragen werden. Die Aufsicht über die Befolgung der polizeilichen Wohnungsordnung wird also nicht in die Hand der Polizei, sondern in die Hand der Gemeinde gelegt. Diese in die Hand der Polizei zu legen, erscheint weniger angezeigt, einmal wegen des dabei erforderlichen Eindringens in die häuslichen Verhältnisse, dann aber auch namentlich mit Rücksicht darauf, daß bei Durchführung der Wohnungsordnungen, der Natur der Sache entsprechend, „die polizeiliche Seite soweit irgend tunlich zurückzustellen und in erster Linie pfleglich, anregend, beratend und mahnend und nur dem bösen Willen gegenüber mit Zwang vorzugehen sein wird." (Begr.) Ferner kommt in Betracht, daß bei weitgehender Beteiligung der Gemeinden an der Klarstellung der herrschenden Wohnungsverhältnisse eine besonders lebendige Anteilnahme der Gemeindeverwaltungen an der Abstellung der hierbei ermittelten Mißstände erwartet werden darf.

3) Neben dem Gemeindevorstand behält aber die Ortspolizei ihre allgemeinen gesetzlichen Befugnisse hinsichtlich der Wohnungsaufsicht.

Ein Antrag auf Aufnahme einer Bestimmung, wonach die Vorschrift in § 1 Abs. 3 des Art. 5 I entsprechende Anwendung findet, wurde zurückgezogen, nachdem der Vertreter der Regierung erklärt hatte, daß, soweit sich bei der Durchführung der örtlichen Wohnungsaufsicht eine Mitwirkung der Polizei erforderlich erweise, im allgemeinen und als Regel hierzu die im Art. 5 I § 1 Abs. 3 bezeichnete Ortspolizeibehörde, also in Gemeinden mit geteilter Polizeiverwaltung diejenige Behörde berufen sei, welcher die Baupolizei übertragen. In besonderen Fällen könne jedoch daneben auch ein anderer Zweig der Polizei mitzuwirken haben, so beim Vorliegen ansteckender Krankheiten die Gesundheitspolizei oder bei der Überwachung des Einlieger- und Schlafgängerwesens die Sicherheits- und die Sittenpolizei, da sich unter den Einliegern und Schlafgängern nicht selten Verbrecher und solche Personen fänden, die der gewerbsmäßigen Unzucht nachgingen. Entsprechend sei auch in Art. 6 I § 1 Abs. 1 bestimmt, daß die Aufsicht über das Wohnungswesen dem Gemeindevorstande „unbeschadet der allgemeinen gesetzlichen Befugnisse der Ortspolizeibehörden" obliege. Die genauere Abgrenzung der Tätigkeit der Gemeindevorstände und der Ortspolizeibehörden auf dem in Frage kommenden Gebiete ist einer besonderen Anweisung vorbehalten, wodurch das Eingreifen der Polizeibehörden in Sachen der örtlichen Wohnungsaufsicht geregelt wird. In ähnlicher Weise ist die Wohnungsaufsicht auch in Bayern und in Württemberg geregelt. In beiden Staaten, die gleichfalls eine Regelung der Wohnungsbenutzung im Wege polizeilicher Vorschriften vorsehen, sind die Gemeinden verpflichtet, die Organe für die Vornahme der Wohnungsbesichtigungen ihrerseits zu bestellen.

4) Diese Bestimmung über die Beaufsichtigung des Wohnungswesens gilt allgemein, also auch für die kleinste Gemeinde und das flache Land. Die Aufgaben liegen in vierfacher Richtung:

1. Fortlaufende Kenntnisverschaffung über die Zustände im Wohnungswesen.
2. Fernhaltung und Beseitigung von Mißständen.
3. Verbesserung der Wohnungsverhältnisse, namentlich der Minderbemittelten.
4. Überwachung der Befolgung der Vorschriften der Wohnungsordnung, wo solche bestehen.

5) Während also zwar jede, auch die kleinste Gemeinde verpflichtet ist, Aufsicht über das Wohnungswesen zu führen, sind nur Gemeinden mit mehr als 100000 Einwohnern zur Errichtung eines Wohnungsamtes verpflichtet. Es empfiehlt sich, das Wohnungsamt so einzurichten, daß es eine dauernde Verbindung zwischen den für die Wohnungsbesserung in Betracht kommenden Verwaltungszweigen, zwischen Wohnungsaufsicht, Wohnungsnachweis und

Wohnungspflege, sowie den übrigen städtischen und privaten Fürsorge- und Wohlfahrtseinrichtungen darstellt. Von dem Zusammenarbeiten all dieser Stellen hängt die Aussicht auf Erfolg ab.

Das Wohnungsamt ist als Mittelpunkt für die Bestrebungen zur Verbesserung der örtlichen Wohnungsverhältnisse gedacht. Ihm sollen daher von den Gemeinden oder dem weiteren Kommunalverband auch andere in dieses Gebiet fallende Aufgaben, wie beispielsweise die Vornahme statistischer Erhebungen über die Lage der Wohnungsverhältnisse und der Bautätigkeit sowie die Vermittlung von Mietwohnungen, übertragen werden können.

Das Wohnungsamt ist also eine kommunalbehördliche, nicht eine staatliche Einrichtung, eine eigene Amtsstelle der Gemeinde. Wie das Wohnungsamt im einzelnen zu organisieren ist, ob es gesondert für sich oder im Anschluß an eine andere städtische Verwaltungsstelle errichtet werden soll, wird durch das Gesetz dem Ermessen der Gemeinden überlassen. Ebenso bleibt dieser freigestellt, inwieweit sie in das Wohnungsamt auch ehrenamtlich tätige Personen berufen, ob sie insbesondere die durch das Gesetz vom 16. September 1899, betreffend die Dienststellung des Kreisarztes und die Bildung von Gesundheitskommissionen (Gesetzsamml. S. 172) geschaffenen Gesundheitskommissionen und die Kreisärzte mit dem Wohnungsamt in Verbindung bringen will. Daß sich auf dem Gebiete der Wohnungsaufsicht für die Mitarbeit der Frauen ein Feld segensreicher Tätigkeit bietet, ist allseitig anerkannt. (Begr.) Hinsichtlich der Hinzuziehung der Polizeibeamten bei Ausübung der Wohnungsaufsicht s. Note 2 und 3 S. 214, 215.

Die Schwierigkeiten bei der Wohnungsaufsicht liegen nur zum geringeren Teil in der Abstellung vorgefundener baulicher Mängel in den Wohnungen; die wirklichen Schwierigkeiten ergeben sich gegenüber den Mißständen im Wohnungswesen, die in einer Überfüllung der Wohnungen bei der minderbemittelten und namentlich bei der armen Bevölkerung ihren Grund haben; in diesen Fällen ist es notwendig, daß die Wohnungsaufseher sich mit den Organen der Waisen-, Armen- und Krankenpflege, den Tuberkulosefürsorgestellen, den Vereinen für Säuglingsschutz und anderen Wohltätigkeitsorganisationen in Verbindung setzen, um Abhilfe zu schaffen.

6) Das Gesetz macht also für Gemeinden mit mehr als 100000 Einwohnern die Einstellung von geeigneten Personen zur Durchführung der Wohnungsaufsicht zur Pflicht. So sehr bei der Wohnungsaufsicht Wert zu legen sein wird auf eine zweckentsprechende Mitwirkung ehrenamtlicher Kräfte, so wird doch namentlich bei der in den größeren Städten allgemein durch die Wohnungsaufsicht entstehenden erheblichen Mehrarbeit eine zweckentsprechende Organisation, welche auch die Verwendung einer ausreichenden Zahl dauernd mit der Wohnungsaufsicht betrauter, sachkundiger Beamten vorsieht, nicht entbehrt werden können. Abgesehen davon, daß die Abstellung der vorgefundenen Mängel, auf welche die Wohnungsaufsichtsorgane in erster Linie durch Belehrung und Rat hinzuwirken haben werden, gewisse bautechnische und hygienische Kenntnisse erfordert, beansprucht schon die ordnungsmäßige Vornahme der Besichtigungen und Nachbesichtigungen die fortlaufend und ohne Rücksicht auf jeweilige Abhaltungen vorgenommen und über deren Ergebnis die erforderlichen schriftlichen Aufzeichnungen gemacht werden müssen, sehr erhebliche Zeit. Da außerdem die bei der Wohnungsbesichtigung festgestellten Mißstände weiter verfolgt werden müssen, so würde schon im Hinblick auf die den Wohnungsaufsehern erwachsende Arbeitslast voraussichtlich mit einem unerwünscht häufigen Wechsel der ehrenamtlich tätigen Personen gerechnet werden müssen. Dazu kommt, daß es sich bei der erheblichen in solchen Gemeinden erforderlichen Zahl von Wohnungsaufsehern nicht würde vermeiden lassen, daß in den verschiedenen Bezirken sehr ungleichmäßig vorgegangen wird. Ferner bleibt zu beachten, daß erfahrungsgemäß viele Wohnungsinhaber lieber Beamten als anderen Personen den Einblick in ihre häuslichen Verhältnisse gewähren, auch durch die ersteren nachhaltiger auf eine ordnungsmäßige Erledigung der Geschäfte hingewirkt werden kann. (Begr.)

7) Ein Bedürfnis nach einer den vorstehend angegebenen Gesichtspunkten entsprechenden Organisation für die Durchführung der

Wohnungsaufsicht kann auch für die mittleren Gemeinden von 50000 bis 100000 Einwohnern vorliegen. In dieser Beziehung kommen namentlich die größeren Mittelstädte mit einer schnell wachsenden gewerblichen Bevölkerung in Betracht. Der Entwurf sieht daher weiter vor, daß für solche Gemeinden die Aufsichtsbehörde ermächtigt sein soll, die Errichtung eines den angegebenen Bestimmungen entsprechenden Wohnungsamts anzuordnen. Dies bedeutet eine Abschwächung der Regierungsvorlage von 1913, die vorsah, daß durch die Aufsichtsbehörde in allen Gemeinden ein Wohnungsamt angeordnet werden könnte. Diese Änderung ist durch Kommissionsbeschluß zum Entwurf von 1913 vorgenommen worden. Für Gemeinden von mehr als 10000 bis 50000 Einwohnern kann die Aufsichtsbehörde nur die Anstellung von Wohnungsaufsehern verlangen.

8) Vielfach wird mit Rücksicht auf die enge wirtschaftliche Zusammengehörigkeit einzelner Gemeinden, insbesondere der Vorortgemeinden und der ihnen benachbarten größeren Stadt, die im Art. 5 Abs. 1 vorgesehene Regelung der Wohnungsbenutzung nur gemeinschaftlich für diese Gemeinden erfolgen können. In diesen Fällen kann es zweckmäßig erscheinen, daß auch die Wohnungsaufsicht von einem gemeinsamen Wohnungsamt ausgeübt wird. § 1 Abs. 2 vorletzter Satz sieht daher vor, daß sich mehrere Gemeinden zur Errichtung eines solchen für ihre Bezirke mit Genehmigung der staatlichen Aufsichtsbehörde vereinigen können. Die anteilsweise Verteilung der Kosten für das Wohnungsamt bleibt in erster Linie der Vereinbarung der Gemeinden überlassen. In manchen Fällen kann es sich auch als zweckmäßig erweisen, wenn ein weiterer Kommunalverband, insbesondere der Kreis, für seinen Bezirk oder Teile seines Bezirks ein gemeinsames Wohnungsamt errichtet. Durch § 1 Abs. 2 letzter Satz ist dies daher gleichfalls unter der Voraussetzung für zulässig erklärt, daß die staatliche Aufsichtsbehörde die Genehmigung zu der Errichtung erteilt.

9) Die Bestimmung, daß Gemeinden mit mehr als 10000 Einwohnern gemeindliche Wohnungsnachweise errichten müssen, sofern nicht für die Nachweisung kleinerer Wohnungen durch andere

Einrichtungen in ausreichender Weise gesorgt ist, ist erst durch einen Kommissionsbeschluß zum Entwurf von 1916 aufgenommen worden und an Stelle der Worte im Regierungsentwurf getreten, daß auf „Anordnung des Regierungspräsidenten die Tätigkeit des Wohnungsamtes auf die Nachweisung kleinerer Wohnungen zu erstreben" sei. Der kommunale Wohnungsnachweis ist die notwendige Ergänzung zur Wohnungsaufsicht. Wenn vorschriftswidrige Wohnungen geräumt werden sollen, müssen einwandfreie nachgewiesen werden können. Auch bietet der Wohnungsnachweis das beste Mittel zur Beobachtung des Wohnungsmarkets.

§ 2.[1])

(1) Die mit der Wohnungsaufsicht betrauten Personen sind berechtigt, bei Ausübung der Wohnungsaufsicht alle Räume, die zum Aufenthalte[2]) von Menschen benutzt werden, sowie die dazugehörigen Nebenräume, Zugänge, Aborte zu betreten.[3]) Sie haben den Wohnungsinhaber oder dessen Vertreter bei dem Beginne der Besichtigung mit dem Zweck ihres Erscheinens bekanntzumachen und sich unaufgefordert durch öffentliche Urkunde über ihre Berechtigung auszuweisen.

(2) Die Besichtigung muß so vorgenommen werden, daß eine Belästigung der Beteiligten tunlichst vermieden wird. Sie darf nur in der Zeit von 9 Uhr morgens bis 6 Uhr abends, bei Wohnungen, in die Einlieger oder Schlafgänger aufgenommen werden, nur in der Zeit von 5 Uhr morgens bis 10 Uhr abends erfolgen.[4])

(3) Der Wohnungsinhaber oder sein Vertreter ist verpflichtet, über die Art der Benutzung der Räume wahrheitsgemäß Auskunft zu erteilen.[5])

1) Während § 1 von der Organisatin der Wohnungsaufsicht handelt, befassen sich §§ 2, 3 und 4 mit deren Durchführung. § 2 gibt dem Wohnungsaufseher ein Betretungsrecht der Wohnungen. § 3 bestimmt, daß Abhilfe in der Regel zunächst durch Rat und Belehrung zu erstreben sei und danach erst polizeiliches Einschreiten stattfinden soll. § 4 bestimmt, daß die Ausübung der Wohnungsaufsicht für solche Gemeinden, für die eine Wohnungsordnung zu erlassen ist (Art. 5 § 1) durch eine Dienstanweisung zu regeln ist.

2) Die Bestimmung in der Regierungsvorlage, daß es sich um „Räume, die zum dauernden Aufenthalt von Menschen benutzt werden", handeln müsse, ist auf Antrag der Kommission zum Entwurf von 1916 gestrichen worden, damit nicht die Besichtigung von Verschlägen, Bodenräumen usw., die zur Unterbringung von Menschen hergerichtet sind, mit dem Hinweis darauf verweigert werden kann, sie würden nicht zum dauernden Aufenthalt benützt.

3) Die mit der Wohnungsaufsicht betrauten Personen sind also nunmehr berechtigt, bei Ausübung der Wohnungsaufsicht alle Räume, die zum Aufenthalt von Menschen benutzt werden nebst den Nebenräumen zu betreten, so daß sie über den Charakter der Räumlichkeiten nicht getäuscht werden können.

4) Durch diese Bestimmungen soll eine Belästigung der Wohnungsinhaber bei Ausübung der Wohnungsaufsicht nach Möglichkeit ausgeschlossen und ein Schutz gegen ungeeignete oder mißbräuchliche Ausübung des Zutrittsrechts gewährt werden. Durch die Vorschrift in Abs. 2 Satz 1 wird insbesondere ausgeschlossen, daß der Zutritt zu Krankenzimmern ohne weiteres verlangt werden kann, sofern nicht nach Lage des Falles die Besichtigung erforderlich und unbedenklich erscheint. Es ist festzustellen, ob die Besichtigung dem Kranken schaden könnte. Vielfach wird aber gerade eine besondere Sorgfalt auf die Besichtigung des Krankenzimmers zu verwenden sein, wenn die Befürchtung besteht, daß die mangelhafte Beschaffenheit der Wohnung der Verbreitung der Krankheit Vorschub leisten muß. Der Aufsichtsbeamte muß seinerseits die nach medizinischen Grundsätzen erforderlichen Sicherungsmaßnahmen vor-

nehmen, um eine Verbreitung ansteckender Krankheiten durch seine Person zu vermeiden. Das gilt namentlich zu Zeiten bestehender Seuchen. Die Rücksicht auf die eigene Person darf den Wohnungsaufseher von dem Betreten einer solchen Wohnung nicht abhalten, im Gegenteil wird die Wohnungsaufsicht auch zur Bekämpfung der Seuchen ganz besonders nachdrücklich ausgeübt werden müssen. Auch ehrenamtlich mit der Wohnungsaufsicht betraute Personen haben dieselben Verpflichtungen. — Die Besichtigungen sollen in der Regel nur in der Zeit von 9 Uhr morgens bis 6 Uhr abends zulässig sein. Eine längere Besichtigungszeit ist nur für solche Wohnungen vorgesehen, in die Einlieger oder Schlafgänger aufgenommen werden, da die Einhaltung der für die Aufnahme solcher Personen getroffenen Vorschriften der Natur der Sache nach mit Erfolg nur dann überwacht werden kann, wenn Wohnungen, die für diesen Zweck benutzt zu werden pflegen, auch in den frühen Morgenstunden und des Abends spät besichtigt werden können. Durch die Vorschrift wird § 8 des Gesetzes vom 12. Februar 1850 zum Schutze der persönlichen Freiheit entsprechend erweitert.

5) Als Wohnungsinhaber ist der tatsächliche Inhaber der Wohnung anzusehen, d. h. derjenige, der die Wohnung zu Wohnzwecken benutzt, wozu in der Regel gehört, daß er in der Wohnung auch schläft. Ein bloßer Besucher, welcher sich nur stundenweise in der Wohnung aufhält, ist kein Wohnungsinhaber. Es ist nicht erforderlich, daß der Wohnungsinhaber ein Recht zur Benutzung der Wohnung hat, z. B. als Eigentümer, Mieter, Pächter, Nießbraucher.

Als Vertreter des Wohnungsinhabers sind bei seiner Abwesenheit die Frau oder in deren Abwesenheit erwachsene Familienangehörige anzusehen, außerdem Personen, welchen die Vertretung von dem Wohnungsinhaber, z. B. dem Inhaber einer Pension, besonders übertragen wurde.

Ist eine bauliche Maßnahme erforderlich, so ist regelmäßig mit dem Hauseigentümer oder seinem Vertreter, Verwalter, zu verhandeln. Der Umfang der Verwaltungsbefugnisse ist festzustellen. Handelt es sich um die Benutzung der Wohnung, z. B. wegen Überfüllung, so kann eine entsprechende Auflage sowohl dem Hauseigentümer oder dessen Vertreter, als auch dem Mieter, Arbeitgeber, Dienstherren oder Schlafstellenvermieter, gemacht werden. Es wird darauf ankommen, wer die beanstandete Benutzung verschuldet und wer am ehesten tatsächlich oder rechtlich in der Lage ist, sie zu beseitigen. Es ist besonders vor zwangsweisem Einschreiten zu prüfen, ob derjenige, gegen den sich das Verfahren richtet, zur Ausübung der verlangten Handlung berechtigt ist.

§ 3.

Soweit sich bei Ausübung der Wohnungsaufsicht ergibt, daß die Wohnung hinsichtlich ihrer Beschaffenheit oder Benutzung den an sie zu stellenden Anforderungen nicht entspricht, ist Abhilfe in der Regel zunächst durch Rat, Belehrung oder Mahnung zu versuchen.[1]) Läßt sich auf diese Weise Abhilfe nicht schaffen, so ist der Gemeindevorstand befugt, die erforderlichen Anordnungen zu erlassen; auf diese Anordnungen finden die §§ 127 bis 129, 132, 133 des Landesverwaltungsgesetzes vom 30. Juli 1883 (Gesetzsammł. S. 195), soweit sie sich auf Maßnahmen der Ortspolizeibehörden beziehen, entsprechende Anwendung.[2])

1) Mit diesem Voranstellen von „Rat, Belehrung und Mahnung" ist das Schwergewicht auf die erzieherische Einwirkung gelegt. Da zu sachgemäßem Rat betreffend die Benutzung der Wohnung unbedingt auch hauswirtschaftliche Kenntnisse gehören, ergibt sich von selbst, daß in erster Linie Frauen für die erzieherische Tätigkeit in der Wohnungsaufsicht in Frage kommen.

2) Hiermit wird die Entkleidung der Wohnungsaufsicht von allen polizeilichen Elementen erreicht. Läßt sich nämlich die Abstellung vorgefundener Mängel durch Rat, Belehrung oder Mahnung nicht erreichen, so kann der Gemeindevorstand die erforderlichen Zwangsmittel aus eigenem Recht ohne Mitwirkung der

Polizeibehörde durchführen. Er braucht die Zwangsmaßnahmen also nicht von der Polizei zu erbitten, sondern die eigenen Zwangsmittel des Gemeindevorstandes werden hier ortspolizeilichen Verfügungen gleichgestellt. Diese Gleichstellung bezieht sich nicht nur auf die Zwangsbefugnisse (§§ 132, 133 d. Landesverwalt.-Ges.), sondern auch auf die Rechtsmittel (§§ 127—129 d. Landesverwalt.-Ges.). Daraus ergibt sich folgender Rechtszustand:

Die Anordnung steht dem Gemeindevorstand (Magistrat, Gemeindevorsteher, am Rhein dem Bürgermeister usw.) zu. Doch wird dieser sie geeignetenfalls auch dem Wohnungsaufseher überlassen können, wie unter Umständen auch der Polizeiverwalter eine polizeiliche Verfügung einem seiner Beamten überläßt.

An eine Form ist die Anordnung nicht gebunden. Die schriftliche Form wird die Regel bilden, wie bei der polizeilichen Verfügung.

Gegen die Anordnung findet binnen zwei Wochen wahlweise die Beschwerde oder die Klage statt, und zwar a) gegen die Anordnung des Gemeindevorstehers einer Landgemeinde oder des Vorstandes einer zu einem Landkreise gehörigen Stadt mit 10000 Einwohnern oder weniger die Beschwerde an den Landrat, in zweiter Instanz an den Regierungspräsidenten, oder die Klage bei dem Kreisausschuß, b) gegen die Anordnung des Vorstandes einer sonstigen Stadt, außer Berlin, die Beschwerde an den Regierungspräsidenten, in zweiter Instanz an den Oberpräsidenten, oder die Klage bei dem Bezirksausschuß, c) gegen die Anordnung des Berliner Magistrats die Beschwerde an den Oberpräsidenten oder die Klage bei dem Bezirksausschuß. Gegen den in letzter Instanz auf Beschwerde ergangenen Bescheid des Regierungs- und des Oberpräsidenten findet die Klage bei dem Oberverwaltungsgericht statt.

Die Zwangsmittel zur Durchführung der Anordnung sind nach näherer Anweisung des § 132 des Landesverwaltungsgesetzes: Ausführung durch einen Dritten auf Kosten des Verpflichteten; Androhung und Verhängung von Zwangsstrafen, und zwar in Landkreisen bis zu 60 Mark oder einer Woche Haft, in Stadtkreisen bis zu 150 Mark oder 2 Wochen Haft, und schließlich unmittelbarer Zwang.

§ 4.

Die Ausübung der Wohnungsaufsicht ist für solche Gemeinden, für welche gemäß Artikel 5 § 1 eine Wohnungsordnung erlassen ist, durch eine von dem Gemeindevorstande festzusetzende Dienstanweisung zu regeln.[1])

1) Die Regierungsvorlage sah vor, daß zu der vom Gemeindevorstand festzusetzenden Dienstanweisung die Ortspolizeibehörde ihre Zustimmung zu erteilen habe. Es wurde demgegenüber bei den Beratungen im Herrenhaus darauf hingewiesen, daß die Dienstanweisung von der Behörde erlassen werden müsse, die die Wohnungsaufsicht zu führen haben. Die Zustimmung der Ortspolizeibehörde sei daher überflüssig.

Durch die Dienstanweisung wird namentlich auch die zeitliche Wiederkehr für die Besichtigungen und Nachbesichtigungen sowie die Führung der erforderlichen Tagebücher, Verzeichnisse und Kataster vorzuschreiben sein. Bei Errichtung gemeinsamer Wohnungsämter für mehrere Gemeinden muß auch hinsichtlich der Dienstanweisung Übereinstimmung herrschen. Für den Fall der Weigerung einer Gemeinde- oder Kommunalverwaltungsbehörde, der Verpflichtung zum Erlasse der Dienstanweisung nachzukommen, sowie für den Fall, daß über deren Inhalt zwischen den beteiligten Behörden ein Einverständnis nicht erzielt werden kann, soll eine sachgemäße Regelung dadurch sichergestellt werden, daß der Regierungspräsident, für den Landespolizeibezirk Berlin der Oberpräsident, die Dienstanweisung erläßt oder über ihre Festsetzung entscheidet.

II. Bezirks-Wohnungsaufsichtsbeamte.[1])

§ 5.

Den Regierungspräsidenten, für den Landespolizeibezirk Berlin dem Oberpräsidenten, sind zur Ausübung der Aufsicht[2]) über die Tätigkeit der Gemeinde-

und Ortspolizeibehörden (§ 1), soweit sich dazu ein Bedürfnis ergibt, Wohnungsaufsichtsbeamte beizugeben. Diesen Beamten stehen bei Ausübung ihrer Dienstobliegenheiten die Befugnisse der mit der örtlichen Wohnungsaufsicht betrauten Personen (§ 2) zu.[3])

1) Vgl. hierzu auch AusfAnw. zum Wohnungsgesetz Art. 6, Abschn. II § 5 S. 96. Wenn die Wohnungsaufsicht in erster Linie den Gemeindevorständen überwiesen ist, so muß andererseits im Hinblick auf die erhebliche Bedeutung, die gesunde Wohnungsverhältnisse im allgemeinen Staatsinteresse besitzen, Vorsorge dafür getroffen werden, daß die Wohnungsaufsicht auch tatsächlich überall in einer den Absichten des Gesetzes entsprechenden Weise durchgeführt wird. In dieser Beziehung kommt namentlich in Betracht, daß eine weitgehende Benutzung der Gebäude zur Unterbringung von Menschen die Rentabilität und den Wert der Grundstücke nicht unwesentlich steigert und hierin ein lebhafter Anreiz zu Übertretungen gegeben ist. Bereits bei Durchführung der bisher zur Regelung des Wohnungswesens in einzelnen Regierungsbezirken und Gemeinden erlassenen Polizeiverordnungen ist die Erfahrung gemacht worden, daß ohne eine sachgemäß geübte Aufsicht einer übergeordneten Instanz der Zweck solcher Vorschriften nur sehr unvollkommen erreicht wird.

Namentlich in den kleineren Gemeinden läßt das Vorgehen der mit zahlreichen anderen Aufgaben befaßten Ausführungsorgane, denen zudem die erforderlichen technischen Kenntnisse vielfach mangeln, zu wünschen übrig. Die zu der im § 5 vorgesehenen Oberaufsicht berufenen Beamten sollen nach Maßgabe des Bedürfnisses den Regierungspräsidenten gemäß § 19 des Gesetzes über die allgemeine Landesverwaltung vom 30. Juli 1883 (Gesetzsamml. S. 195 flg.) beigegeben werden, so daß die Gefahr einer unbefugten Einmischung in die Gemeinde- oder Polizeiverwaltung ausgeschlossen erscheint. Sie haben im wesentlichen die Aufgabe, sich — zwecks Berichterstattung an den Regierungspräsidenten — über die Lage der Wohnungsverhältnisse in den einzelnen Gemeinden und über die ordnungsmäßige Ausübung der örtlichen Wohnungsaufsicht zu unterrichten, sowie dem Regierungspräsidenten in allen Fragen des Wohnungswesens als sachverständiges beratendes Organ zu dienen. Auch sollen sie nach einer Erklärung der Staatsregierung als Berater in den Angelegenheiten wegen Aufstellung der Bebauungs- und Fluchtlinienpläne dienen. In geeigneten Fällen sollen die Bezirks-Wohnungsaufsichtsbeamten auch mehreren Regierungspräsidenten zugleich beigegeben werden. Mit Rücksicht auf die besonderen Verhältnisse im Landespolizeibezirke Berlin würde hier die Zuweisung an den Oberpräsidenten erfolgen. (Begr.)

2) Die Aufsicht über die Tätigkeit der Gemeindebehörden hinsichtlich der Wohnungsaufsicht steht im allgemeinen, soweit Landgemeinden in Frage kommen, dem Landrat als Vorsitzendem des Kreisausschusses, in höherer und letzter Instanz dem Regierungspräsidenten, unbeschadet der obersten dienstlichen Aufsicht des Ministers des Innern (§ 139 östl. LGO., § 24 ZustG.), soweit Stadtgemeinden in Frage kommen, dem Regierungspräsidenten, in höherer und letzter Instanz dem Oberpräsidenten, unbeschadet der obersten dienstlichen Aufsicht des Ministers des Innern (§ 7 ZustG.) und, soweit die Stadt Berlin in Frage kommt, dem Oberpräsidenten, in höherer und letzter Instanz dem Minister des Innern (§ 7 ZustG., § 42 LVG.) zu. Auch hinsichtlich der Aufsicht über die Ortspolizeibehörden kommt der Regierungspräsident im allgemeinen für das Land als zweite, für die Städte als erste Aufsichtsinstanz in Frage.

3) Auch diese Bezirks-Wohnungsaufsichtsbeamten haben also ein Betretungsrecht für alle Räume, die zum Aufenthalt von Menschen benutzt werden, sowie für die Nebenräume. Wenn sich die den höheren Verwaltungsbehörden beigegebenen Wohnungsaufsichtsbeamten in allen Fällen in dem wünschenswerten Maße und ohne Zeitverlust über die Lage der Wohnungsverhältnisse und die Handhabung der örtlichen Wohnungsaufsicht unterrichten sollen, so muß ihnen auch das Recht gewährt werden, erforderlichenfalls ohne Begleitung der örtlichen Polizei- oder Wohnungsaufsichtsorgane die Wohnungen zu betreten. Das Gesetz sieht deshalb vor,

daß ihnen bei Ausführung ihrer dienstlichen Aufträge die im § 2 bezeichneten Befugnisse der örtlichen Wohnungsaufsichtsorgane zustehen sollen. Inwieweit sie von diesen Befugnissen Gebrauch zu machen haben, wird erforderlichenfalls im Wege der Dienstanweisung näher festzusetzen sein.

Artikel 7.

Gemeinsame Vorschriften für die Wohnungsordnungen und die Wohnungsaufsicht.

§ 1.

(1) Den Wohnungsordnungen (Artikel 5 I) und der Wohnungsaufsicht (Artikel 6) unterliegen:[1])

1. Wohnungen, die einschließlich Küche aus vier oder weniger zum dauernden Aufenthalte von Menschen bestimmten Räumen bestehen;
2. größere Wohnungen, in denen nicht zur Familie gehörige Personen gegen Entgelt als Zimmermieter (Zimmerherren), Einlieger (Einlogierer, Miet-, Kost- und Quartiergänger) oder Schlafgänger (Schläfer, Schlafleute, Schlafsteller, Schlafgäste, Schlafburschen und -mädchen) aufgenommen werden;[2])
3. Wohn- oder Schlafräume, die von Dienst- oder Arbeitgebern ihren Dienstboten oder Gewerbegehilfen (Gesellen, Gehilfen, Lehrlingen), Handlungsgehilfen, Handlungslehrlingen oder sonstigen Angestellten oder Arbeitern zugewiesen sind;[3])
4. solche Wohn- oder Schlafräume in Mietwohnungen, die im Keller oder in einem nicht vollausgebauten Dachgeschosse liegen;
5. Ledigenheime und Arbeiterlogierhäuser.

(2) Eigenwohnungen der in Abs. 1 Nr. 1 bezeichneten Art in Gebäuden, die ausschließlich von einer Familie bewohnt werden, sollen, sofern nicht in ihnen Personen gemäß Nr. 2 aufgenommen werden, den Wohnungsordnungen nur dann unterstellt werden, wenn dafür ein besonderes Bedürfnis vorliegt.

1) Vgl. hierzu auch AusfAnw. zum Wohnungsgesetz Art. 5 (7, 9) Art. 7 S. 89. Nach den hier gegebenen Vorschriften fallen unter die Wohnungsordnung und Wohnungsaufsicht Kleinwohnungen in verschieden starkem Maße, je nachdem sie Miet- oder Eigenwohnungen sind. Eigenwohnungen, die ausschließlich von einer Familie bewohnt werden und keine familienfremden Personen aufnehmen, werden den Wohnungsordnungen nur dann unterstellt, wenn dafür ein besonderes Bedürfnis vorliegt. Die Begründung zum Entwurf von 1916 weist ausdrücklich darauf hin, daß ein solches Bedürfnis bestehen kann, da nach den Erfahrungen insbesondere im Regierungsbezirk Düsseldorf kleine Eigenwohnungen der Arbeiterhäuser vielfach mit ernsten gesundheitlichen Mißständen bestehen, die eine Abhilfe im öffentlichen Interesse erheischen.

Nehmen die Eigenwohnungen aber familienfremde Personen auf, dann fallen sie auf jeden Fall unter die Bestimmungen von Wohnungsordnung und Wohnungsaufsicht, unbeschadet ihrer Größe; sie stehen dann den Mietwohnungen, die familienfremde Personen aufnehmen, gleich.

Unbeschränkt ist ferner die Anwendung der Vorschriften von Wohnungsordnung und Wohnungsaufsicht bezüglich der Wohn- und Schlafräume, die von Dienst- und Arbeitgebern ihren Dienstboten, Gesellen, Gehilfen, Lehrlingen, Arbeitern zugewiesen werden. Diese Räume fallen also unter die Bestimmungen des Gesetzes, gleichgültig, ob sie in Miet- oder Eigenwohnung sind, ob im Kleinhaus oder in der eleganten Herrschaftswohnung.

Wohn- und Schlafräume, die im Keller oder in einem nicht voll ausgebauten Dachgeschosse liegen, fallen unter die Bestimmungen nur, wenn sie sich in Mietwohnungen befinden; solche Räume in

Eigenwohnungen fallen nur unter die Wohnungsordnung und Wohnungsaufsicht, wenn die Eigenwohnung an sich gemäß § 1 Ziff. 2 oder Abs. 2 ihr unterstellt ist.

2) Vgl. die Übereinstimmung mit Art. 5 § 8 Nr. 6.

3) Vgl. die Übereinstimmung mit Art. 5 § 3 Nr. 5.

§ 2.

Auf Grund der Wohnungsordnungen sollen Anforderungen, die den Wohnungsinhaber zu einem Wohnungswechsel nötigen, bei Mietwohnungen in der Regel nur gestellt werden, wenn die Wohnungen nach Erlaß der Wohnungsordnung bezogen werden oder das Mietverhältnis nach diesem Zeitpunkte verlängert oder trotz Zulässigkeit der Kündigung oder länger als sechs Monate[1]) fortgesetzt wird.

1) Die letzten fünf Worte sind erst im Abgeordnetenhaus eingeschoben. Damit ist der Grundgedanke des Regierungsentwurfs aufgegeben, daß neue Wohnungsordnungen (vgl. Art. 9 § 3 Abs. 2, 3) in der Regel erst für später einsetzende Mietverhältnisse die Wirkung haben sollen, daß die Wohnung zu räumen ist. Hierdurch sollte eine pflegliche, von unnötigen Härten freie Durchführung der Wohnungsordnung auch hinsichtlich der Achtung laufender Mietverträge gesichert werden (Begr. S. 33, 45). Nach der endgültigen Fassung des Gesetzes dagegen kann die Wohnungsordnung schon sechs Monat nach ihrem Erlaß (d. h. ihrem Geltungsbeginn), auch ohne Rücksicht auf laufende Mietverträge, zur Ausführung gebracht werden. Man wollte damit Scheinverträgen entgegentreten, die die Besitzer schlechter Wohnungen, wenn der Erlaß einer Wohnungsordnung bevorstehe, auf lange Zeit schließen könnten, um möglichst lange der Anwendung der für sie lästigen Vorschriften zu entgehen (AbgH. S. 47). Es wird aber mit der Anwendung dieser Vorschrift sehr vorsichtig vorgegangen werden müssen, um eine Verschärfung der Wohnungsfrage zu vermeiden.

§ 3.

(1) Wohnungen, die von mehreren Mietern gemeinschaftlich gemietet werden, gelten hinsichtlich der Zahl der Räume (§ 1 Abs. 1 Nr. 1) als zwischen ihnen geteilt.

(2) Räume, die miteinander in unmittelbarer offener Verbindung stehen (Zimmer und Alkoven, Butzen und dergleichen), gelten als ein Raum.[1])

1) Vgl. hierzu auch AusfAnw. zum Wohnungsgesetz Art. 5 (7, 9) § 3 S. 89. Bei der in § 1 Abs. 1 Nr. 1 gegebenen Beschränkung der Wohnungsregelung und Wohnungsaufsicht auf Wohnungen einer bestimmten Zimmerzahl muß dem Versuche vorgebeugt werden, die erlassenen Vorschriften dadurch zu umgehen, daß mehrere Parteien gemeinsam eine größere Wohnung mieten. Dem soll die Vorschrift im ersten Absatz des § 3 dienen. Die Vorschrift im zweiten Absatze, daß miteinander in offener unmittelbarer Verbindung stehende Räume bei der Berechnung der Zimmerzahl als ein Raum gelten, erscheint gleichfalls als notwendige Ergänzung der in § 1 Abs. 1 Nr. 1 festgesetzte Regelung und entspricht auch den Bestimmungen in anderen Bundesstaaten. (Begr.)

§ 4.

(1) Ausgenommen von den Vorschriften der Artikel 5, 6 sind Schlösser des Königs und der Mitglieder des Königshauses und des Hohenzollernschen Fürstenhauses einschließlich der zugehörigen Nebengebäude.

(2) Das gleiche gilt von Schlössern der Mitglieder des vormaligen Hannoverschen Königshauses, des vormaligen Kurhessischen Fürstenhauses und des vormaligen Herzoglich Nassauischen Fürstenhauses in den Landesteilen, welche der Landeshoheit ihres Hauses unterstanden haben, und von Schlössern der Herzoglich

Schleswig-Holsteinschen Fürstenhäuser in der Provinz Schleswig-Holstein.[1])

1) Maßgebend ist hier nicht nur, wem das Eigentum an diesen Schlössern zusteht, sondern es genügt, wenn die Benutzung dem König oder einem Mitglied der benannten hohen Häuser zusteht.

Artikel 8.

Bereitstellung staatlicher Mittel.[1])

§ 1.

Zur Förderung der gemeinnützigen Bautätigkeit wird der Staatsregierung ein Betrag von zwanzig Millionen Mark zur Verfügung gestellt, der zur Beteiligung des Staates mit Stammeinlagen bei gemeinnützigen Bauvereinigungen zu verwenden ist.[2])

1) Vgl. hierzu auch AusfAnw. zum Wohnungsgesetz Art. 8 S. 96. Der Art. 8 des Wohnungsgesetzes und das Bürgschaftssicherungsgesetz bedeuten einen völligen Wendepunkt in der Wohnungsfürsorge durch den Staat. Während der Staat bisher ausschließlich für seine eigenen Beamten und Arbeiter, und zwar aus Rücksichten des Betriebes und der Beamtenfürsorge gesorgt hat, geht er jetzt dazu über, sich finanziell an der allgemeinen Wohnungsfürsorge zu beteiligen.

Um dieser erweiterten Aufgabe gerecht zu werden, genügt nicht allein die im Bürgschaftssicherungsgesetz vorgesehene Übernahme staatlicher Bürgschaften, auch nicht die Hergabe mehr oder weniger hoher Staatsdarlehen an einzelne bestimmte Beamten-, Baugenossenschaften und -Vereinigungen; es ist vielmehr erforderlich, den Staat unmittelbar bei der Gründung von Bauvereinigungen mit Stammeinlagen zu beteiligen. Auf diese Weise werden kapitalkräftige Bauvereinigungen erstehen, die ihren Aufgaben eben wegen ihrer größeren eigenen Mittel besser gerecht werden können, als Baugenossenschaften mit verhältnismäßig geringem Eigenkapital.

Hierbei kann das Ziel die Gründung von Siedlungsgesellschaften sein zwecks Bodenbeschaffung, um den Boden dann den einzelnen gemeinnützigen Bauvereinigungen zur Verfügung zu stellen. Es kann aber auch erwartet werden, daß sich der Staat mit einzelnen Kommunalverbänden zu Bauvereinigungen zusammenschließt, die die Förderung des Kleinwohnungsbaues selbst in einem bestimmten Bezirk zu ihrer dauernden Aufgabe machen. So wird im Laufe der Zeit eine Organisation entstehen, die mit der auf dem Gebiet der ländlichen Besiedlung seit Jahren üblichen in kredittechnischer Beziehung verglichen werden kann. Als Rechtsform wird sich die Gesellschaft mit beschränkter Haftung für die staatliche Beteiligung mehr empfehlen, als eine eingetragene Genossenschaft. Die Bauvereinigungen, bei denen sich der Staat mit Stammeinlagen beteiligt, werden sich der Revision des Kreditgebers oder einer von ihm beauftragten besonderen Stelle zu unterwerfen haben.

Der Art. 8 wurde schließlich nach den Vorschlägen der Regierung angenommen, nachdem der Finanzminister eine Verbindung dieses Artikels mit dem Bürgschaftssicherungsgesetz nachdrücklich abgelehnt hatte. In der ersten Lesung des Gesetzentwurfs war man zu einer Erweiterung der Vorlage gekommen, so daß der vorgesehene Betrag von 20 Millionen nicht nur zur Beteiligung des Staates mit Stammeinlagen, sondern auch zu baren Darlehen an gemeinnützige Bauvereinigungen verwendet werden sollte, weil man fürchtete, daß mit den Stammeinlagen und der im Bürgschaftssicherungsgesetz vorgesehenen staatlichen Bürgschaft allein die gemeinnützige Bautätigkeit nicht genügend in Gang gebracht werden kann. Da aber der Minister die unmittelbare Hergabe von Darlehen an gemeinnützige Bauvereinigungen ablehnte, weil dadurch die Verpflichtung des Staates ins Unübersehbare gesteigert werden könnte, wurde in 2. Lesung die Regierungsvorlage wieder hergestellt.

2) In der Kommission zum Entwurf von 1916 erklärte der Minister, daß die gemeinnützigen Ledigenheim-Unternehmungen unter den Begriff „Bauvereinigungen für Kleinwohnungswesen" fielen. Die Regierung habe in der Vorlage das Wort Bauvereinigungen gewählt, um einen möglichst weiten Spielraum zu haben.

Voraussetzung sei allerdings, daß die Ledigenheim-Unternehmungen welche an den Wohltaten des Gesetzes teilnehmen wollen, unbedingt gemeinnützig seien, die geeignete juristische Vereinsform hätten, und daß die Kapitalgrundlage gesund sei.

Da diese Erklärung sich auch auf die Bürgschaftsleistung des Staates bezieht (Bürgschaftssicherungsgesetz), so können also jetzt die Ledigenheim-Unternehmungen nicht nur staatliche Stammeinlagen aus dem 20-Millionen-Fonds erhalten, sondern auch an der Bürgschaftsleistung des Staates teilnehmen.

§ 2.

(1) Der Finanzminister wird ermächtigt, zur Bereitstellung der nach § 1 erforderlichen Summe Staatsschuldverschreibungen auszugeben. An Stelle der Staatsschuldverschreibungen können vorübergehend Schatzanweisungen ausgegeben werden. Der Fälligkeitstermin ist in den Schatzanweisungen anzugeben.

(2) Der Finanzminister wird ermächtigt, die Mittel zur Einlösung dieser Schatzanweisungen durch Ausgabe von neuen Schatzanweisungen und von Schuldverschreibungen in dem erforderlichen Nennbetrage zu beschaffen. Die Schatzanweisungen können wiederholt ausgegeben werden.

(3) Schatzanweisungen oder Schuldverschreibungen, die zur Einlösung von fällig werdenden Schatzanweisungen bestimmt sind, hat die Hauptverwaltung der Staatsschulden auf Anordnung des Finanzministers 14 Tage vor dem Fälligkeitstermine zur Verfügung zu halten.

(4) Die Verzinsung der neuen Schuldpapiere darf nicht vor dem Zeitpunkte beginnen, mit dem die Verzinsung der einzulösenden Schatzanweisungen auf-

hört. Wann, durch welche Stelle und in welchen Beträgen, zu welchem Zinsfuße, zu welchen Bedingungen der Kündigung und zu welchen Kursen die Schatzanweisungen und die Schuldverschreibungen ausgegeben werden sollen, bestimmt der Finanzminister. Im übrigen kommen wegen der Verwaltung und Tilgung der Anleihe die Vorschriften des Gesetzes, betreffend die Konsolidation preußischer Staatsanleihen, vom 19. Dezember 1869 (Gesetzsamml. S. 1197), des Gesetzes, betreffend die Tilgung von Staatsschulden, vom 8. März 1897 (Gesetzsamml. S. 43) und des Gesetzes, betreffend die Bildung eines Ausgleichsfonds für die Eisenbahnverwaltung, vom 3. Mai 1903 (Gesetzsamml. S. 155) zur Anwendung.

Artikel 9.

Schluß- und Übergangsbestimmungen.

§ 1.

Maßgebend für die Berechnung der Einwohnerzahl einer Gemeinde oder eines Gutsbezirks ist hinsichtlich der Bestimmungen dieses Gesetzes die durch die jedesmal letzte Volkszählung ermittelte Zahl der ortsanwesenden Zivilbevölkerung.[1])

1) Vgl. hierzu auch AusfAnw. zum Wohnungsgesetz Art. 5 (7, 9) Art. 9 S. 94. Die Vorschrift entspricht hinsichtlich der Berechnung der Einwohnerzahl den auch in anderen Gesetzen enthaltenen Bestimmungen.

§ 2.

(1) Bei der Aufstellung und Anwendung der Bau- und Wohnungsordnungen und bei der Ausübung

der Wohnungsaufsicht ist, soweit nicht ein überwiegendes Interesse der Gesundheit oder der Sittlichkeit entgegensteht, das Interesse des Denkmal- und Heimatschutzes zu berücksichtigen.

(2) In Zweifelsfällen sind Sachverständige zu hören.

§ 3.

(1) Dieses Gesetz tritt am 1. April 1918 in Kraft.

(2) Bestehende Wohnungsordnungen bleiben bis zum Ablauf eines Jahres nach dem Inkrafttreten dieses Gesetzes in Geltung, soweit sie nicht schon vorher durch Wohnungsordnungen gemäß Artikel 5 dieses Gesetzes ersetzt worden sind.[1])

(3) Bereits vor Inkrafttreten dieses Gesetzes können zu seiner Ausführung Wohnungsordnungen erlassen und die zu diesem Behufe notwendigen Anordnungen und Beschlüsse erlassen werden.

1) Diese Vorschrift wurde aufgenommen, um die Rechtsgültigkeit der Wohnungsordnungen, die bereits vor Erlaß des Gesetzes erlassen sind, sicherzustellen und zugleich auf eine baldige Ersetzung dieser Wohnungsordnungen durch andere gemäß Art. 5 des Gesetzes erlassene hinzuwirken.

Gesetz über die staatliche Verbürgung zweiter Hypotheken (Bürgschaftssicherungsgesetz.)[1]

§ 1.

Der Finanzminister wird ermächtigt, zwecks Förderung der Herstellung gesunder Kleinwohnungen die Bürgschaft für zweite Hypotheken namens des Staates zu übernehmen. Die Hypotheken müssen von anderer[2]) Seite an gemeinnützige Bauvereinigungen[3]) und Stiftungen unter Ausschluß der Kündbarkeit auf die Dauer von mindestens zehn Jahren gewährt sein.

1) Vgl. die umfassenden Ausführungsbestimmungen zum Bürgschaftssicherungsgesetz S. 103. Das Bürgschaftssicherungsgesetz hat einen inneren Zusammenhang mit Art. 8 des Wohnungsgesetzes und bildet dessen Ergänzung. In beiden Fällen liegt der Zweck der Vorschriften darin, die Bereitstellung der Geldmittel für den Kleinwohnungsbau zu erleichtern. Über den Kreis seiner eigenen Arbeiter und Beamten hinaus erkannte der Staat bisher eine weitergehende und unmittelbare Verpflichtung zum Eingreifen auf dem Gebiete des Kleinwohnungswesens nicht an. Dies sei lediglich eine Angelegenheit der Gemeinden. „Diese Beschränkung der staatlichen Wohnungsfürsorge auf einen bestimmten Personenkreis wird aber nicht mehr der Bedeutung gerecht, die das Wohnungswesen für die Gesundheit der Nation nach den schweren Verlusten des Krieges gewonnen hat. Es muß jetzt alles daran gesetzt werden, daß unser Volk die ungeheure Einbuße an Kräften möglichst rasch wieder wettmacht. Konnte vor dem Kriege die Fürsorge für das Wohnungswesen mit Recht im wesentlichen den Kommunalverbänden überlassen bleiben, so ist die Frage jetzt vielfach über den Bereich der kommunalen Wirtschaft hinausgewachsen. Damit soll nicht gesagt sein,

daß der Staat an die Stelle der Kommunalverbände treten will; davon kann weder organisatorisch noch wirtschaftlich die Rede sein. Es wird vielmehr anzustreben sein, daß Staat und Gemeinde zusammen an dem großen Werk arbeiten." (Begr. zum Bürgschaftssicherungsgesetz).

Der Staat will hiermit in erster Linie die Kreditbeschaffung zu zweiter Stelle erleichtern. Er geht auch hier wie im Art. 8 des Wohnungsgesetzes nunmehr über den Kreis der Staatsbediensteten hinaus und erstreckt seine Fürsorge ohne Unterschied der Mitglieder auf alle gemeinnützigen Bauvereinigungen.

Der Finanzminister gab folgende Erklärung ab:

Der Staat habe sich trotz der Anspannung der Geldmittel entschlossen, größere Beträge zur Verfügung zu stellen, um den dringend notwendigen Bau von Kleinwohnungen zu fördern. Die Frage, wie weit hierbei gegangen werden könne und wie weit es vertretbar sei, daß die Regierung von ihrem bisherigen Standpunkt abgehe und größere Mittel bereitstelle, habe dahin geführt, einen Unterschied zu machen zwischen Kapitalbeteiligung an gemeinnützigen Bauvereinigungen, deren Höhe begrenzt werden könne, und Bürgschaftsübernahme, bei der die spätere Inanspruchnahme des Staates immerhin möglich sei. Über die Beteiligung an gemeinnützigen Bauvereingiungen haben die zuständigen Minister und die Finanzverwaltung zu befinden, während es eine unumstößliche Vorbedingung für die Finanzverwaltung sei, die Bürgschaftsübernahme mit allen notwendigen Kautelen zu umgeben, um eine weitere Belastung des Staates für die Zukunft zu verhindern. Deshalb sei die Trennung in zwei Gesetze vorgenommen worden, um nämlich auszudrücken, daß die Bürgschaftsübernahme und ihre Verwaltung nur nach rein wirtschaftlichen Gesichtspunkten zu erfolgen habe.

Durch die staatliche Bürgschaft werden den gemeinnützigen Bauvereinigungen leichter Mittel zur Deckung der sonst schwer zu beschaffenden Nachhypotheken zufließen, da die vom Staate verbürgten Hypothekendarlehen nach § 1807 Nr. 3 BGB. mündelsicher sind. Demgemäß wird ihr Zinssatz so niedrig sein, wie es die gesamte Wirtschaftslage irgend zuläßt. Auch auf die Beschaffung der ersten Hypothek wird die staatliche Verbürgung für die zweite Stelle nur günstig wirken. Das Gesetz folgt in seinen Grundgedanken dem österreichischen Gesetz vom 22. Dezember 1910, betreffend die Errichtung eines Wohnungsfürsorgefonds und lehnt sich in der Fassung an das Reichsgesetz vom 10. Juni 1914 an.

2) In erster Linie werden hier Sparkassen, Versicherungsanstalten und andere öffentliche Geldgeber in Frage kommen, aber auch private Geldgeber sind nicht ausgeschlossen. Behörden können nunmehr ihre Darlehen bis zu 90% der Selbstkosten des bebauten Grundstücks gewähren, wegen der durch die Übernahme der staatlichen Bürgschaft vorhandenen Mündelsicherheit. Ohne diese Bürgschaft ist die gesetzlich vorgeschriebene Beleihungsgrenze für mündelsichere Anlagen 50%, so daß beim Fehlen der Bürgschaftsicherung noch volle 50% an nachstelligen Hypotheken zu beschaffen sind.

3) In der Kommission zum Entwurf von 1916 erklärte der Finanzminister, daß auch gemeinnützige Ledigenheim-Unternehmungen unter den Begriff „Bauvereinigungen" fielen. Die Regierung habe das Wort Bauvereinigungen gewählt, um einen möglichst weiten Spielraum zu haben. Da diese Erklärung sich auch auf den Betrag von 20 Millionen Mark bezieht, die die Regierung zur Beteiligung des Staates mit Stammeinlagen bei gemeinnützigen Bauvereinigungen zur Verfügung gestellt hat, so können also jetzt die Ledigenheim-Unternehmungen nicht nur an der Bürgschaftsleistung des Staates, sondern auch an dem 20-Millionen-Fonds (Art. 8 § 1) teilnehmen.

Die Frage, ob solche Grundeigentümer, die sich den gleichen Bedingungen unterwerfen wie die gemeinnützigen Bauvereinigungen und Stiftungen, der Segnung des Gesetzes teilhaft werden können, ist zu verneinen, nachdem die Kommission des Abgeordnetenhauses einen entsprechenden Antrag abgelehnt hat. Der Finanzminister erklärte, daß der Antrag aus dem Rahmen des Gesetzes herausfalle und kein Bedürfnis erfülle, sondern im Gegenteil in gewissem Sinne die Durchführung des Gesetzes hindere, weil die Kapitalmittel des

Staates dadurch zu schnell erschöpft würden. Weiter fügte er hinzu: Theoretisch lasse sich nichts dagegen einwenden, daß sich Private den gleichen Bedingungen unterwerfen könnten; praktisch sei der Gedanke aber wegen der Unmöglichkeit der Kontrolle nicht durchführbar. Die Bauvereinigungen könnten durch ihre Selbstverwaltungsorgane ihre Mieter kontrollieren und darauf sehen, ob die vom Staate gestellten Bedingungen innegahlten würden; bei Einzelpersonen komme das völlig in Wegfall. Es müßten also schließlich staatliche Organe mit dieser Aufsicht betraut werden. Die zu Revisionsverbänden zusammengeschlossenen Bauvereinigungen gäben durch diese Einrichtung die Sicherheit, daß sie wirtschaftlich verführen und die gestellten Bedingungen innehalten. Der Antrag sei überflüssig, weil kaum Gebrauch davon gemacht werden könne und die Sicherheit wie bei den Bauvereinigungen fehle. Unter allen Umständen müsse das Kriterium der Gemeinnützigkeit erhalten bleiben. Der Staat sei nur befugt, Staatsmittel dann für die Förderung der Kleinwohnungen zur Verfügung zu stellen, wenn sie zu einem erträglichen Preise hergestellt würden, wenn die Festsetzung der Mietshöhe dem Hersteller nicht überlassen bliebe.

Was den Begriff der gemeinnützigen Bauvereine anbetrifft, so muß man darunter jede Art Bauvereinigungen verstehen, welche auf Gewinn verzichten. Dabei ist nicht ausgeschlossen, daß im einzelnen Fall ein Gewinn erzielt wird, der dann zum Ausgleich von Verlusten dient, die in anderen Fällen entstehen. Siehe Eberstadt, Handbuch des Wohnungswesens, Jena 1910, S. 364f. Als Formen kommen in Betracht: 1. die Gesellschaft mit beschränkter Haftung, 2. die Aktiengesellschaft, 3. die Genossenschaft, 4. der eingetragene Verein. (Eberstadt a. a. O. S. 396f.)

§ 2.

(1) Das verbürgte Darlehen soll einschließlich vorgehender oder gleichstehender Hypotheken 90 vom Hundert der Selbstkosten nicht übersteigen, die der Schuldner für den Erwerb und die bauliche Erschlie-

ßung des belasteten Grundstücks, für die Errichtung der auf ihm stehenden Baulichkeiten und die Beschaffung ihres Zubehörs aufwendet.

(2) In Ausnahmefällen kann die Bürgschaft auch bis zum vollen Betrage der Selbstkosten des Baues[1]) ohne Berücksichtigung des Wertes von Grund und Boden gehen.

(3) Das verbürgte Darlehen soll mit mindestens $1^1/_2$ % des ursprünglichen Betrags unter Hinzurechnung der ersparten Zinsen getilgt werden. Sind auch die den verbürgten Darlehen im Range vorgehenden Hypothekendarlehen Tilgungshypotheken, so darf die Tilgung des verbürgten Darlehens soweit herabgesetzt werden, daß auf das verbürgte Darlehen und auf die ihm im Range vorgehenden Hypothekendarlehen insgesamt jährlich mindestens $^1/_2$ vom Hundert der ursprünglichen Beträge unter Hinzurechnung der ersparten Zinsen getilgt wird.[2])

1) Hierbei ist wohl in erster Linie auch an die Beleihung eines Erbbaurechts gedacht.

2) Der Abs. 3 des § 2 enthielt ursprünglich nur den ersten Satz. Durch den Zusatz, der von der Kommission beschlossen wurde, sind die Anforderungen an die Tilgung der verbürgten Hypotheken ermäßigt worden, wenn auch als Regel das verbürgte Darlehen mit $1^1/_2$% des ursprünglichen Betrages nebst den ersparten Zinsen getilgt werden soll.

§ 3.

(1) Zur Deckung der dem Staate aus den Bürgschaftsverträgen erwachsenden Verpflichtungen wird ein Betrag von zehn Millionen Mark zur Verfügung gestellt.[1]) Er wird als Bürgschaftssicherung der Preußischen Zentral-Genossenschaftskasse[2]) überwiesen und

ist von ihr besonders zu verwalten. Der Bürgschaftssicherung wachsen die aus ihrer Verwaltung aufkommenden Zinsen, sowie die sonst aus den Bürgschaftsverträgen entstehenden Einnahmen zu.

(2) Der Finanzminister ist für die bestimmungsmäßige Verwaltung verantwortlich.

1) Die Bürgschaftssicherung ist also in bar bereitgestellt. Es erschien dies erforderlich, um — wegen der Unbeschränktheit des Mitgliederkreises der zu fördernden Bauvereinigungen — der Verlustgefahr erhöht Rechnung zu tragen.

2) Dem Staate, der nach dem Gesetz selbst die Bürgschaft übernimmt, steht die Preußische Zentral-Genossenschaftskasse als Beauftragte gegenüber. Sie legt die Bürgschaftssicherung in ihrem Bankbetriebe an, führt ihr die aufkommenden Zinsen und sonstigen Einnahmen zu und deckt mit ihr etwa sich ergebende Verluste. Dem Landtage wird über die Verwaltung der Bürgschaftssicherung und ihre Erfolge in den Erläuterungen zum Etat der Verwaltungseinnahmen und Ausgaben der Preußischen Zentral-Genossenschaftskasse Rechnung gelegt.

§ 4.

Die Gesamthöhe der zu übernehmenden Bürgschaften darf das Fünfzehnfache der jeweils verfügbaren Bürgschaftssicherung nicht übersteigen.[1])

1) Die Summe der Bürgschaften, die nach der Regierungsvorlage auf das Zehnfache des Bürgschaftssicherungsfonds begrenzt werden sollte, wurde in der ersten Lesung der Kommission auf das 25fache erweitert, in zweiter Lesung jedoch auf das Fünfzehnfache dieses Fonds beschränkt. Es soll also hier dasselbe Verhältnis herrschen, wie es im Hypothekenbankgesetz für das Verhältnis des eigenen Kapitals der Hypothekenbanken zur Summe der ausgegebenen Pfandbriefe festgestellt ist.

Da also nunmehr die Gesamthöhe der zu übernehmenden Bürgschaften das Fünfzehnfache der Bürgschaftssicherung nicht übersteigen darf, so kann der Staat Bürgschaften in Höhe von 15 × 10 Millionen, somit bis zu 150 Millionen Mark übernehmen.

§ 5.

Ein Bericht über die Verwaltung der Sicherung, ihre Bilanz und Gewinn- und Verlustrechnung sind dem Landtage jährlich vorzulegen.

§ 6.

(1) Der Finanzminister wird ermächtigt, zur Bereitstellung der nach § 3 erforderlichen Summe Staatsschuldverschreibungen auszugeben. An Stelle der Staatsschuldverschreibungen können vorübergehend Schatzanweisungen ausgegeben werden. Der Fälligkeitstermin ist in den Schatzanweisungen anzugeben.

(2) Der Finanzminister wird ermächtigt, die Mittel zur Einlösung dieser Schatzanweisungen durch Ausgabe von neuen Schatzanweisungen und von Schuldverschreibungen in dem erforderlichen Nennbetrage zu beschaffen. Die Schatzanweisungen können wiederholt ausgegeben werden.

(3) Schatzanweisungen oder Schuldverschreibungen, die zur Einlösung von fällig werdenden Schatzanweisungen bestimmt sind, hat die Hauptverwaltung der Staatsschulden auf Anordnung des Finanzministers vierzehn Tage vor dem Fälligkeitstermine zur Verfügung zu halten.

(4) Die Verzinsung der neuen Schuldpapiere darf nicht vor dem Zeitpunkte beginnen, mit dem die Verzinsung der einzulösenden Schatzanweisungen aufhört. Wann, durch welche Stelle und in welchen Beträgen,

16*

zu welchem Zinsfuße, zu welchen Bedingungen der Kündigung und zu welchen Kursen die Schatzanweisungen und die Schuldverschreibungen ausgegeben werden sollen, bestimmt der Finanzminister. Im übrigen kommen wegen der Verwaltung und Tilgung der Anleihe die Vorschriften des Gesetzes, betreffend die Konsolidation preußischer Staatsanleihen, vom 19. Dezember 1869 (Gesetzsamml. S. 1197), des Gesetzes, betreffend die Tilgung von Staatsschulden, vom 8. März 1897 (Gesetzsamml. S. 43) und des Gesetzes, betreffend die Bildung eines Ausgleichsfonds für die Eisenbahnverwaltung, vom 3. Mai 1903 (Gesetzsamml. S. 155) zur Anwendung.

Anhang.

Gesetz, betreffend die Umlegung von Grundstücken in Frankfurt a. M.

Vom 28. Juli 1902.

(Gesetzsamml. S. 273.)

(Auch **Lex Adickes** genannt.)

(S. hierzu WohnGes. Art. 1 Nr. 10 S. 159.)

Erster Abschnitt.

Voraussetzungen der Umlegung. Vorbereitendes Verfahren.

§ 1.

In Frankfurt a. M. kann für überwiegend unbebaute Teile des Gemeindebezirks, für die der Bebauungsplan endgültig festgestellt ist, aus Gründen des öffentlichen Wohles zur Erschließung von Baugelände sowie zur Herbeiführung einer zweckmäßigen Gestaltung von Baugrundstücken die Umlegung von Grundstücken verschiedener Eigentümer nach Maßgabe der folgenden Bestimmungen bewirkt werden.

§ 2.

Die Umlegung kann sich nur auf einen einzelnen Teil des Gemeindebezirks (Umlegungsgebiet) erstrecken. Das Umlegungsgebiet ist so zu begrenzen, daß sich die Umlegung zweckmäßig durchführen läßt, und nicht größer zu bemessen, als für die Zwecke der Umlegung erforderlich ist; hierbei ist insbesondere auf die Gestaltung des Geländes und auf bestehende oder im Bebauungsplan (§ 1) festgesetzte Straßen Rücksicht zu nehmen. Einzelne im Umlegungsgebiete belegene bebaute oder in besonderer Weise (als Handelsgärtnereien, Baumschulen, Parkanlagen u. dgl.) benutzte Grundstücke können von der Umlegung ganz oder teilweise ausgenommen werden. Grundstücke, welche zur dauernden Ausübung staatshoheitlicher Rechte bestimmt sind, müssen auf Verlangen der zuständigen Behörde von der Umlegung ausgeschlossen werden.

§ 3.

(1) Die Umlegung kann erfolgen

1. auf Antrag des Magistrats zufolge Gemeindebeschlusses oder
2. auf Antrag der Eigentümer von mehr als der Hälfte der nach dem Grund- und Gebäudesteuerkataster zu berechnenden Fläche der umzulegenden Grundstücke, sofern die Antragsteller mehr als die Hälfte der Eigentümer umfassen. Für die in diesem Falle anzustellende Berechnung ist bei Grundstücken, an denen das Eigentum mehreren nach Bruchteilen zusteht, für jeden Miteigentümer ein seinem Eigentumsanteil entsprechender Bruchteil der Fläche des gemeinschaftlichen Grundstücks in Ansatz zu bringen.

(2) Veräußerungsverbote stehen der Umlegung nicht entgegen.

(3) Der Antrag ist im Falle des Abs. 1 Nr. 2 bei dem Magistrat anzubringen. Ist in diesem Falle das Umlegungsgebiet derart abgegrenzt, daß die Gemeinde gemäß § 13 Entschädigung in Geld zu gewähren hat, so ist die Zustimmung des Magistrates erforderlich.

(4) Die Vorschrift des Abs. 1 Nr. 1 findet keine Anwendung, wenn der überwiegende Teil der für eine Umlegung in Aussicht genommenen Grundfläche von den Eigentümern im eigenen Betriebe zur gewerblichen Gärtnerei benutzt wird.

§ 4.

Ist der Magistrat nach vorangegangenem Gemeindebeschlusse bereit, die Umlegung zu beantragen (§ 3 Abs. 1 Nr. 1), oder ist der im § 3 Abs. 1 Nr. 2 bezeichnete Antrag der Eigentümer bei ihm angebracht, so hat er der Baupolizeibehörde von der in Aussicht genommenen Umlegung Mitteilung zu machen. Er hat außerdem, sofern es noch nicht geschehen ist, ohne Verzug ein Verzeichnis aufzustellen, in welchem die umzulegenden Grundstücke unter Benennung ihrer Eigentümer und mit ihrer kataster- und grundmäßigen Bezeichnung einzeln aufgeführt sind, und worin ferner angegeben ist, welcher Prozentsatz des eingeworfenen Geländes von den Beteiligten abgetreten und zu öffentlichen Straßen und Plätzen (§ 10 Abs. 2) ausgeschieden werden soll und innerhalb welcher Frist die im Bebauungsplan festgesetzten Straßen und Plätze des Umlegungsgebiets für den öffentlichen Verkehr und den Anbau fertiggestellt werden sollen. Dem Verzeichnis ist ein Plan anzuheften, aus welchem die Lage, Größe, etwaige Bebauung und besondere Benutzung der umzulegenden Grundstücke ersichtlich sind. Verzeichnis und Plan hat der Magistrat zu jedermanns Einsicht offenzulegen. Wie dies geschehen soll, wird in ortsüblicher Art mit dem Bemerken bekannt gemacht, daß Einwendungen innerhalb einer genau zu bestimmenden Frist von mindestens vier Wochen bei dem Magistrat anzubringen sind. Den Eigentümern ist eine Benachrichtigung dieses Inhaltes zuzustellen. Umfaßt der Plan Grundstücke der im letzten Satze des § 2 gedachten Art, so ist die zuständige Behörde besonders zu benachrichtigen.

§ 5.

(1) Der Magistrat hat die erhobenen Einwendungen tunlichst zur gütlichen Erledigung zu bringen und sodann den Umlegungsantrag nebst den auf die Angelegenheit bezüglichen Schriftstücken ohne Verzug dem Bezirksausschuß einzureichen. Der Bezirksausschuß beschließt nach Anhörung der Ortspolizeibehörde über das Vorhandensein der in den §§ 1 bis 4 bezeichneten Voraussetzungen der Umlegung und über die nicht erledigten Einwendungen.

(2) Er kann im Falle des § 3 Abs. 1 Nr. 2 mit Zustimmung der Antragsteller festsetzen, daß ihnen die Kosten des Verfahrens ganz oder zum Teil zur Last fallen.

(3) Der Beschluß ist dem Magistrate, den Eigentümern und denjenigen Beteiligten (§ 57), welche an dem Verfahren teilgenommen

haben, zuzustellen; außerdem ist er von dem Magistrat in ortsüblicher Weise unter Hinweis auf den Inhalt der §§ 7, 27 und 50 bekanntzumachen.

§ 6.

(1) Die Zurücknahme des Antrags (§ 3) ist nur bis zur Beschlußfassung des Bezirksausschusses (§ 5 Abs. 1) zulässig.

(2) Im Falle des § 3 Abs. 1 Nr. 2 genügt zur Zurücknahme des Antrags die Erklärung der Eigentümer von mehr als zwei Dritteln der nach der bezeichneten Vorschrift bei der Antragstellung in Betracht gekommenen Grundfläche.

(3) Die Kosten fallen den zurücknehmenden Antragstellern zur Last. Sie werden in dem Falle des § 3 Abs. 1 Nr. 2 von dem Magistrat endgültig festgesetzt und unterliegen der Einziehung im Verwaltungszwangsverfahren durch die Gemeinde.

§ 7.

(1) Kommt im Falle des § 3 Abs. 1 Nr. 1 eine Vereinbarung über die Umlegung zwischen der Gemeinde und den Eigentümern in rechtsverbindlicher Form zustande, so unterbleibt die Einleitung des Umlegungsverfahrens (§ 8), wenn der Magistrat und eine nach § 3 Abs. 1 Nr. 2 zu bestimmende Mehrheit von Eigentümern darauf antragen.

(2) Erstreckt sich die Vereinbarung nur auf einen Teil des Umlegungsgebiets, so findet die Vorschrift des Abs. 1 entsprechende Anwendung, wenn der Zweck der Umlegung bei einer Beschränkung auf die von der Vereinbarung betroffenen Grundstücke noch im wesentlichen zu erreichen ist und wenn außerdem die Eigentümer der übrigen Grundstücke mit der Beschränkung einverstanden sind oder eine spätere Umlegung ihrer Grundstücke nicht ausgeschlossen ist. In diesem Falle sind die Grundstücke der nicht an der Vereinbarung beteiligten Eigentümer von der Umlegung auszunehmen.

(3) Zur Herbeiführung von Vereinbarungen im Sinne der Abs. 1 und 2 kann der Bezirksausschuß eine angemessene Frist bestimmen, innerhalb deren die Einleitung des Umlegungsverfahrens

ausgesetzt bleibt. Er hat die Frist zu bestimmen, wenn der Magistrat oder mindestens eine solche Mehrheit von Eigentümern, die unter den Voraussetzungen des Abs. 2 in Gemeinschaft mit dem Magistrat zur Stellung des dort vorgesehenen Antrags nach dem Ermessen des Bezirksausschusses berechtigt sein würde, darauf antragen.

(4) Die Entscheidungen in den Fällen des Abs. 1 bis 3 werden von dem Bezirksausschuß im Beschlußverfahren getroffen. Der Beschluß im Falle des Abs. 3 ist endgültig.

Zweiter Abschnitt.

Das Umlegungsverfahren.

1. Einleitungsverfügung. Umlegungskommission.

§ 8.

(1) Stehen die gesetzlichen Voraussetzungen für die Einleitung des Umlegungsverfahrens endgültig fest, so verfügt der Regierungspräsident die Einleitung und ernennt zur Durchführung des Verfahrens eine Kommission.

(2) Der Kommission haben zwei Kommissare des Regierungspräsidenten, von denen der eine mit dem Vorsitze, der andere mit der Stellvertretung des Vorsitzenden zu beauftragen ist, sowie als Mitglieder wenigstens je ein Bausachverständiger, ein zum Richteramte befähigter Rechtsverständiger, ein geprüfter Landmesser sowie ein Sachverständiger für die Bewertung der Grundstücke anzugehören. Magistratsmitglieder können nicht Mitglieder der Kommission sein.

(3) Vor der Ernennung der Kommissionsmitglieder sind der Magistrat und die Eigentümer mit Vorschlägen zu hören.

(4) Die Mitglieder haben Anspruch auf Ersatz der baren Auslagen und auf Gebühren nach Maßgabe der für Sachverständige in gerichtlichen Angelegenheiten bestehenden Vorschriften.

(5) Die Kommission ist, unbeschadet der Bestimmung im § 36 Abs. 2, beschlußfähig, wenn sämtliche Mitglieder zur Beschlußfassung eingeladen und der Vorsitzende oder sein Stellvertreter

und mindestens die Hälfte der Mitglieder anwesend sind; sie beschließt nach Stimmenmehrheit; bei Stimmengleichheit entscheidet die Stimme des Vorsitzenden.

(6) Die Kommission wird gerichtlich und außergerichtlich durch den Vorsitzenden vertreten.

(7) Die Urkunden der Kommission sind öffentliche. Ihre Protokolle und der Verteilungsplan haben die Kraft gerichtlicher Urkunden.

(8) Die Einleitung des Verfahrens und die Ernennung der Kommission sind in ortsüblicher Weise öffentlich bekanntzumachen.

2. Umlegungsvermerk.

§ 9.

(1) Auf Ersuchen der Kommission hat das Grundbuchamt in die Grundbücher der umzulegenden Grundstücke einzutragen, daß das Umlegungsverfahren eingeleitet ist (Umlegungsvermerk).

(2) Von dem Inhalte der Grundbücher soll sich die Kommission zuverlässige Kenntnis verschaffen; erforderlichenfalls hat sie zu diesem Zwecke bei dem Grundbuchamte die Erteilung von Abschriften zu beantragen. Auch wenn beglaubigte Abschriften erteilt werden, sind nur bare Auslagen zu berechnen.

(3) Die nach der Eintragung des Umlegungsvermerkes erfolgenden Eintragungen hat das Grundbuchamt der Kommission von Amts wegen bekanntzumachen.

(4) Soweit das Grundbuch noch nicht angelegt ist, finden die vorstehenden Bestimmungen hinsichtlich der sonstigen gerichtlichen Bücher entsprechende Anwendung.

3. Umlegungsgrundsätze.

§ 10.

(1) Die zur Umlegung bestimmten Grundstücke sind in eine Masse zu vereinigen. In die Masse sind insbesondere auch die vorhandenen öffentlichen Wege und Plätze einzuwerfen.

(2) Von der Gesamtmasse ist das zu den öffentlichen Straßen und Plätzen erforderliche Gelände bei der Verteilung vorweg

auszuscheiden und der Gemeinde oder dem sonstigen Wegeunterhaltungspflichtigen zu überweisen. Durch die Überweisung werden die Gemeinde und die sonstigen Wegunterhaltungspflichtigen für die Einwerfung der öffentlichen Wege und Plätze abgefunden.

(3) Die Restmasse wird unter die Eigentümer verteilt.

§ 11.

Den Beteiligten (§ 57 Abs. 2 bis 5) ist vollständige Entschädigung nach Maßgabe der Vorschriften der §§ 12 bis 21 zu gewähren.

§ 12.

(1) Die Verteilung der im § 10 Abs. 3 bezeichneten Restmasse hat nach Zweckmäßigkeit und Billigkeit zu erfolgen, und zwar tunlichst so, daß die Gesamtfläche nach dem Verhältnisse verteilt wird, in welchem die Eigentümer bei der früheren Gesamtfläche beteiligt waren. Dabei sollen tunlichst die Grundstücke rechtwinklig zu den Straßen und Plätzen gelegt und in der örtlichen Lage, in der sie vor der Umlegung besessen wurden, den Eigentümern zugewiesen werden. Insbesondere sollen bebaute Grundstücke sowie Grundstücke, die einen nach § 14 besonders zu ersetzenden Wert haben, soweit sie nicht in Straßen oder Plätze fallen, und vorbehaltlich der etwa erforderlichen anderweitigen Begrenzung tunlichst den bisherigen Eigentümern belassen werden.

(2) Ist das eingeworfene Grundstück in seinen Teilen verschieden belastet oder sind verschieden belastete Grundstücke desselben Eigentümers in die Masse eingeworfen, so ist für jeden der bezeichneten Teile oder für jedes Grundstück oder für jede Mehrheit von Grundstücken, welche in gleicher Weise belastet sind, mindestens ein neues Grundstück auszuweisen.

§ 13.

(1) Für das zu Straßen und Plätzen über den Flächeninhalt der eingeworfenen öffentlichen Wege und Plätze hinaus erforderliche Gelände ist den Eigentümern Entschädigung in Geld zu gewähren, und zwar im Falle des § 3 Abs. 1 Nr. 1, soweit dieses

Gelände 35 vom Hundert, im Falle des § 3 Abs. 1 Nr. 2, soweit es 40 vom Hundert der von den Eigentümern eingeworfenen Grundfläche übersteigt.*)

(2) Die Entschädigung ist als Bruchteil des Gesamtwertes des zu den Straßen und Plätzen bestimmten Geländes zu berechnen.

§ 14.

(1) Außer dem Anspruch auf Landzuweisung haben die Eigentümer ferner Anspruch auf Entschädigung in Geld

1. für entzogene Gebäude, sonstige Bestandteile und Zubehörstücke des eingeworfenen Grundstücks,
2. für den Verlust des Wertes, der dem eingeworfenen Grundstücke vermöge besonderer natürlicher Eigenschaften oder vermöge darauf gemachter Verwendungen zukommt, soweit nicht auf dem zugewiesenen Grundstück entsprechender Ersatz geboten wird,
3. für den Verlust des auf die Benutzung der Gebäude oder die besondere Beschaffenheit oder Benutzung des Grundstücks begründeten Gewerbes (Fabriken, Handelsgärtnereien, Baumschulen, Ton- und Lehmgruben u. dgl.).

(2) Eine Werterhöhung, die mit Rücksicht auf die in Aussicht stehende oder eingeleitete Umlegung eintritt, bleibt hierbei außer Betracht.

§ 15.

(1) Ist das eingeworfene Grundstück mit Rechten belastet, die nach § 42 Abs. 1, 2 erlöschen und für die nach § 20 Entschädigung geleistet werden muß, so kann die Kommission dem Eigentümer die Zahlung eines Geldbetrags bis zur Höhe des Minderwerts auferlegen, den das eingeworfene Grundstück infolge der Belastung für ihn hatte (Zuschuß).

---

*) Abs. 1 in der Fassung des Gesetzes vom 8. Juli 1907 (Gesetzsamml. S. 259).

(2) Der Zuschuß ist an die Gemeinde zu zahlen. Dem Eigentümer ist jedoch auf Antrag bis zum Verkauf oder zur Bebauung des Grundstücks gegen eine Verzinsung mit dreieinhalb vom Hundert Stundung zu gewähren.

§ 16.

(1) Soweit der Wert der auf Grund der §§ 11 bis 14 erfolgten Zuweisungen etwa hinter dem Werte des eingeworfenen Grundstücks zurückbleiben sollte, haben die Eigentümer Anspruch auf weitere Entschädigung in Geld.

(2) Eine Werterhöhung, die das eingeworfene Grundstück mit Rücksicht auf die in Aussicht stehende oder eingeleitete Umlegung erfährt, bleibt hierbei außer Betracht.

(3) Das zugewiesene Grundstück wird nach dem Werte geschätzt, den es nach der Umlegung in dem Zeitpunkt erlangt, in welchem es auf Grund der Überweisungserklärung übereignet wird (§§ 40 bis 42).

§ 17.

(1) Eingeworfene Grundstücke, deren Flächeninhalt so gering ist, daß sie einzeln nur durch Grundstücke, die zur Bebauung ungeeignet wären, ersetzt werden könnten, sind, wenn sie demselben Eigentümer gehören, zusammenzulegen.

(2) Gehören sie verschiedenen Eigentümern, so sind sie mit deren Einverständnis in der Weise zu gemeinschaftlichen Grundstücken zu vereinigen, daß an ihrer Stelle bebauungsfähige Grundstücke zugewiesen werden können; die Zuweisung erfolgt unter Bezeichnung des Anteilsverhältnisses als Miteigentum. Die Kommission hat auf die Herbeiführung des Einverständnisses hinzuwirken.

(3) Sind die Grundstücke, welche vereinigt werden (Abs. 2), verschieden belastet und haben die Belastungen auf das zuzuweisende Grundstück überzugehen (§ 42), so findet die Vorschrift des § 12 Abs. 2 entsprechende Anwendung.

§ 18.

(1) Wird das in § 17 Abs. 2 bezeichnete Einverständnis nicht erzielt, so ist für das eingeworfene Grundstück die vollständige Entschädigung lediglich in Geld zu gewähren:

1. Auf Antrag des Magistrats, wenn der Flächeninhalt des Grundstücks so gering ist, daß es nur durch ein zur Bebauung ungeeignetes Grundstück ersetzt werden könnte, und wenn in diesem Falle der Zweck des Umlegungsverfahrens vereitelt oder wesentlich beeinträchtigt werden würde;
2. auf Antrag des Eigentümers, wenn der Flächeninhalt infolge der Umlegung so verringert werden würde, daß das zuzuweisende Grundstück zur Bebauung nicht mehr geeignet ist.

(2) Auf die Bemessung der Entschädigung findet die Vorschrift des § 16 Abs. 3 mit der Maßgabe entsprechende Anwendung, daß die Entschädigungssumme um den Betrag gekürzt wird, der dem Eigentümer sonst als Umlegungsbeitrag zur Last gefallen wäre.

(3) Teile der Restmasse (§ 10 Abs. 3), welche dem in Abs. 1 bezeichneten Grundstück entsprechen würden (§ 12), können von der Aufteilung an sämtliche Eigentümer ausgeschlossen und gegen Entschädigung ganz oder teilweise auch mehreren Eigentümern oder einem Eigentümer mit deren Zustimmung zugeteilt werden. Die Entschädigung ist den Eigentümern, an welche die Zuteilung erfolgt, aufzuerlegen (Vergütung). Die Vorschrift des § 16 Abs. 3 findet entsprechende Anwendung.

§ 19.

Über das Vorhandensein der Bebauungsfähigkeit (§§ 17, 18) entscheidet die Kommission nach Anhörung der Baupolizeibehörde.

§ 20.

Beteiligten, deren Rechte am Grundstück erlöschen (§ 42 Abs. 2 Satz 3 in Verbindung mit Abs. 1 Satz 3) oder durch Anordnung der Kommission verändert werden (§ 25 Abs. 1, 2), sowie Mietern oder Pächtern, deren Rechte gemäß § 42 Abs. 4 erlöschen, ist der Schaden, den sie durch die Umlegung erleiden, besonders zu ersetzen, soweit der Ersatz nicht in den nach den §§ 14, 16, 18, 31 gewährten Entschädigungen einbegriffen ist.

§ 21.

Im übrigen finden auf die Entschädigungen, soweit nicht durch dieses Gesetz Bestimmung getroffen ist, die Vorschriften der §§ 7 bis 11, 13 des Gesetzes über die Enteignung von Grundeigentum vom 11. Juni 1874 (Gesetzsamml. S. 221) mit der Maßgabe entsprechende Anwendung, daß die Gemeinde als Unternehmer gilt.

§ 22.

Der Bebauungsplan für das Umlegungsgebiet darf während des Umlegungsverfahrens ohne Zustimmung der Kommission nicht abgeändert werden. Die Kommission kann jedoch zur leichteren Durchführung der Umlegung beim Magistrat beantragen, daß der Bebauungsplan in dem nach dem Gesetz, betreffend die Anlegung und Veränderung von Straßen und Plätzen in Städten und ländlichen Ortschaften, vom 2. Juli 1875 (Gesetzsamml. S. 561) vorgeschriebenen Verfahren geändert wird.

§ 23.

(1) Die Kommission bestimmt nach Anhörung der Straßenbaupolizeibehörde, innerhalb welcher Zeit die Straßen und Plätze des Umlegungsgebiets für den öffentlichen Verkehr und den Anbau fertig herzustellen sind. Dabei kann für diese Zwecke eine nur vorläufige Herstellung zugelassen und als ausreichend anerkannt werden. Die Frist kann für verschiedene Teile des Umlegungsgebiets verschieden bemessen werden. Nach Ablauf der Frist kann die Bauerlaubnis aus dem Grunde, daß die Herstellung noch nicht erfolgt ist, nicht versagt werden. In dem Falle des § 3 Abs. 1 Nr. 1 darf die Frist unbeschadet einer anderweitigen Vereinbarung

zwischen der Gemeinde und den beteiligten Eigentümern den Zeitraum von 4 Jahren nicht übersteigen.

(2) Soweit die geplanten Straßen und Plätze bis zum Tage der Umlegung nicht hergestellt werden und die Grunstücke nach diesem Zeitpunkte zu ihrer Benutzung vorläufige Zugänge oder Wege erfordern, können vorhandene öffentliche Wege, die zur Einziehung oder Verlegung bestimmt sind, einstweilen noch aufrechterhalten werden. Soweit dies nicht geschieht, ist die Herstellung der vorläufigen Zugänge und Wege der Gemeinde aufzuerlegen.

(3) Auf Antrag der Gemeinde unterbleibt die Auferlegung und es ist den beteiligten Eigentümern lediglich Entschädigung in Geld zu gewähren, wenn die Herstellung unverhältnismäßig hohe Kosten verursachen würde. Diese Bestimmung findet keine Anwendung, wenn ohne die Herstellung die Zugänglichkeit eines bebauten oder gewerblich benutzten Grundstücks, das im Besitze des Eigentümers verbleibt, beeinträchtigt werden würde.

§ 24.

Die nach den §§ 13, 14, 16 bis 23 erforderlichen Aufwendungen liegen der Gemeinde ob.

§ 25.

(1) Zur Erreichung des Zweckes des Umlegungsverfahrens kann die Kommission bestehende Grunddienstbarkeiten aufrechterhalten oder verändern oder neue Grunddienstbarkeiten auferlegen.

(2) Andere Rechte an Grundstücken, die nach § 42 Abs. 2 Satz 3 in Verbindung mit Abs. 1 Satz 3 erlöschen würden, kann die Kommission, vorbehaltlich etwaiger Ersatzansprüche (§ 20), auf das zugewiesene Grundstück übertragen, sofern sie auf diesem ohne erhebliche Beeinträchtigung des Berechtigten ausgeübt werden können und mit den Zwecken des Umlegungsverfahrens nicht in Widerspruch stehen.

(3) Soweit erforderlich, hat die Kommission auch die auf den Grundstücken haftenden oder mit Rücksicht auf den Grundbesitz zu entrichtenden öffentlichen Lasten anderweit zu verteilen.

§ 26.

(1) Die Kommission hat die Bestimmungen im Verteilungsplane, namentlich über die Art der Grundstücksverteilung (§ 12), tunlichst im Einvernehmen mit den Beteiligten zu treffen und insbesondere auch auf das Zustandekommen von Vereinbarungen hinzuwirken, durch welche die Gewährung von Geldentschädigungen möglichst eingeschränkt oder entbehrlich gemacht wird.

(2) Sie hat ferner darauf zu achten, daß sich das Verfahren gegen die wirklichen Berechtigten richtet.

§ 27.

(1) Wird eine Vereinbarung im Sinne des § 7 Abs. 1 getroffen, so ist die Kommission an deren Inhalt gebunden.

(2) Wird eine Vereinbarung der in § 7 Abs. 2 bezeichneten Art getroffen, so hat der Bezirksausschuß darüber zu beschließen, ob der Zweck der Umlegung bei einer Beschränkung auf die von der Vereinbarung betroffenen Grundstücke noch im wesentlichen zu erreichen ist. Trifft dies zu, und sind die Eigentümer der übrigen Grundstücke mit der Beschränkung einverstanden, oder ist eine spätere Umlegung ihrer Grundstücke nicht ausgeschlossen, so hat der Bezirksausschuß die von der Vereinbarung nicht betroffenen Grundstücke von der Umlegung auszunehmen. Hinsichtlich der von der Vereinbarung betroffenen Grundstücke findet die Vorschrift des Abs. 1 entsprechende Anwendung.

(3) Vereinbarungen, welche von den Eigentümern der Grundstücke eines einzelnen Baublocks oder mehrerer Baublöcke über die Umlegung dieser Grundstücke getroffen werden, sind von der Kommission zu berücksichtigen, soweit die sonstige Durchführung der Umlegung nach den Vorschriften dieses Gesetzes im Falle der Berücksichtigung nicht beeinträchtigt wird.

(4) Diese Vorschriften gelten auch, wenn den Vereinbarungen eine rechtsverbindliche Form nicht gegeben ist.

§ 28.

(1) Hat die Gemeinde gemäß § 13 Entschädigung zu leisten, oder erfolgt an sie eine Zuteilung gemäß § 18 Abs. 3 und steht in

diesen Fällen ihr Interesse zu dem gemeinschaftlichen Interesse der Eigentümer in erheblichem Gegensatze, so hat der Regierungspräsident den Eigentümern einen Vertreter und Verwalter zu bestellen. Die Gesamtheit der Eigentümer ist insoweit parteifähig.

(2) Der Vertreter und Verwalter hat die Stellung eines gesetzlichen Vertreters. Er kann aus der Zahl der Eigentümer genommen werden. Auf Verlangen erhält er außer dem Ersatze der baren Auslagen eine angemessene Entschädigung für seine Mühewaltung; die Festsetzung erfolgt durch die Kommission; die Zahlung liegt der Gemeinde ob. Die Auslagen, einschließlich der durch die Beschreitung des Rechtswegs (§ 39) entstehenden, sind dem Vertreter und Verwalter auf Verlangen von der Gemeinde vorzuschießen.

(3) Der Vertreter und Verwalter erhält eine Bestallung.

§ 29.

(1) Aufwendungen, die der Gemeinde als Entgelt für einen ihr zufließenden besonderen Vermögenswert obliegen, sind von einer Verteilung auf die Eigentümer ausgeschlossen. Dies gilt insbesondere von der nach § 13 zu leistenden Entschädigung, von der Vergütung, die der Gemeinde im Falle einer an sie erfolgten Zuteilung auferlegt ist (§ 18 Abs. 3) und von der Entschädigung, die die Gemeinde infolge entsprechender Anwendung der Vorschrift des § 9 Abs. 1 des Gesetzes über die Enteignung von Grundeigentum vom 11. Juni 1874 zu leisten hat (§ 21).

(2) Die übrigen Aufwendungen, die der Gemeinde nach § 24, § 28 Abs. 2, § 36 Abs. 1 Satz 2 obliegen (umlegungsfähige Aufwendungen), sind auf die Eigentümer zu verteilen, sofern der Magistrat darauf anträgt (Umlegungsbeitrag). Es sind jedoch in Gegenrechnung zu stellen und von der Gesamtsumme der umlegungsfähigen Aufwendungen vorweg abzuziehen:

1. die an die Gemeinde zu zahlenden Zuschüsse und Vergütungen (§ 15, § 18 Abs. 3) und die nach § 36 Abs. 1 Satz 2 an sie zu leistenden sonstigen Zahlungen,

2. die von der Gemeinde nach § 13 zu leistende Entschädigung sowie die Vergütung, die ihr im Falle einer an sie erfolgten Zuteilung auferlegt ist (§ 18 Abs. 3).

§ 30.

(1) Die Verteilung der umlegungsfähigen Aufwendungen der Gemeinde (§ 29 Abs. 2) erfolgt unter Berücksichtigung des dem einzelnen Eigentümer aus der Umlegung erwachsenden Vorteils oder — soweit die Anwendung dieses Verteilungsmaßstabs nicht tunlich oder zweckmäßig erscheint — unter Berücksichtigung der Frontlänge, des Flächeninhalts und der Lage oder des Wertes des zugewiesenen Grundstücks.

(2) Auf Antrag des Eigentümers ist der Umlegungsbeitrag bis zum Verkauf oder zur Bebauung des Grundstücks gegen eine Verzinsung mit dreienhalb vom Hundert zu stunden.

(3) Soweit im Falle der Verteilung von Umlegungsbeiträgen der Wert der gemäß §§ 11 bis 14 erfolgten Zuweisung, abzüglich des Umlegungsbeitrags hinter dem Werte des eingeworfenen Grundstücks zurückbleiben würde, bleibt der Eigentümer bei der Verteilung außer Betracht; das gleiche gilt von den nach § 16 zu entschädigenden Eigentümern.

§ 31.

Soweit die Gesamtsumme der in § 29 Abs. 2 Nr. 1, 2 genannten Leistungen den Gesamtbetrag der umlegungsfähigen Aufwendungen übersteigt, ist sie von der Gemeinde an die Eigentümer zu erstatten. Die Erstattung erfolgt unter entsprechender Anwendung der Vorschriften des § 30 Abs. 1.

§ 32.

Die in § 15, § 18 Abs. 1, § 23 Abs. 3, § 29 Abs. 2 bezeichneten Anträge müssen spätestens als Einwendung gegen den Verteilungsplan (§ 37) angebracht werden.

§ 33.

Die Beteiligten sollen ihre Ansprüche, sobald sich diese übersehen lassen, möglichst schon vor der Kommission oder vor dem Bezirksausschusse geltend machen. Wird dies unterlassen, so kann die Kommission oder der Bezirksausschuß den Beteiligten die durch die nachträgliche Geltendmachung entstehenden Kosten auferlegen.

4. Aufstellung und Festsetzung des Verteilungsplans.

§ 34.

(1) Unter Beobachtung der Vorschriften des §§ 10 bis 31, 33 hat die Kommission einen Verteilungsplan nebst Karte aufzustellen.

(2) Aus dieser Aufstellung muß der alte Besitzstand und die Neuverteilung hervorgehen. Dabei sind die einzelnen Grundstücke nach ihrer Größe und ihren Eigentümern, die einzuziehenden und zu verlegenden öffentlichen Wege und die nach § 23 herzustellenden Zugänge und Wege, die nach § 25 Abs. 1, 2 zu treffenden Anordnungen und die nach den §§ 11 bis 14, 16 bis 24 in Aussicht zu nehmenden Entschädigungen sowie die nach § 15, § 18 Abs. 3, §§ 29, 30, 33 aufzuerlegenden Zuschüsse, Vergütungen und Umlegungsbeiträge aufzuführen. Auch muß in den Fällen des § 12 Abs. 2, § 17 Abs. 3 ersichtlich sein, in welcher Weise diesen Vorschriften genügt ist.

§ 35.

(1) Über Verteilungsplan und Karte (§ 34) hat die Kommission mit den Beteiligten zu verhandeln.

(2) Zu dem Verhandlungstermine sind die Beteiligten zu laden. Die Ladung der Gemeinde, der Eigentümer und derjenigen, welche sich zur Teilnahme an dem Verfahren gemeldet haben, geschieht durch Zustellung, die Ladung der übrigen Beteiligten durch ortsübliche Bekanntmachung mit der Aufforderung, sich zu melden und ihre Rechte geltend zu machen. Die Ladungen erfolgen unter dem Hinweis auf den Inhalt der Bestimmungen der §§ 32, 33 und unter der Verwarnung, daß beim Ausbleiben der Geladenen ohne deren Teilnahme über den Verteilungsplan, insbesondere über die Zuweisung der Grundstücke, die Festsetzung etwaiger Geldentschädigungen, Zuschüsse, Vergütungen und Umlegungsbeiträge, über die Auszahlung oder Hinterlegung der festgesetzten

Geldentschädigungen und über die nach § 25 zulässigen Anordnungen beschlossen werden würde.

(3) In dem Termine darf jeder Beteiligte erscheinen und sein Interesse wahrnehmen. Nach Bedarf ist Termin an Ort und Stelle anzuberaumen.

(4) Der Ortspolizeibehörde muß Gelegenheit gegeben werden, in dem Verfahren das ortspolizeiliche Interesse wahrzunehmen. Sie ist insbesondere von dem Verhandlungstermine zu benachrichtigen und darf dazu einen Vertreter entsenden. Die Bestimmungen in dem Verteilungsplane, soweit sie das ortspolizeiliche Interesse berühren, sind tunlichst im Einvernehmen mit der Ortspolizeibehörde zu treffen.

§ 36.

(1) Die Kommission hat über den Verteilungsplan nebst Karte, insbesondere über die von den Beteiligten beantragten Änderungen oder Ergänzungen zu beschließen und erforderlichenfalls den Verteilungsplan und die Karte nach Maßgabe der Beschlüsse zu berichtigen und zu vervollständigen. Hierbei sind auch die Ergebnisse von Vereinbarungen, welche die Beteiligten über die Begründung, Aufhebung, Aufrechterhaltung oder Veränderung von Rechten getroffen haben, in den Verteilungsplan aufzunehmen, sofern sie nicht mit dem Zwecke des Umlegungsverfahrens in Widerspruch stehen.

(2) An der Beschlußfassung muß außer dem Vorsitzenden mindestens je eines der im § 8 Abs. 2 bezeichneten sachverständigen Mitglieder teilnehmen.

§ 37.

(1) Nach erfolgter Beschlußfassung hat die Kommission den Verteilungsplan nebst Karte zu jedermanns Einsicht offen zu legen und den Eigentümern die zugewiesenen Grundstücke an Ort und Stelle in einem dazu anberaumten Termine anzuweisen. Die Vorschrift des § 4 Satz 5 findet hierbei mit der Maßgabe entsprechende Anwendung, daß in der die Offenlegung ankündigenden Bekanntmachung der Vorsitzende der Kommission als die Stelle zu bezeichnen

ist, bei welcher die Einwendungen gegen den Verteilungsplan anzubringen sind.

(2) Der Gemeinde und den Eigentümern ist außerdem ein Abdruck des Verteilungsplanes nebst Karte, den sonstigen Beteiligten, hinsichtlich deren in dem Verteilungsplan eine Bestimmung getroffen ist, oder die an dem Verfahren teilgenommen haben, eine Benachrichtigung von der Offenlegung zuzustellen.

(3) Die Frist zur Erhebung von Einwendungen beginnt gegen die im vorhergehenden Absatze bezeichneten Beteiligten mit der Zustellung, gegen die übrigen mit der Offenlegung des Verteilungsplans.

(4) Kommt die Einziehung oder Verlegung öffentlicher Wege in Betracht, so ist der Wegepolizeibehörde Mitteilung zu machen. Einwendungen gegen die Einziehung oder Verlegung sind in dem Umlegungsverfahren mit zu erledigen.

§ 38.

(1) Werden Einwendungen gegen den Verteilungsplan erhoben, so hat die Kommission deren Erledigung durch Verhandlung zu versuchen. Gelingt die Erledigung nicht, so sind die Akten und die Verhandlungen mittels eingehenden Berichts dem Bezirksausschusse vorzulegen. Dieser beschließt über die Einwendungen endgültig.

(2) Sind Einwendungen nicht erhoben oder ist über sie entschieden, so erfolgt die Festsetzung des Verteilungsplans durch endgültigen Beschluß des Bezirksausschusses.

(3) Dem Magistrat, den Eigentümern und dem Vertreter und Verwalter (§ 28) ist eine Ausfertigung des festgesetzten Verteilungsplans nebst Karte, den sonstigen Beteiligten, hinsichtlich deren darin eine Bestimmung getroffen ist, oder die an dem Verfahren teilgenommen haben, eine Benachrichtigung von der Festsetzung des Verteilungsplans zuzustellen.

(4) Der Magistrat hat die geschehene Festsetzung in ortsüblicher Weise bekanntzumachen.

5. Rechtsweg.

§ 39.

(1) Wegen der in den §§ 11, 13, 14, 16 bis 23 bezeichneten Ansprüche auf Entschädigung in Geld steht den Beteiligten gegen den Verteilungsplan von dessen Festsetzung an der Rechtsweg offen. Die Klageerhebung ist bis zum Ablauf von zwei Monaten nach dem Tage der Umlegung (§ 40 Abs. 1) zulässig.

(2) Gegen Beteiligte, denen die Überweisungserklärung zuzustellen ist (§ 40 Abs. 1, 4), endet diese Frist aber jedenfalls erst zwei Monate nach erfolgter Zustellung.

(3) Ist für den Fall des § 13 ein Vertreter und Verwalter bestellt (§ 28), so ist die Klage von diesem gegen die Gemeinde und von der Gemeinde gegen den Vertreter und Verwalter zu erheben; in den übrigen Fällen ist sie von den Eigentümern und den im § 57 Abs. 2 Nr. 1, 2 genannten Beteiligten gegen die Gemeinde und von der Gemeinde gegen die vorbezeichneten Beteiligten zu erheben.

(4) In den Fällen des § 15 finden die vorstehenden Vorschriften mit der Maßgabe Anwendung, daß der Rechtsweg nur dem belasteten Eigentümer zusteht.

6. Ausführung des Verteilungsplans.

§ 40.

(1) Die Ausführung des Verteilungsplans wird durch die Beschreitung des Rechtswegs nicht aufgehalten. Sie erfolgt durch eine von dem Bezirksausschusse durch endgültigen Beschluß zu zu erlassende Überweisungserklärung. In dieser ist der Tag, an welchem die Rechtsänderungen hinsichtlich der umzulegenden Grundstücke eintreten sollen (Tag der Umlegung), zu bezeichnen.

(2) Der Tag der Umlegung ist so zu bestimmen, daß zwischen dem Tage der Bekanntmachung der Überweisungserklärung und dem Tage der Umlegung ein Zeitraum von mindestens einem Monat liegt.

(3) Die Überweisungserklärung darf erst erfolgen, wenn nachgewiesen ist, daß die nach den §§ 14, 16 bis 23, 31 in dem Verteilungsplane festgesetzten Entschädigungen von der Gemeinde gezahlt oder hinterlegt sind. Sie kann gleichzeitig mit der Festsetzung des Verteilungsplans (§ 38 Abs. 2, 3) erlassen und mit dieser verbunden werden.

(4) Außer dem Magistrat, den Eigentümern und dem Vertreter und Verwalter (§ 28) ist die Überweisungserklärung den sonstigen Beteiligten, hinsichtlich deren in dem Verteilungsplan eine Bestimmung getroffen ist oder die an dem Verfahren teilgenommen haben, zuzustellen. Der Magistrat hat die Überweisungserklärung ohne Verzug in ortsüblicher Weise bekanntzumachen.

§ 41.

Mit der öffentlichen Bekanntmachung der Überweisungserklärung erlangt die Gemeinde das Recht, die nach dem Verteilungsplane etwa noch herzustellenden vorläufigen Zugänge und Wege (§ 23 Abs. 2) anzulegen.

§ 42.

(1) Ist die Überweisungserklärung ortsüblich bekanntgemacht, so wird mit dem Tage der Umlegung der Inhalt des Verteilungsplans wirksam. Die bisherigen Eigentumsrechte an den eingeworfenen Grundstücken erlöschen. Zugleich werden die eingeworfenen Grundstücke von allen privatrechtlichen Belastungen und Beschränkungen frei, insbesondere hören sie auf, Fideikommiß oder Stammgut zu sein oder im Lehn- oder Leiheverbande zu stehen.

(2) Die Gemeinde oder der sonstige Wegunterhaltungspflichtige wird Eigentümer des nach § 10 Abs. 2 zu den öffentlichen Straßen und Plätzen zugewiesenen Geländes. Soweit für ein eingeworfenes Grundstück nach § 12 Landzuweisung gewährt wird, tritt das zugewiesene Grundstück in Ansehung des Eigentums und der übrigen in Abs. 1 Satz 3 bezeichneten privatrechtlichen Beziehungen an seine Stelle. Von dem Übergang auf das zugewiesene Grundstück sind jedoch ausgeschlossen das Erbbaurecht, die Dienstbarkeiten, die

Wiederkaufs- und Vorkaufsrechte und die nicht lediglich in Geld-, Natural- oder persönlichen Leistungen bestehenden Reallasten, soweit in dem Verteilungsplane nicht ein anderes bestimmt ist.

(3) Die auf Grund der Vorschriften der §§ 14, 16, § 18 Abs. 1, 2, §§ 23, 31, 39 festgesetzten Geldentschädigungen treten hinsichtlich der in dem vorhergehenden Absatze bezeichneten rechtlichen Beziehungen an die Stelle des eingeworfenen Grundstücks. Das gleiche gilt, wenn in den Fällen der §§ 14, 16, § 18 Abs. 1, 2, §§ 23, 31 die Festsetzung auf einer Vereinbarung (§ 36 Abs. 1 Satz 2) beruht.

(4) Miet- und Pachtverhältnisse, auf Grund deren das eingeworfene Grundstück dem Mieter oder Pächter überlassen war, erlöschen, sofern nicht ihr Gegenstand dem Vermieter oder Verpächter ungeschmälert verbleibt und in dem Verteilungsplane nicht ein anderes bestimmt ist.

§ 43.

(1) Auf Ersuchen der Kommission hat das Grundbuchamt die Rechtsänderungen, die nach den Bestimmungen des Verteilungsplans und dieses Gesetzes hinsichtlich der im Grundbuch eingetragenen oder durch Eintragung gesicherten Rechte eintreten, in das Grundbuch einzutragen und den Umlegungsvermerk zu löschen, sowie in das Grundbuch ferner einzutragen, daß das Grundstück in Gemäßheit der Vorschriften des § 15 Abs. 2 und des § 18 Abs. 3 zuschuß- oder vergütungspflichtig und in Gemäßheit der §§ 29, 45 beitragspflichtig ist. Mit dem Ersuchen sind dem Grundbuchamte die vorgeschriebenen Katasterbuchauszüge vorzulegen.

(2) Das Ersuchen ist ohne Verzug zu stellen und muß die zu bewirkenden Eintragungen g nau bezeichnen.

(3) Soweit für Grundstücke das Grundbuch noch nicht als angelegt anzusehen ist, finden die vorstehenden Bestimmungen hinsichtlich der sonstigen gerichtlichen Bücher entsprechende Anwendung.

§ 44.

Die Vorschriften der §§ 37, 38, 47 bis 49 des Gesetzes über die Enteignung von Grundeigentum vom 11. Juni 1874 und der

Artikel 35 bis 41 des Ausführungsgesetzes zum Reichsgesetz über die Zwangsversteigerung und die Zwangsverwaltung vom 23. September 1899 (Gesetzsamml. S. 291), betreffend die Hinterlegung sowie die Behandlung der Geldentschädigungen in dem Falle, daß Grundstücke Fideikommiß oder Stammgut sind oder im Lehn- oder Leiheverbande stehen oder mit Reallasten, Hypotheken, Grundschulden oder Rentenschulden belastet sind, finden entsprechend Anwendung.

7. Nachtragsverteilungsplan.

§ 45.

(1) Erhöht sich der Aufwand der Gemeinde (§ 29 Abs. 2) infolge des Ausgangs erhobener Rechtsstreitigkeiten, so ist der Mehrbetrag auf den Antrag der Gemeinde durch die Kommission auf die Eigentümer nachträglich zu verteilen. Der Antrag ist spätestens innerhalb eines Monats nach endgültiger Beendigung des letzten anhängigen Rechtsstreits zu stellen.

(2) Ermäßigt sich der Aufwand aus dem im Abs. 1 Satz 1 bezeichneten Anlasse, so ist der Minderbetrag den Eigentümern im Verhältnis ihrer Beiträge zugute zu rechnen oder zu erstatten. Wird hierüber eine Einigung nicht erzielt, so hat der Magistrat bei der Kommission die Aufstellung eines nachträglichen Verteilungsplans zu beantragen. Der Antrag kann auch von einem Eigentümer gestellt werden.

(3) Die nach § 23 Abs. 2 entstehenden Aufwendungen können, soweit sie nicht bereits nach den §§ 29, 30 34 flg. verteilt sind, in dem nachträglichen Verteilungsplane berücksichtigt werden.

(4) Auf den nachträglichen Verteilungsplan finden die Vorschriften der §§ 16, 29, 30, 34 bis 38 entsprechende Anwendung.

§ 46.

(1) Soweit der Wert der auf Grund der §§ 11 flg. erfolgten Zuweisungen abzüglich des Umlegungsbeitrags (§ 45) den im § 16

Abs. 1, 2 bezeichneten Wert des eingeworfenen Grundstücks nicht mehr erreichen würde, kann der Eigentümer von der Gemeinde im Rechtswege die Nichterhebung des Umlegungsbeitrags oder die Erstattung des gezahlten Betrags beanspruchen. Die Klage ist binnen drei Monaten von dem Tage ab zulässig, an welchem der Umlegungsbeitrag endgültig feststeht.

(2) Die nach Abs. 1 nicht einziehbaren Umlegungsbeiträge können in einem nachträglichen Verteilungsplan anderweitig verteilt werden. Die Vorschriften des § 45 Abs. 1, 4 finden Anwendung.

8. Zustellungen.

§ 47.

Auf die von der Kommission zu bewirkenden Zustellungen finden die Vorschriften des Gesetzes über die allgemeine Landesverwaltung vom 30. Juli 1883 (Gesetzsamml. S. 195 flg.) und die zu dessen Ausführung erlassenen Bestimmungen über die Zustellung von Beschlüssen des Bezirksausschusses entsprechende Anwendung.

9. Besondere Vorschriften.

§ 48.

Die nach dem Verteilungsplan an die Gemeinde zu leistenden Zahlungen unterliegen der Beitreibung im Verwaltungszwangsverfahren durch die Gemeinde. Die Zuschüsse (§ 15), Vergütungen (§ 18 Abs. 3) und Umlegungsbeiträge (§§ 29, 30, 45, § 46 Abs. 2) haben die Eigenschaft gemeiner Lasten.

§ 49.

Ist die Zuschuß-, Vergütungs- oder Beitragspflicht erloschen, so hat der Magistrat das Grundbuchamt oder das Amtsgericht um Löschung des darauf bezüglichen Vermerkes zu ersuchen.

Dritter Abschnitt.

Schlußbestimmungen.

§ 50.

Werden die im § 27 bezeichneten Vereinbarungen in rechtsverbindlicher Form getroffen und erachtet der Bezirksausschuß im Falle des § 27 Abs. 2 die daselbst in Satz 2 bezeichneten Voraussetzungen für gegeben, so hat er das Verfahren durch Beschluß einzustellen, sofern der Magistrat und eine nach § 3 Abs. 1 Nr. 2 zu bestimmende Mehrheit der Eigentümer die Einstellung beantragen.

§ 51.

Der Bezirksausschuß kann ferner auf Antrag des Magistrats das Verfahren durch Beschluß einstellen, wenn nach Lage der Verhältnisse, insbesondere mit Rücksicht auf erhobene Entschädigungsansprüche oder auf die drohende Erhebung von solchen Ansprüchen begründete Besorgnis vorhanden ist, daß die Durchführung des Umlegungsverfahrens unwirtschaftlich oder für die Gemeinde mit unverhältnismäßiger Belastung verbunden sein würde, oder wenn sich die Durchführung des Verfahrens auch außer den Fällen des § 50 als entbehrlich erweist. Vor der Beschlußfassung soll den sonstigen Beteiligten, soweit sie an dem Verfahren teilgenommen haben, Gelegenheit gegeben werden, sich zu dem Antrage zu äußern. Der Antrag ist nur bis zum Erlasse des Festsetzungsbeschlusses (§ 38 Abs. 2) zulässig. Im Falle des § 3 Abs. 1 Nr. 1 hat die Gemeinde den Eigentümern die ihnen entstandenen notwendigen Auslagen zu ersetzen.

§ 52.

Wird in den Fällen der §§ 50, 51 das Verfahren eingestellt, so hat auf Ersuchen der Kommission das Grundbuchamt oder das Amtsgericht den Umlegungsvermerk zu löschen.

§ 53.

(1) Nachdem der Baupolizeibehörde von der in Aussicht genommenen Umlegung Mitteilung gemacht worden ist (§ 4), darf

sie die Genehmigung zur Errichtung von Bauten auf Grundstücken, für welche die Umlegung beantragt ist, nicht erteilen, ohne zuvor dem Magistrat Gelegenheit zur Äußerung gegeben zu haben. Sie kann die Genehmigung versagen oder an Bedingungen knüpfen, wenn durch den Bau die Umlegung erschwert werden würde.

(2) Eine Entschädigung wird wegen dieser Beschränkung der Baufreiheit nicht gewährt.

§ 54.

(1) Die Kosten des Verfahrens trägt die Gemeinde unbeschadet der Vorschriften der §§ 5, 6, 33.

(2) In betreff der Kosten, Gebühren und Stempel finden im übrigen, soweit nicht in diesem Gesetz ein anderes bestimmt ist, die Vorschriften des § 43 des Gesetzes über die Enteignung von Grundeigentum vom 11. Juni 1874 Anwendung.

§ 55.

Soweit Aufwendungen der Gemeinde, denen die Umlegungsfähigkeit fehlt (§ 29 Abs. 1) oder die, obwohl umlegungsfähig (§ 29 Abs. 2, § 45, § 46 Abs. 2), wegen des Mangels einer gesetzlichen Voraussetzung nicht umgelegt werden können, oder die Kosten des Verfahrens (§ 54 Abs. 1) als Lasten der Gemeinde aufzubringen sind, dürfen die Eigentümer des Umlegungsgebiets nicht in besonderem Maße, sei es im Wege der Mehrbelastung oder der Beitragsleistung, ganz oder teilweise herangezogen werden.

§ 56.

Die in diesem Gesetze vorgeschriebenen Fristen sind Ausschlußfristen.

§ 57.

(1) Beteiligte im Sinne der §§ 4 bis 6 sind außer der Gemeinde die Eigentümer, die Hypotheken-, Grundschuld- und Rentenschuldgläubiger und diejenigen, welchen an einem umzulegenden Grundstücke der Nießbrauch oder ein Erbbaurecht zusteht.

(2) Als Beteiligte im Sinne der §§ 11 flg. gelten außer der Gemeinde, den Eigentümern und dem Vertreter und Verwalter (§ 28):

1. diejenigen, für welche ein Recht in dem Grundbuch oder einem sonstigen gerichtlichen Buch eingetragen oder durch Eintragung gesichert ist,
2. diejenigen, welche sonst ein Recht an einem umzulegenden Grundstück oder an einem das Grundstück belastenden Rechte zusteht, die Mieter oder Pächter, denen das Grundstück auf Grund des Miet- oder Pachtrechts überlassen ist, und im Falle der Zwangsversteigerung oder Zwangsverwaltung der betreibende Gläubiger.

(3) Der Eigenbesitzer steht im Sinne dieses Gesetzes dem Eigentümer gleich.

(4) Beteiligte, deren Recht im Grundbuch oder einem sonstigen gerichtlichen Buche nicht eingetragen ist, haben auf Verlangen der Gemeinde, eines Eigentümers, der Kommission oder der Behörde, vor welcher sonst das Verfahren schwebt, ihr Recht glaubhaft zu machen; vor erfolgter Glaubhaftmachung können sie von der Teilnahme an dem Verfahren ausgeschlossen werden.

(5) Ist wegen eines Rechtes, welches den Anspruch auf Beteiligung an dem Verfahren begründen würde, ein Rechtsstreit anhängig, so gelten beide Parteien als Beteiligte.

§ 58.

(1) Dieses Gesetz tritt mit dem 1. Januar 1903 in Kraft.

(2) Mit der Ausführung dieses Gesetzes sind die Minister der öffentlichen Arbeiten und des Innern beauftragt.

Wortverzeichnis.

Guttentagsche Sammlung

Deutscher Reichsgesetze.

Text-Ausgaben mit Anmerkungen. Taschenformat.

Nr. 1. **Verfassung des Deutschen Reichs.** Von Dr **L. von Rönne. 10. Aufl.** von Landrat **P. v. Rönne** und Reg.Assessor **v. Dobbeler. — 1912.** 3,— ℳ

Nr. 2. **Strafgesetzbuch** für das Deutsche Reich nebst 20 der wichtigsten strafrechtl. Nebengesetze. Von Prof. Dr **Fr. v. Liszt** und Prof. Dr **E. Delaquis. 24. Aufl. — 1914.** 3,40 ℳ

Nr. 3. **Militärstrafgerichtsordnung** nebst Einführungsgesetz. Von Wirkl. Geh. Kriegsrat Dr **A. Romen** und Kriegsgerichtsrat Dr **C. Rissom. — 1918. 2. Aufl.** 17,50 ℳ

Feldausgabe in 2 Bänden gebunden 18,50 ℳ

Nr. 4. **Handelsgesetzbuch vom 10. Mai 1897** unter Ausschluß des Seerechts. **15. Aufl.** Herausgegeben von Geh. J.Rat Prof. Dr **A. Mosse. 8°. — 1915.** 6,50 ℳ

Nr. 5. **Wechselordnung vom 3. Juni 1908.** Kommentar von Justizrat Dr **J. Stranz** und Rechtsanwalt Dr **M. Stranz,** und das **Wechselstempelgesetz vom 15. Juli 1909** von Geh. Reg.Rat **P. Loeck. 11. Aufl. — 1913.** 4,50 ℳ

Nr. 5a. **Wechselstempelgesetz** apart. **11. Aufl. — 1913.** 1,80 ℳ

Nr. 6. **Reichsgewerbeordnung** nebst Ausführungsbestimmungen. **19. Aufl.** von Stadtrat Dr **K. Flesch,** Dr **Fr. Hiller** und Dr **H. Luppe. — 1915.** 5,50 ℳ

Nr. 7. **Post- und Telegraphen-Gesetzgebung.** Nebst Weltpostvertrag und Internationalem Telegraphenvertrag. **6. Aufl.** von Geh. Ob.Postrat Dr **M. König. — 1908.** 4,50 ℳ

Nr. 8. Die Reichsgesetze über den **Unterstützungswohnsitz, Freizügigkeit, Reichs- und Staatsangehörigkeit.** Von Geh.Rat Dr **J. Krech. 8. Aufl. — 1913.** 4,— ℳ

Nr. **9.** Sammlung **kleinerer strafrechtlicher Reichsgesetze.** Von Prof. Dr **R. H. Kriegsmann. 3. Aufl. — 1910.** 4,50 *M*

Nr. **10.** Das **Reichsbeamtengesetz** vom 31. März 1873. Von **J. Pieper. — 2. Aufl. 1901.** 5,— *M*
Reichsbeamtengesetz von **1907**, siehe Nr. **32.**

Nr. **11. Zivilprozeßordnung mit Gerichtsverfassungsgesetz.** Von **R. Sydow.** Fortgeführt von Reichs-G.Rat **L. Busch. 14. Aufl.** mit Nachtrag, Novellen vom 9. Sept. 1915 u. 18. Mai 1916. **8°. — 1913.** 9,— *M*

Nr. **12. Strafprozeßordnung und Gerichtsverfassungsgesetz** nebst den Gesetzen, betr. die Entschädigung der im Wiederaufnahmeverfahren freigesprochenen Personen und die Entschädigung für unschuldig erlittene Untersuchungshaft. Von Reichs-G.Rat Dr **A. Hellweg. 17. Aufl.**, bearbeitet von Prof. Dr **Kohlrausch. — 1918.** 5,50 *M*

Nr. **13. Konkursordnung und Anfechtungsgesetz.** Von **R. Sydow.** Fortgeführt von **L. Busch. 12. Aufl. — 1916.** 4,20 *M*

Nr. **14. Gerichtsverfassungsgesetz** mit Einführungsgesetz. Herausgegeben von **R. Sydow.** Fortgeführt von **L. Busch. 9. Aufl. — 1905.** 1,80 *M*

Nr. **15. Das Deutsche Gerichtskostengesetz** nebst den Gebührenordnungen für Gerichtsvollzieher, Zeugen und Sachverständige. Von **R. Sydow.** Bearbeitet von **L.** und **A. Busch. 9. Aufl.** mit Nachtrag, enth. die Novelle vom 10. Juni 1914. **1912.** 3,— *M*

Nr. **16. Rechtsanwaltsordnung.** Von **R. Sydow. 5. Aufl.** von Justizrat **M. Jacobsohn.** Mit Nachtrag, enth. die Bestimmungen vom 22. Mai 1910. **— 1907.** 1,50 *M*

Nr. **17.** Die **Deutsche Gebührenordnung für Rechtsanwälte und das Preußische Gebührengesetz** vom 27. IX. / 6. X. 1899.

Von **R. Sydow.** Fortgeführt von **L.** und **A. Busch. 11.Aufl.** Mit Nachtrag, enth. die Bestimmungen vom 8. Nov. 1916. — **1914.** 3,40 *M*

Nr. **18. Reichsstempelgesetz** vom 3. Juli 1913. (Börsen-, Lotterie-, Frachturkunden-, Fahrkarten-, Kraftfahrzeug-, Tantieme-, Scheck- und Grundstücksübertragungssteuer.) Mit den gesamten Ausführungsbestimmungen. **12. Aufl.** von Geh. Reg.-Rat **P. Loeck,** mit Nachtrag, enth. das **Frachturkunden-** und **Warenumsatzstempelgesetz** vom 17. und 26. Juni 1916. — **1914. 8°.** 10,— *M*

Nr. **19.** Die **Seegesetzgebung.** Von Dr **W. E. Knitschky. 5. Aufl.** bearbeitet von Ober-L.G.Rat **O. Rudorff.** — **1913.** 8,50 *M*

Nr. **20. Krankenversicherungsgesetz (1883).** Von weil. Dr **E. von Woedtke.** — Neue Fassung **(1911),** siehe **Nr. 107.**

Nr. **21.** Die **Konsulargesetzgebung.** Von Prof. Dr **Ph. Zorn. 3. Aufl.** von Dr **K. Zorn.** — **1911.** 5,— *M*

Nr. **22. Patentgesetz.** Nebst Ausführungsbestimmungen, völkerrechtlichen Verträgen und der Patentanwalts-Ordnung. **7. Aufl.** bearbeitet von **R. Lutter,** Geh. Reg.Rat im Kaiserl. Patentamt. — **1908.** 3,20 *M*
(Kriegsvorschriften auf dem Gebiete des gewerblichen Rechtsschutzes. Von **R. Lutter.** — **1917.** 8°. 2,50 *M*.)

Nr. **23. Gewerbe-Unfallversicherungsgesetz. (1884.)** Von weil. Dr **E.** v. **Woedtke.** — Neue Fassung **(1911),** siehe **Nr. 108.**

Nr. **24. Aktiengesellschaft und Kommanditgesellschaften auf Aktien.** Von Dr **H. Keyßner** und Dr **H. Veit Simon. 6. Aufl.** von Amtsrichter **L. Keyßner.** — **1911.** 3,40 *M*

Nr. **25. Brausteuergesetz** vom 15. Juli 1909. Von Oberzollrevisor **A. Däffe. 2. Aufl.** — **1910.** 3,40 *M*

Nr. **26.** Die **Reichsgesetzgebung über Münz- und Notenbankwesen,** Papiergeld, Prämienpapiere und Reichsschulden. **Von** Dr **R. Koch. 6. Aufl.** — **1910.** 4,50 *M*

Nr. **27. Gesundheitswesen im Deutschen Reich.** Von Dr jur. **C. Goesch** und Dr med. **J. Karsten. — 1888.** 2,— *M*

Nr. 28. Bau-Unfallversicherungsgesetz. Vom 30. Juni 1900. Von **R. Chrzescinski.** Neue Fassung **(1911)**, siehe Nr. **108.**

Nr. **29. Erwerbs- und Wirtschaftsgenossenschaften.** Von **L. Parisius** und Dr **H. Crüger. 15. neu bearbeitete Aufl.** von Dr **H. Crüger. — 1916.** 3,— *M*

Nr. **30. Invalidenversicherungsgesetz** (1899). Von weil. Dr **E. v. Woedtke.** Neue Fassung **(1911)**, siehe Nr. **109.**

Nr. **31. Gewerbegerichtsgesetz.** Von Stadtrat **L. Mugdan. 7. Aufl.** bearbeitet von Oberbürgermeister **W. Cuno. — 1911.** 2,80 *M*

Nr. **32.** Reichsgesetz, betr. die **Gesellschaften mit beschränkter Haftung.** Von **L. Parisius** und Dr **H. Crüger. 13. Aufl.** von Dr **H. Crüger. — 1914.** 2,40 *M*

Nr. **33. Vereins- und Versammlungsrecht.** Von Dr **E. Ball. 2. Aufl.** von Dr **F. Friedenthal. — 1907.** 2,80 *M*

Reichs-Vereinsgesetz vom 19. April 1908, siehe Nr. **83.**

Nr. **34.** Die **Abzahlungsgeschäfte.** Gesetz vom 16. Mai 1894. **3. Aufl.** von Land-G.Rat Dr **C. Wilke. — 1910.** 1,60 *M*

Nr. **35.** Die **Reichs-Eisenbahngesetzgebung.** Von Kaiserl. Amtsrichter **W. Coermann. — 1895.** 2,60 *M*. S. auch Nr. **60.**

Nr. **36.** Gesetze, betr. die **privatrechtlichen Verhältnisse der Binnenschiffahrt und der Flößerei.** Von Geh. J.Rat **E. Löwe. 5. Aufl. — 1915.** 4,— *M*

Nr. **37.** Gesetz gegen den **unlauteren Wettbewerb.** Von Justizrat **A. Pinner. 6. Aufl. — 1912.** 1,80 *M*

Nr. **38/39. Bürgerliches Gesetzbuch nebst Einführungsgesetz** von Dr **A. Achilles.** In Verbindung mit Prof. Dr **André,** Kammer-G.Rat **Ritgen,** Reichs-G.Rat Dr **Strecker,** Staatsrat Dr **v. Unzner.** Herausgegeben von Wirkl. Geh. Ob.J.Rat u. Ober-L.G.Präsident **Greiff. 8.** vermehrte **Aufl. 8°. — 1916.** 10,— ℳ

Nr. **40.** Gesetz, betr. die **Pflichten der Kaufleute bei Aufbewahrung fremder Wertpapiere [Depotgesetz].** Von Min.-Dir. **F. Lusensky. 3. Aufl. — 1916.** 2,50 ℳ

Nr. **41. Börsengesetz.** Von Wirkl. Geh.Ob.Reg.Rat **Th. Hemptenmacher. 3. Aufl.** von Syndikus **O. Meyer. — 1915.** 4,— ℳ

Nr. **42. Grundbuchordnung** nebst den preuß. Ausf.-Bestimmungen. Von Prof. Dr **O. Fischer. 6. Aufl.** mit Nachtrag, enth. die Ergänzungen. **— 1913.** 2,25 ℳ

Nr. **43. Zwangsvollstreckung in das unbewegliche Vermögen** im Reiche und in Preußen. Kosten- und Gebührentabellen. Von Dr **J. Krech** u. Dr **O. Fischer. 8. Aufl.** bearbeitet von Prof. Dr **O. Fischer. — 1916.** 3,— ℳ

Nr. **44.** Das Reichsgesetz über das **Auswanderungswesen.** Von Prof. Dr **F. Stoerk. — 1899.** 2,50 ℳ

Nr. **45.** Das **Entmündigungsrecht** mit den für Preußen geltenden Vorschriften nebst Just.-Min.-Verfügung vom 28. Nov. 1899. Von Land-G.Rat Dr **P. Koll. — 1900.** 1,80 ℳ

Nr. **46.** Die Gesetze des Reiches und Preußens über die **freiwillige Gerichtsbarkeit.** Von Amts-G.Rat **H. Jastrow. 5. Aufl. — 1911.** 4,— ℳ

Vergriffen! — Neue Auflage in Vorbereitung.

Nr. **47.** Das **deutsche Vormundschaftsrecht** und das preuß. Gesetz über die Fürsorgeerziehung Minderjähriger nebst den dazu gehörigen preuß. Nebengesetzen. Von Ober-Verw.G.Rat **M. Schultzenstein** u. Amts-G.Rat Dr **P. Köhne. 2. Aufl. — 1901.** 3,40 ℳ

Nr. **48.** Gesetze, betr. den **Drogen-, Gift- und Farbenhandel** außerhalb der Apotheken. Von Dr **J. Broh.** — **1899.** 1,50 *M*

Nr. **49.** Deutsche **Kolonialgesetzgebung.** Von Geh. J.Rat Prof. Dr **Ph. Zorn. 2. Aufl.** von G.Assessor Dr **Sassen.** — **1913.** 8,— *M*

Nr. **50.** Der **Viehkauf [Viehgewährschaft] nach dem BGB.** Verordnung betr. die Hauptmängel und Gewährsfristen beim Viehhandel. Von Rechtsanwalt Dr **H. Stölzle** und Königl. Reg.- u. Vet.Rat **H. Weiskopf. 5. Aufl.** — **1913.** 6,50 *M*

Nr. **51. Hypothekenbankgesetz** vom 13. Juli 1899. Von Dr **H. Göppert. 2. Aufl.** bearbeitet von Geh. Reg.Rat Dr **Seidel. 1911.** — 2,60 *M*

Nr. **52.** Gesetz, betr. die gemeinsamen **Rechte der Besitzer von Schuldverschreibungen.** Von Dr **H. Göppert. 2. Aufl.** bearbeitet von Amtsrichter Dr **E. Trendelenburg.** — **1915.** 2,— *M*

Nr. **53. Reichspreßgesetz** vom 7. Mai 1874. Mit Kommentar von Bürgermeister **A. Born. 2. Aufl.** — **1911.** 2,40 *M*

Nr. **54.** Die Reichsgesetzgebung über den Verkehr mit **Nahrungsmitteln, Genußmitteln** und **Gebrauchsgegenständen.** Von Dr **G. Lebbin,** Nahrungsmittelchemiker in Berlin. — **1900.** 2,50 *M*

Nr. **55.** Das Recht der **Beschlagnahme von Lohn- und Gehaltsforderungen.** Von Justizrat **G. Meyer. 5. Aufl.** — **1914.** 3,— *M*

Nr. **56.** Gesetz, betr. die **Bekämpfung gemeingefährlicher Krankheiten.** Nebst Ausf.-Bestimmungen. Von Reg.Rat Dr **B. Burkhardt.** — **1900.** 1,60 *M*

Nr. **57. See-Unfallversicherungsgesetz (1887).** Von Ober-L.G.Rat Dr **M. Mittelstein.** — Neue Fassung **1911,** siehe Nr. **108.**

Nr. 58. **Das Recht der unehelichen Kinder nach dem BGB.** Von Amtsgerichtsrat. **H. Jastrow.** — **1901.** 2,— ℳ

Nr. 59. Reichsgesetz über die **Beurkundung des Personenstandes und die Eheschließung.** Von Amts-G.Rat Dr **F. Sidler. 2. Aufl. — 1912.** 2,80 ℳ

Nr. 60. Gesetz, betr. das **Urheberrecht an Werken der Literatur und der Tonkunst.** Von Geh. Ob.J.Rat **O. Lindemann. 3. Aufl. — 1910.** 1,80 ℳ

Nr. 61. Gesetz über das **Verlagsrecht.** Von Rechtsanwalt Dr **B. Marwitz. 2. Aufl. — 1911.** 2,— ℳ

Nr. 62. Gesetz über **private Versicherungsunternehmungen.** Von Reichs-G.Rat **H. Könige. 2. Aufl. — 1910.** 4,50 ℳ

Nr. 63. **Gesetzestafel des Deutschen Reichsrechts.** Systematisch geordnete Nachweisung des z. Z. geltenden Reichsrechts. Von **H. Bruhns. 2. Aufl. — 1913.** 4,— ℳ

Nr. 64. Gesetzsammlung betr. den **Handel mit Drogen und Giften.** Mit Anhang: landesgesetzliche Verordnungen sämtlicher Bundesstaaten. Von Rechtsanwalt **H. Sonnenfeld,** Syndikus der Berliner Drogisten-Innung. **2. Aufl. — 1912.** 4,50 ℳ

Nr. 65. Das **Weingesetz** in der Fassung von 1909. Mit Ausf.-Bestimmungen von Dr **G. Lebbin,** Nahrungsmittelchemiker. **2. Aufl. — 1909.** 2,80 ℳ

Nr. 66. Die **Eisenbahn-Gesetzgebung.** Von **W. Pietsch,** Rechn.Rat im Reichseisenbahnamt. **2. Aufl. — 1913.** 4,— ℳ

Nr. 67. **Militär-Strafgesetzbuch für das Deutsche Reich.** Von Wirkl. Geh. Kriegsrat Dr **A. Romen** und Kriegsgerichtsrat Dr **C. Rissom. 3. Aufl. — 1918.** 15,— ℳ
— — Feldausgabe in 2 Bänden, gebunden 16,— ℳ

Nr. 68. Das **Fleischbeschaugesetz.** Vom 3. Juni 1900. Von Dr **G. Lebbin** u. Dr **G. Baum. — 1903.** 4,50 ℳ

Nr. **69.** Reichsgesetz über die **Naturalleistungen der bewaffneten Macht im Frieden** nebst den preußischen Bestimmungen. Von Dr **W. v. Hippel.** — **1903.** 1,60 *M*

Nr. **70.** Das **Reichs-Haftpflichtgesetz** vom 7. Juni 1871. Von Reg.Rat Dr **G. Eger.** — **1903** Vergriffen.

Nr. **71.** Gesetz betr. **Kinderarbeit in gewerblichen Betrieben** vom 30. März 1903. Von Ober-Verw.G.Rat **H. Spangenberg. 2. Aufl.** — **1904.** 1,80 *M*

Nr. **72. Unfallversicherungsgesetz für Land- und Forstwirtschaft.** (1886). Von weil. Dr **E. v. Woedtke.** Siehe Nr. **108.**

Nr. **73. Entschädigung für unschuldig erlittene Verhaftung und Bestrafung.** Anhang: Nebengesetze über Schadensersatz. Von Wirkl. Geh. Kriegsrat Dr **A. Romen.** — **1904.** 2,40 *M*

Nr. **74.** Die **Kaufmannsgerichte** nebst Ausf.-Bestimmungen. Von Prof. Dr **M. Apt. 3. Aufl.** — **1904.** 2,40 *M*
Siehe auch Nr. **112.**

Nr. **75.** Reichsgesetz über die **Konsulargerichtsbarkeit.** Von Rechtsanwalt Dr **A. F. Vorwerk,** Schanghei. **2. Ausgabe,** mit den Schutzgebietsgesetzen. — **1908.** 2,40 *M*

Nr. **76. Die Rechtshilfe im Verkehr mit den ordentlichen Gerichten** nach deutschem Reichsrecht. Von Landrichter Dr **A. Friedländer.** — **1906.** 2,— *M*

Nr. **77. Das Reichserbschaftssteuergesetz.** Vom 3. Juni 1906. Von **U. Hoffmann. 3. Aufl.** in Vorbereitung.

Nr. **78. Zigarettensteuergesetz.** Vom 3. Juni **1906. Von Reg.**Assessor Dr **Cuno.**

Nr. **79. Die Militärpensionsgesetze vom 31. Mai 1906 nebst** Ausf.-Bestimmungen. Zum **Gebrauch** für **Heer,** Marine und Schutztruppe von Wirkl. Geh. Kriegsrat Dr **A. Romen**

a) I. Teil: **Offizierpensionsgesetz. — 1907.** 3,80 *M*

b) II. Teil: **Mannschaftsversorgungsgesetz** mit Nachtrag, enth. **Kapitalabfindungsgesetz** vom 3. Juli 1916. — **1908.** 3,80 *M*

Nr. **80.** Reichsgesetzgebung über **gerichtliche Registerführung.** Von Geh. Ob.J.Rat **O. Lindemann. — 1906.** 3,40 *M*

Nr. **81. Urheberrecht an Werken der bildenden Künste und der Photographie.** Von Rechtsanwalt Dr **L. Fuld. — 1907.** 1,25 *M*

Nr. **82. Reichsbeamtengesetz** vom 18. Mai 1907 mit Ergänzungen von Geh.Rat Prof. Dr **A. Arndt. — 1908.** 3,40 *M*

Nr. **83.** Reichsgesetz über den **Versicherungsvertrag** nebst Einführungsgesetz. Von Dr **P. Hager** und Dr **E. Bruck. 3. verm. u. verb. Aufl. — 1913.** 6,50 *M*

Nr. **84. Sammlung kleinerer privatrechtlicher Reichsgesetze.** Von Ober-L.G.Rat **G. Müller. — 1908.** 7,— *M*

Nr. **85. Scheckgesetz.** Von Prof. Dr **M. Apt.** Vergriffen. Siehe Nr. **113.**

Nr. **86. Die Auslieferungsverträge des Deutschen Reiches.** Von Landrichter Dr **A. Cohn. — 1908.** 4,50 *M*

Nr. **87.** Gesetz zum **Schutz der Warenbezeichnungen.** Von Geh. Reg.Rat, Mitgl. des Kaiserl. Patentamts Dr **Freund** und Rechtsanwalt **Magnus. 5. Aufl. — 1909.** 4,— *M*

Nr. **88. Vereinsgesetz** vom 19. April 1908. Von Wirkl. Geh. Kriegsrat Dr **A. Romen.** Mit den **neuen Bestimmungen** über **Jugendliche und Gewerkschaften. 4. Aufl. — 1916.** 3,50 *M*

Nr. **89. Vogelschutzgesetz** vom 30. Mai 1908 nebst den das Flugwild betr. Bestimmungen der Preuß. Jagdordnung. Von Dr **L. v. Boxberger. — 1909.** 1,25 *M*

Nr. **90.** Die Haager Abkommen über das **Internationale Privatrecht.** Von Dr **G. Bogeng. — 1908.** 2,50 *M*

Nr. **91. Eisenbahn-Verkehrsordnung** mit Ausf.-Bestimmungen. Von Reg.Rat Dr **E. Blume. — 1909.** 2,80 *M*

Nr. **92.** Gesetz, betr. den **Verkehr mit Kraftfahrzeugen.** Von Amts-G.Rat **R. Kirchner. 3. Aufl. — 1915.** 4,50 *M*

Nr. **93.** Gesetz über die **Sicherung der Bauforderungen.** Von Justizrat Dr **E. Harnier. 3. Aufl. — 1912.** 1,80 *M*

Nr. **94. Haftpflicht der Reichs- und Staatsbeamten** von Dr **H. Delius. 2. Aufl.,** mit dem Gesetz über Haftung des Reichs für Beamte vom 22. Mai 1909. — **1909.** 3,80 *M*

Nr. **95.** Die Berner Übereinkunft über **Internationales Urheberrecht.** Von Geh.Rat Dr **H. Dungs. — 1910.** 1,25 *M*

Nr. **96. Branntweinsteuergesetz** vom 15. Juli 1909 mit den für das Reich erlassenen Ausf.-Bestimmungen und Kriegsverordnungen. **2. Aufl.,** bearbeitet von Reg.-Assessor Dr **K. Kniebe,** Hilfsarbeiter im Reichsamt d. Innern. — **1916.** 4,— *M*

Nr. **97. Schutzgebietsgesetz** nebst V.O. betr. die Rechtsverhältnisse in den Schutzgebieten, dem G. über die Konsulargerichtsbarkeit sowie den Ausf.-Bestimmungen. Von **J. Gerstmeyer,** Wirkl. Legationsrat und vortr. Rat im Reichskolonialamt. — **1910.** 3,40 *M*

Nr. **98. Sechs Haager Abkommen** über **Internationales Privatrecht.** Von Geh. Ob.Reg.Rat Dr **H. Dungs. — 1910.** 1,80 *M*

Nr. **99. Die Abkommen der Haager Friedenskonferenz.** Von Dr **H. Wehberg. — 1910.** 3,40 *M*

Nr. **100.** Gesetz über den **Absatz von Kalisalzen.** Von Geh. Bergrat **C. Voelkel. — 1910.** 2,60 *M*

Nr. **101. Zuwachssteuergesetz** vom 14. Februar 1911. Von Geh. Reg.Rat Dr **W. Cuno. — 1911.** 4,— *M*

Nr. **102. Urheberrecht an Mustern und Modellen** und Ges. betr. Schutz von **Gebrauchsmustern.** Von Reg.Rat **F. Neuberg,** Mitgl. d. Kaiserl. Patentamts. — **1911.** 2,60 *M*

Nr. **103. Reichs-Viehseuchengesetz** vom 26. Juni 1909 nebst Ausführungsvorschriften u. dem preuß. Ausführungsgesetz. Von Landrat Dr **W. v. Hippel. 2. Aufl. — 1912.** 5,— *M*

Nr. **104. Versicherungsgesetz für Angestellte** vom 20. Dez. 1911. Von Rechtsanwalt **O. Bernstein** und Dr **J. Kupferberg. 2. Aufl. — 1912.** 3,80 *M*

Nr. **105. Das Geldwesen in den deutschen Schutzgebieten.** Von **W. Hintze,** Geh. Sekr. im Reichskolonialamt. — **1912.** 2,25 *M*

Nr. **106—109. Reichs-Versicherungsordnung nebst Einführungsgesetz.** Herausgegeben unter Mitwirkung von Dr **F. Caspar,** Wirkl. Geh. Rat, Direktor im Reichsamt d. Innern und **A. Spielhagen,** Geh. Ob.Reg.Rat, vortr. Rat im Reichsamt d. Innern. **4 Bände.**

Nr. **106.** I., V. u. VI. Buch. **Gemeinsame Vorschriften. — Beziehungen der Versicherungsträger zu einander und zu anderen Verpflichteten. — Verfahren.** Von Dr **K. Lippmann,** Reg.Rat im Reichs-Vers.Amt, Geh. Reg.Rat Dr **L. Laß** und Geh. Reg.Rat **H. Siefart,** vortr. Räte im Reichsamt d. Innern. — **1913.** 6,50 *M*

Nr. **107.** II. Buch. **Krankenversicherung.** Von Geh. Reg.Rat **H. Siefart** und Reg.Rat Dr **F. Sitzler. — 1916.** 7,50 *M*

Nr. **108.** III. Buch. **Unfallversicherung.** Von Geh. Reg.Rat **A. Radtke,** Senatsvors. im R.Vers.Amt. — **1913.** 8,50 *M*

Nr. **109.** IV. Buch. **Invaliden- und Hinterbliebenenversicherung.** Von Geh. Ob.Reg.Rat **B. Jaup,** vortr. Rat im Reichsamt d. Innern, und **H. Follmann,** Geh. Reg.Rat im R.Vers.Amt. — **1912.** Mit Nachtrag. 1914—1916. 4,50 *M*

Nr. **110. Wehrbeitragsgesetz** mit Ausf.-Bestimmungen. Von Wirkl.Geh.Ob.Fin.Rat **A. Fernow. 2. Aufl. — 1913.** 2,25 *M*

Guttentagsche Sammlung Deutscher Reichsgesetze.

Nr. **111. Reichs- und Staatsangehörigkeitsgesetz.** Vom 22. Juli 1913. Von Wirkl. Geh. Kriegsrat Dr **A. Romen.** — **1913.** 2,50 ℳ

Nr. **112. Kaufmannsgerichtsgesetz** mit Best. des Gewerbegerichtsgesetzes. Von Dr **H. Depène,** Vors. des Kaufmannsgerichts zu Berlin. — **1914.** 2,80 ℳ

Nr. **113. Postscheckgesetz.** Von Oberpostinspektor **J. Weiland.** — **1914.** Mit Nachtrag **1918.** 1,80 ℳ

Nr. **113 a. Postscheckordnung** mit Ausf.-Bestimmungen. Von Oberpostinspektor **J. Weiland.** — **1914.** Mit Nachtrag **1918.** 1,80 ℳ

Nr. **114. Waffengebrauch und Festnahmerecht des Militärs.** Von Wirkl. Geh. Kriegsrat Dr **A. Romen** und Kriegsgerichtsrat Dr **C. Rissom.** — **1914.** 2,25 ℳ

Nr. **115. Das vertragliche Wettbewerbsverbot [Konkurrenzklausel].** Nebst Kommentar zum G. v. 10. Juni 1914. Von Rechtsanwalt Dr **G. Baum.** — **1914.** 3,40 ℳ

Nr. **116. Kriegs-Zivil- und -Finanzgesetze** vom 4. Aug. 1914 und den dazu erlassenen Verordnungen und Bekanntmachungen. **3. Aufl.** — **1915.** 2,60 ℳ

Nr. **116 a.** Zweite Folge: Das Jahr 1915. — **1916.** Siehe auch Nr. 129. 2,25 ℳ

Nr. **117. Darlehnskassengesetz.** Von Rechtsanwalt **Salomon** und Bankvorsteher **Bud.** — **1915.** 2,25 ℳ

Nr. **118. Militärhinterbliebenengesetz.** Von Rechn.Rat **Reh.** Mit Nachtrag, enth. das **Kapitalabfindungsgesetz** vom 11. Juli 1916. — **1915.** 2,80 ℳ

Nr. **119. Kriegsleistungsgesetz.** Von Rechtsanwälten J.Rat **Heilberg** und **Schäffer.** — **1915.** 3,20 ℳ

Nr. **120. Telegraphenwegegesetz.** Von Postreferendar **Wolf.** — **1916.** 1,80 ℳ

Nr. **121. Direkte Kriegssteuer.** Gesetze z. Besteuerung der Kriegsgewinne. Von Ob.Verw.G.Rat **A. Mrozek.** — **1916.** 4,50 ℳ

Nr. **122. Gesetz über den Belagerungszustand.** Von Kriegsgerichtsrat Dr **H. Pürschel.** — **1916.** 5,— ℳ

Nr. **123. Warenumsatzstempel.** Von Geh. Ober-Justizrat **Lindemann. — 1916.** **2,50 M**
Umsatzsteuergesetz. — **1918.** Siehe Nr. 132.

Nr. **124. Todeserklärung Kriegsverschollener.** Von Prof. Dr **J. Partsch. — 1916.** **3,— M**

Nr. **125.** Das Gesetz über den **vaterländischen Hilfsdienst** mit Einleitung u. Materialien. **3. vermehrte Aufl. — 1917.** 1,50 **M**

Nr. **126. Besitzsteuergesetz** mit Ausf.-Bestimmungen. Von Ob.Verw.G.Rat **A. Mrozek. — 1917.** **6,— M**

Nr. **127.** Verordnung über die **Geschäftsaufsicht zur Abwendung des Konkurses** vom 14. Dez. 1916. Von Rechtsanwalt **G. Klien,** mit system. Einleitung von Geh. Hofrat Dr **Ernst Jaeger** ord. Prof. a. d. Universität Leipzig. — **1917.** **2,— M**

Nr. **128.** Gesetz betr. die **Verhaftung und Aufenthaltsbeschränkung** vom 4. Dez. 1916. Nebst Anhang, betr. Entschädigung unschuldig Verhafteter. Von Wirkl. Geh. Kriegsrat Dr **A. Romen. — 1917.** **2,50 M**

Nr. **129.** Kriegsgesetze auf dem Gebiete des **Zivil-** und **Prozeßrechtes,** für die gerichtliche Praxis zusammengestellt von Amtsrichter Dr **Johannes Fischer. — 1918.** **4,— M**

Nr. **130. Ersatzlebensmittelverordnung** vom 7. März 1918 nebst Ausführungsvorschriften des Reichs und der wichtigsten Bundesstaaten. Verordnungen über **Schleichhandel, Preistreiberei und Papierhandel** mit preußischen Ausführungsbestimmungen. Von **Heinz Emil Wendel,** Königl. Polizeirat in Berlin. — **1918.** etwa 2,50 **M**

Nr. **131 a. Reichsfinanzgesetzgebung 1918.** Bd. I. **Getränkesteuern** (Bier, Branntwein, Wein, Schaumwein, Limonaden). Von Dr. **G. Mayer.** **Im Druck.**

Nr. **131 b. Reichsfinanzgesetzgebung 1918.** Bd. II. **Abgabe** vom **Einkommen, Umsatz, Kriegsgewinn** usw., **Steuerflucht.** Von Dr. **G. Mayer.** **Im Druck.**

Nr. **132. Umsatzsteuergesetz** und Ausführungsbestimmungen. Von Geh. Ober-Justizrat **Otto Lindemann,** vortr. Rat im Justizministerium. **Im Druck.**

Nr. **133. Reichswuchergesetzgebung.** Von Reichsgerichtsrat Dr. **Ad. Lobe.** **Im Druck.**

Guttentagsche Sammlung

Preußischer Gesetze.

Text-Ausgaben mit Anmerkungen. Taschenformat.

Nr. 1. Die **Verfassungs-Urkunde** für den Preußischen Staat. Mit Einleitung, vollständigem Kommentar. Von Prof. Dr **A. Arndt. 7. Aufl. — 1911.** 4,50 M

Nr. 2. Preußische **Beamten-Gesetzgebung.** Enth. die wichtigsten Beamtengesetze in Preußen. Von **K. Pfafferoth. 5. Aufl. — 1916.** 3,— M

Nr. 3. **Aufnahme** von **Nottestamenten** durch die bestellten Urkundspersonen. Anweisung mit Musterbeispielen. Von Amts-G.Rat **E. Kurtz. — 1904.** 1,80 M

Nr. 4. **Gebührenordnung** für **Notare** vom 25. Juli 1910. **5. Aufl.** von Justizrat **Rausnitz. — 1917.** 5,— M

Nr. 5. Gesetz vom **24. April 1854 [betr. die außerehel. Schwängerung].** Von Dr **Schulze. — 1873.** 0,75 M
Reichs-Recht siehe: Reichsgesetze Nr. **58.**

Nr. 6. Die Preuß. **Ausführungsgesetze und Verordnungen zu den Reichs-Justizgesetzen.** Von **R. Sydow.**
Ersetzt durch Busch-Eylau, Ausführungsgesetze.

Nr. 7. Allg. **Gerichtsordnung** und Preuß. **Konkursordnung.** Von **F. Vierhaus.** Vergriffen.

Nr. 8. **Vormundschaftsordnung.** Von **F. Schultzenstein.**
Reichs-Recht siehe: Reichsgesetze Nr. **47.**

Nr. 9. Die Preußische **Grundbuchgesetzgebung.** Von Prof. Dr **Fischer.** Vergriffen siehe: Reichsgesetze Nr. **42.**

Nr. **10. Einkommensteuergesetz.** Von Wirkl. Geh. Ob. Finanzrat **A. Fernow. 8. Aufl.** Mit Nachtrag: Erhöhung der Zuschläge vom **8. Juli 1916. — 1913.** Neue Auflage in Vorbereitung.
Vergriffen! — Neue Auflage in Vorbereitung.

Nr. **11. Gewerbesteuergesetz.** Von Wirkl. Geh. Ob. Fin. Rat **A. Fernow. 6., vermehrte Aufl. — 1915.** 4,80 *M*

Nr. **12. Allgemeines Berggesetz.** Mit seinen Novellen und Nebengesetzen. **3. Aufl.,** bearbeitet von den Oberbergräten **Schlüter** und **Hense. — 1913.** 8,— *M*

Nr. **13. Ergänzungssteuergesetz** (Vermögenssteuergesetz). Von Wirkl. Geh. Ob. Fin. Rat **A. Fernow. 5. Aufl.** Mit Nachtrag, enth. Ges. betr. Erhöhung der Zuschläge vom 8. Juli 1916. **— 1914.** 4,50 *M*

Nr. **14. Kommunalabgabengesetz.** Vom 14. Juli 1893 und Ges. wegen Aufhebung direkter Staatssteuern. Von Oberbürgermeister Dr **F. Adickes. 5. Aufl.** bearbeitet von Stadtrat Dr **Woell. — 1911.** 2,60 *M*

Vergriffen, neue Auflage in Vorbereitung.

Nr. **15.** Die **Kreisordnungen** für den Preußischen Staat. Von Land-G. Rat **O. Kolisch. — 1894.** 4,20 *M*

Nr. **16. Konzessionierung gewerblicher Anlagen.** Von Geh. Reg. Rat Dr **W. v. Rüdiger. 2. Aufl. — 1901.** 2,— *M*

Nr. **17.** Preußisches **Gerichtskostengesetz.** Vom 25. Juli 1910. Mit Kostentabellen. Von Kammer-G. Rat Dr **P. Siméon. 7. Aufl. — 1913.** Mit Nachtrag: Abänderungen vom 17. Febr. 1917. 4,50 *M*

Nr. **18.** Preußisches **Stempelsteuergesetz** vom 30. Juni 1909. Mit sämtlichen Ausf.-Bestimmungen. Von **P. Loeck. 8. Aufl.** von Reg. Rat **W. Seyffarth. — 1914.** 9,— *M*

Nr. **19.** Das **Jagdscheingesetz.** Von Wirkl. Geh. Ob. Reg. Rat **F. Kunze. 2. Aufl. — 1899.** 2,25 *M*

Nr. **20.** Die **preußischen Erbschaftssteuergesetze.** Von Rechn. Rat **U. Hoffmann. — 1905.** 4,— *M*

(**Reichs**-Erbschaftssteuergesetz siehe Reichsgesetze Nr. **77**).

Nr. **21. Gesetz** über die **Handelskammern.** Von Min. Dir. **F. Lusensky. 2. Aufl. — 1909.** 3,40 *M*

Guttentagsche Sammlung Preußischer Gesetze.

Nr. **22.** Gesetz, betr. **Anstellung und Versorgung der Kommunalbeamten.** Von Dr **W. Ledermann. 2. Aufl.,** bearbeitet von Dr **L. Brühl. — 1914.** 2,40 ℳ

Nr. **23. Ausführungsgesetz zum Bürgerlichen Gesetzbuche.** Von Kammer-G.Rat Dr **P. Siméon. 3. Aufl. — 1914.** 2,40 ℳ

Nr. **24.** Die **Hinterlegungsordnung. (1879)** Von Reg.Rat Dr **G. Bartels. 2. Aufl. — 1908.** 2,— ℳ
— —, Abänderungsgesetz vom 21. April 1913 siehe Nr. **53.**

Nr. **25. Preußische Kommunalbeamtengesetzgebung.** Von Mag.Assessor Dr **F. Kremski,** Berlin. **— 1901.** 3,40 ℳ

Nr. **26.** Gesetze über das **Diensteinkommen der Lehrer und Lehrerinnen, Ruhegehalt und Hinterbliebenenfürsorge.** Tabelle zur Berechnung der Ruhegehalts-, Witwen- und Waisenbezüge. Von Bürgermeister Dr **E. Cremer. — 1900.** 2,60 ℳ

Nr. **27.** Gesetz, betr. die **Warenhaussteuer.** Von Geh. Ob.Fin.Rat Dr **G. Strutz. — 1900.** 1,50 ℳ

Nr. **28.** Die **Fürsorgeerziehung Minderjähriger.** Von Geh. Justizrat Dr **P. F. Aschrott.** Mit Ausführungsbestimmungen und allen wichtigeren Ministerialerlassen. **3. Aufl. — 1917.** 5,— ℳ

Nr. **29.** Gesetz, betr. **die ärztlichen Ehrengerichte, das Umlagerecht und die Kassen der Aerztekammern.** Von Amts-G.Rat Dr **F. Fidler. — 1901.** 1,80 ℳ

Nr. **30.** Das **Preußische Staatsschuldbuch** und **Reichsschuldbuch.** Von Wirkl. Geh. Ob.F.Rat **J. Mücke. — 1902.** 2,— ℳ

Nr. **31. Die geltenden Preußischen Gesindeordnungen. Zwei Bände.** Von Rechtsanwalt **St. Gerhard.**
31 a. Gesindeordnung für die altpreußischen Provinzen vom 8. Nov. 1810, unter Berücksichtigung der Ergänzungsgesetze, der Rechtsverhältnisse der Stellenvermittler und

Reichsversicherungsordnung, sowie die Gesindeordnungen für Neuvorpommern und Rügen und für die Rheinprovinz. **2. Aufl. — 1914.** 3,40 *M*

31 b. Gesindeordnungen für Hannover, Schleswig-Holstein, Hessen-Nassau und den Regierungsbezirk Hohenzollern. — **1902.** 2,80 *M*

Nr. **32.** **Die Städteordnung für die sechs östlichen Provinzen Preußens.** Von Dr **W. Ledermann** u. Dr **L. Brühl. 2. Aufl.** — **1913.** 7,50 *M*

Nr. **33.** **Rentenguts- und Anerbenrechts-Gesetzgebung in Preußen.** Von Land-G.Rat **M. Peltasohn** und Rechtsanwalt **B. Peltasohn. — 1903.** 3,40 *M*

Nr. **34.** Sammlung der wichtigsten **preußischen Strafgesetze** nebst Ges., betr. polizeil. Strafverfügungen vom 23. April 1883. Von Geh. Ob.J.Rat. **Lindemann. 2. Aufl. — 1912.** 3,60 *M*

Nr. **35.** **Geschäftsordnung für Gerichtsvollzieher.** Von **E. Exner. — 1904.** 3,50 *M*

Nr. **36.** **Polizeiverordnungen in Preußen.** Von Geh. Ob.J.Rat **O. Lindemann. — 2. Aufl. 1912.** 2,60 *M*

Nr. **37.** Gesetz, betr. **Enteignung von Grundeigentum** vom 11. Juni 1874. Von Ob.L.G.Rat **O. Meyer. 2. Aufl. — 1911.** 2,50 *M*

Nr. **38.** **Kreis- und Provinzial-Abgabengesetz** vom 23. April 1906. Von Gemeindevorsteher **F. Schmidt. — 1906.** 1,50 *M*

Nr. **39.** Gesetz, betr. die **Unterhaltung der öffentlichen Volksschulen.** Von Reg.Rat Dr **A. Marcks. — 1906.** 2,25 *M*

Nr. **40.** **Verwaltungsstrafverfahren** bei Zuwiderhandlungen gegen die Zollgesetze und indirekte Reichs- und Landesabgaben. Von Dr **R. Katzenstein. — 1907.** 4,— *M*

Nr. **52. Preußisches Wassergesetz** v. 7. April 1913. Von den Rechtsanwälten **G. Wulff** und **F. Herold. — 1913.** 5,50 ℳ

Nr. **53. Hinterlegungsordnung** v. 21. April 1913. Von Landrichter **Hagemann. — 1914.** 2,50 ℳ

Nr. **54.** Gesetz betr. **Anlegung von Sparkassenbeständen in Inhaberpapieren** nebst Ausf.-Verordnung vom 8. Mai 1913. Von Rechtsanwalt **H. Döhring. — 1914.** 2,25 ℳ

Nr. **55. Preußisches Wohnungsgesetz** und **Bürgschaftssicherungsgesetz.** Von Hochschulprofessor Dr. jur. **Schmittmann.** — **1918.** Im Druck.

Guttentagsche Sammlung
von
Textausgaben mit Sachregister **ohne** Anmerkungen.
Taschenformat, elegant in Leinen gebunden.

Bürgerliches Gesetzbuch nebst **Einführungsgesetz.** 10. Abdruck. 2,50 ℳ

Handelsgesetzbuch nebst **Einführungsgesetz** und **Seerecht. 8. Abdruck. — 1910.** 2,— ℳ

Konkursordnung mit **Einführ.ges. 2. Aufl. — 1915.** 1,— ℳ

Kriegsgewinnsteuer. — 1916. 0,60 ℳ

Die Kriegssteuergesetze. 2. Aufl. — 1917. 2,00 ℳ

Militärstrafgerichtsordnung m. **Einführ.ges. — 1901.** 1,50 ℳ

Militär-Strafgesetzbuch. 2. Aufl. — 1916. 1,20 ℳ

Reichsfinanzgesetze von 1909 einschließlich der **Reichsstempelgesetze** und des **Erbschaftssteuergesetzes. — 1909.** 2,— ℳ

Reichsversicherungsordnung (Kranken-, Unfall-, Invaliden- u. Hinterbliebenenvers.). **20.—30. Tausend. — 1914.** 2,— ℳ

Strafgesetzbuch. — 1912. 1,20 ℳ

Strafprozeßordnung. 2. Aufl. — 1915. 1,50 ℳ

Verkehrs- und Kohlensteuer und **Kriegssteuerzuschlag. — 1917.** 2,— ℳ

Versicherungsgesetz für Angestellte. — 1911. 1,25 ℳ

Wechselordnung mit Anhang: **Wechselprozeß und Ausführungsanweisung. — 1908.** 1,— ℳ

Wehrbeitrag und **Besitzsteuer.** Mit ausführlichem Sachregister. **— 1913.** 1,— ℳ

Zivilprozeßordnung mit **Gerichtsverfassungsgesetz** und **Einführungsgesetzen.** Neueste Fassung. **— 1914.** 2,— ℳ

Zuwachssteuergesetz. — 1911. 0,80 ℳ

— — **Ausführungsbestimmungen. — 1911.** 0,60 ℳ

Preußische Ausführungsanweisung zur **Gewerbeordnung** nebst der technischen Anleitung. **— 1904.** 2,25 ℳ

Schlagwort-Register

R. = Nummer der Sammlung Deutscher **Reichs**gesetze.
P. = Nummer der Sammlung **Preußischer** Gesetze.
S. = Seite.

Schlagwort-Register. (R. = Reichsgesetz, P. = preuß. Gesetz.)

Schlagwort-Register. (R. = Reichsgesetz, P. = preuß. Gesetz.)

Schlagwort-Register. (R. = Reichsgesetz, P. = preuß. Gesetz.)

Schlagwort-Register. (R. = Reichsgesetz, P. = preuß. Gesetz.)

— 31 — 15. VII. 1918. 11 500.

FSC
www.fsc.org
MIX
Papier | Fördert
gute Waldnutzung
FSC® C083411

Kolibri 360 GmbH
Ferdinand-Jühlke-Straße 7
99095 Erfurt, Deutschland
produktsicherheit@kolibri360.de